新北優社福
20方案逡開箱

引領社福心　不忘任何人

　　新北市因具有豐沛的自然人文景觀，工商業發達，自然磁吸外來人口移入，成為全國第一大城市，相對的各項建設發展和福利措施必須提高，但受限於財政劃分統籌分配稅款不足，預算永遠趕不上人口的成長，我記得 13 年前剛到新北市服務時，當時老年人口僅有 34 萬人，但時至今日，已成長到 70 萬，占全市人口 17.56%，當年新北市 1 年社福預算約 125 億元，如今成長到近 300 億元，可以想見新北市對社會福利的重視。

　　我的施政理念是「不要遺忘任何一個人！」張錦麗從 104 年 7 月底接任新北市社會局長，任內擘劃社福五大願景，包含弱勢優先、豐富社區、性別平等、跨代共榮和偏區照顧，其中第一項便是「弱勢優先」，這跟我的理念不謀而合。但是巧婦難為無米之炊，在福利人口日益增多，而預算經費又有限的情形下，因此我指示在實物銀行的基礎上，擴大成立「新北市好日子愛心大平台」，運用市府團隊的力量和人脈，以私公協力的精神，廣結善緣，讓有需求者和想行善的圓夢英雄，都能透過此平台獲得滿足。

　　張錦麗在新北市 8 年任期間，恰好是國內面臨少子化和高齡化的兩大海嘯，在我「公托倍增」及「里里銀髮俱樂部」兩大對策要求下，帶領社會局同仁在朱前市長基礎上完成 121 家公共托育中心設立，收托數一都可抵五都，並擴大結盟私托、居家托育人員，使新北家外可收托率超越 OECD 的標準，舒緩年輕父母養兒育女的壓力。在全市 1,032 里設置銀髮俱樂部、照顧據點、公共托老中心等，讓長輩可以在地就養、健康樂活。其他還有身障朋友的服務據點、輔具超音速、兒少小衛星、弱勢婦女的扶持等，可說是「從搖籃到搖椅」全方位的關照服務。

　　回首來時路，一起面對八仙塵爆重大傷病的意外，走遍全國各大醫院和陽光家園，陪伴關懷每位傷友度過漫長復健之路；也曾多次研商，搶救瀕臨險境的一名小弟，嚴密社會安全網；更有在嚴峻的 Covid-19 疫情下，思及在街頭流浪的街友，給予安頓的處所……每一個方案的規劃設計和執行，背後都有社工人文的心思和溫度，現在將這 20 個方案集結成「新北優社福」，不僅記錄一個城市社福願景的推動，也能鑑往知今，成為社工專業理論與實務運作合而為一的寶典，希望各縣市政府或社福界不吝指教，新北市也樂意分享交流。

新北市長　侯友宜

追求安居樂業　祈願幸福有感

　　翻開《新北優社福 20 方案逐開箱》，首先映入眼簾的是「公托破百、百家百佳」。猶記得當年我在新北市政府服務擔任副局長時，第一家、第二家公共托育中心才剛誕生，此次再從中央回到地方服務，令我深為感佩的是，在社會局、跨局處及民間的通力合作下，以及市長、副市長各級長官的督導中，在 112 年 4 月順利達成 121 家的目標，且未來因應實際需求仍將逐步建置。這是回應民眾期望，具有前瞻性政策的最佳寫照。尤其面臨少子化情勢嚴峻之際，對於想生、已生又有托嬰需求的新北市民，無異是注入一劑強心針。

　　從全書各方案中看到市長對社會福利給予最大力的支持，也看到錦麗局長是帶領方案向前行的關鍵舵手，充分展現錦麗局長的學者風範與務實精神。創新、宏觀、勇於突破窠臼，願意共同分享的暖心、勇氣與毅力，得以帶動全局將各方案的精髓毫無保留地傳承給後進。

　　全書各方案服務對象含括兒、少、婦、障、老、新住民等族群，社區、社團等領域，符應《社會福利基本法》應尊重個人尊嚴，發展個人潛能，促進社會參與，並本於社會包容、城鄉均衡及永續發展原則，兼顧家庭及社會責任，以預防、減緩社會問題，促進國民福祉之宗旨，可謂兼容並蓄，鉅細靡遺，足堪各界借鑒。

　　在錦麗局長奠基下，我重返新北服務，以市長「安居樂業」為社福努力目標，提出「三安九策」綱領，希望達到「安全」─經濟安全、生活安全、社會安全；「安心」─安心托育、安心自立、安心終老；「安定」─安定品質、安定平權、安定服務等，每一綱領均有對應的策略和計畫，希望最後能達到讓市民朋友「幸福有感」。

　　值此書付梓之際，爰綴數語，祈願新北市民家家戶戶平安，老老少少安懷，國家社會祥和！

新北市社會局長　李美珍

目次

總策劃引言

　　來到新北市 8 年，深知一個高達 400 萬人口的城市經營不易，尤其在民眾的殷切期盼，以及市長領銜的衝勁下，更有不得不全力以赴的壓力！

　　新北市是一個高達 7 成移居人口的城市，高齡與各社福人口年年不斷攀升，中央統籌分配稅款又不均，再加上連年選舉等因素，各縣市競相以現金福利為誘惑，儘管如此，我們仍秉持社工人的初衷，持續堅持努力推動以服務為主題的各項社福方案。挑戰雖大，但府層各局處同心，眾志成城，新北依然創造了一個不止靠現金給付籠絡市民的新局面，「新北優社福」於焉誕生！

　　在這 20 項創新方案中，有許多私公部門夥伴的努力與各級長官的支持，怎麼想都該留下紀錄，對他們也對自己有個交代，不枉這公部門走一回；凡走過不只留下足跡，更希望這些足跡引領後人繼續探索前行。

　　本書的撰寫體例分成四大部分：第一部分是每一方案推動的緣起、策略規劃、發展現況以及成效展現，特別強調其間推動的精神，為方案的主軸。第二部分為案例分享，以當下的時空背景、真實故事加以佐證，希望能帶領讀者進入方案推動的情境。第三部分為方案側記，從不同角度切入檢視探討。第四部分則是邀集多位社會福利專家學者，以學術理論印證每一方案的設計與執行，並提出建言和卓見。

　　記得侯市長曾告訴我，我們這輩子都曾深受國家社會栽培，不只想到自己吃好穿好，更該去想如何回報這個孕育我們的國家。這話聽似八股，但也給了我 60 歲的人生，一項重要啟示，這書當然也是成果之一。再次感謝市長、各級長官，專家好友以及被我操煩的同仁們，希望此書能為社福界帶來更多正向的影響力！

時任新北市社會局長　張錦麗

公托破百
百家百佳

新北市公共托育中心

公托破百 百家百佳
—新北市公共托育中心

葉明岱（兒童托育科股長）
吳佳益（兒童托育科社會工作督導）
林秀穗（兒童托育科科長）

壹、方案緣起

　　我國自 82 年開始進入高齡化社會，除老人人口比率逐年增加，老人照顧需求也漸增加、勞動參與人力減少、扶養比增加，也呈現出生率下降等問題。

　　100 年以前臺灣社會多注重於孩子 3 歲以後的照顧及學習，但因家庭及生活型態改變，年輕族群因就學、就業獨自前往都會區生活，致雙薪家庭、女性就業比率提升，0-2 歲幼兒之家外托育照顧服務及 0-6 歲幼兒遊戲空間需求逐年提高。新北市政府為及早因應高齡少子化趨勢，解決家庭對托育服務之需求，提供雙親友善就業、維持家庭經濟平衡及平價友善的親子服務。

　　自 100 年起盤點各行政區域人口、家庭組成及類型，評估市民最急需且適切的托育服務，從而規劃適合都會區雙薪家庭為主之公共托育中心、親子館；適合偏區兒童人口數低及祖父母協助隔代照顧之小型社區公共托育家園、公共親子中心，並結合私立托嬰中心及居家托育人員推動合作聯盟等制度，冀望讓家長有更多元豐富的托育服務選擇。

　　新北市政府運用 PDCA 循環式品質管理規劃公共托育政策，在計畫、執行、檢核與行動間評估方案的可行性，以確保方案目標之達成；也能緩和、支持家庭照顧壓力，共同協力讓未來主人翁有美好的童年成長回憶。

貳、方案策略規劃

一、跨域前瞻規劃與整合，樹立典範托育服務

（一）由府層級長官帶領推動公共托育政策

1. 透過市政會議要求各機關配合協助尋找場地並簡化各項申請流程。
2. 設置新北市公共托育倍增推動小組：

　　(1) 跨機關的場地整合協調機制

　　由財政局組成場地查核小組，於會議前進行場地會勘，確認場地具使用執照、建築執照、符合無障礙措施、停車及交通具便利性、符合地方需求……等，減少後續施作困難。

　　(2) 跨局處合作，簡化法規審查及立案流程

　　整合府內各相關局處及其所屬相關單位能量，建立垂直整合、水平分工的工作模式，各機關相互合作支援，如：

新北市在 100 年 10 月 1 日全國首創公共托育中心，於汐止忠厚誕生

　　A. 經濟發展局及勞工局，以《性別平等工作法》之性別友善措施規定，函請經濟部釋示，突破工業區不可設置托嬰中心之限制，於工業區設置全國第一處公共托育中心。

　　B. 國中、小設置公共托育中心所衍生之多目標申請案，經城鄉發展局、工務局及教育局等共同確認後，辦理流程簡化作業。

　　C. 邀請財政局、主計處、法制局及採購處研議公共托育中心勞務併工程採購案。

（二）成立專責單位，創新並引效尤

1. 100 年 10 月首創第一家公共托育中心，中央及各縣市陸續仿效推廣，減緩問題。

2. 101 年 12 月，設置兒童托育科，主責新北市兒童托育業務，以更全面的服務資源整合，推動新北市學齡前嬰幼兒照顧和發展業務。

3. 成立新北市公共托育營運管理中心，專責協助辦理托嬰中心訪視輔導及各項研習訓練，並協助建置網站等資訊化服務，期透過「宣傳」、「網絡」、「培力」、「發展」四大核心價值，全面提升托嬰中心之托育服務品質。

（三）建立跨域專業團隊，打造優質公共托育中心

1. 辦理招商說明會，尋求有意願廠商

　　為提供有意願廠商先行評估規劃，鼓勵民間專業的非營利組織投入參與，場地在採購招標前辦理公開說明會，針對計畫、期程、經費規劃、場地現況及限制進行完整的說明，作為廠商後續投標的評估。

2. 跨專業評選採購程序

依個別建物型態及使用情形，辦理跨單位採購案件審查、簽核程序、採購公告、評選、議價及委託經營相關事宜；並依《政府採購法》相關規定邀聘教保、衛生、醫療、社福及建築設計等相關領域的專家學者擔任外聘及內聘委員組成評選小組，選擇最專業的廠商，接受公共托育中心委託。

3. 引入專業優質團隊

公共托育中心採行公辦民營的模式，結合民間長年投入托育領域之非營利組織提供專業有特色並具創意的服務。

4. 結合產官學資源，扶植托嬰產業，專業成長

連結學校、專業民間社團、專家學者等給予公共托育中心、親子館等推動及規劃財物、設備、空間、人力專業等實務經驗及具體建議，以建立產官學民的資源網絡，提供最優質的托育服務。大量的專業人力需求，增加幼保科畢業生及婦女的就業機會，也藉由產官學間互動，活化托育市場，讓托育專業質量並升。

二、導入專業組織科技管理，全面提升托育量與質

（一）成立新北市公共托育營運管理中心

成立新北市公共托育營運管理中心，專責協助辦理托嬰中心訪視輔導及各項研習訓練，同時針對公共托育特定議題進行相關規劃，如針對分齡或混齡收托模式探討、托嬰中心營運管理手冊之製作等，協助中心解決問題並提升服務品質。

（二）製作新北市公共托育中心環境規劃設計原則暨注意事項

製作新北市公共托育中心環境規劃設計原則暨注意事項，讓新北市公共托育中心能提供幼兒最優質及安全的環境。

（三）製作工作手冊

結合幼教、護理、安全、會計、行政、社會福利等各領域專家學者，及公私立托嬰中心的實務工作者，在103年完成全國第一本包含政府機關基本作業規定、行政管理及健康安全管理等專屬於托嬰中心的工作手冊；110年納入近年建置之育兒相關機制與工具及彙集法規主管事項與實務專業，完成涵蓋法規作業、行政管理、托育活動及健康安全等四篇章，為托嬰中心量身編製新北市托嬰中心營運管理手冊。

（四）穩定風險控管，打造安全鑰匙

　　針對托嬰中心安全管理，實施「托育安全一二三」三級預防策略，加強維護嬰幼兒權益，包括：初級預防－建構友善嬰幼兒照護環境、架構全面覆蓋兒童活動區域監視範圍；次級預防－建立中心人員情緒風險管控機制、落實中心主任走動式管理制度；三級預防－落實責任通報機制、啟動事故處理流程、檢討改善因應作為等。

（五）全國首創監管雲計畫～全面提升托育品質及安全管理

　　為健全新北市公共托育中心監控監視影音設備得正常運作及保障監視影像檔案遺失（如影像檔案因網路狀態、人為因素或其他不可抗力之因素以致檔案損毀或遺失）後仍可調閱查看，建置公共托育中心監管雲，以保障幼兒之托育安全及保護托育人員之權益並消弭家長之疑慮。

（六）全面資訊化，E 指瞭解育兒新知

1. 建置新北育兒資訊網

　　提供新北市境內 0-2 歲托嬰中心、2-6 歲幼兒園及居家托育服務等所在位置與各托育機構的特色、環境、交通位置等多元托育服務資料；提供嬰幼兒發展與教養資訊及影片，藉由文字與影片讓民眾可迅速上手各種照護方式並運用教玩具、繪本，陪伴嬰幼兒成長；透過專家學者與經過國家安全性標章把關評選出適合之教玩具繪本。

2. 社會局局網設置新北市公共托育中心網頁

　　101 年 4 月起於社會局網站設置公共托育中心及托嬰中心專區，提供托嬰中心名冊、收退費資訊、評鑑成績等一般公告、相關法規及活動等訊息，以利各中心及家長查詢運用。

3. 首創官網及各中心臉書粉絲專頁（Facebook）

　　各公共托育中心均架設 FB，分享每日嬰幼兒餐點、幼兒活動照片及親子館活動

侯友宜市長在 111 年元月 15 日率領百家公托中心主任、老師一起衝向「公托百家 幸福成家」的紅色綵帶

資訊，以提供中心運作及嬰幼兒照顧分享管道，家長亦可藉此與中心持續即時交流及互動。

三、多元規劃，增進可選擇及可近性

（一）依據區域特色及市民不同需求，提供不同類型服務

考量新北市的幅員遼闊及城鄉差距，各區的幼兒托育服務需求不一，都會區家長送托需求高，規劃設置 0-2 歲公共托育中心及 0-6 歲社區親子館；偏鄉因幼兒人口數較少，且以祖孫等隔代教養模式為主，設置小型的社區公共托育家園及公共親子中心。

（二）優質、平價、多元、在地托育服務

公共托育費用規劃之初採弱勢優先、友善職場及鼓勵生育等方向，提供托育補助，針對弱勢、危機、單親、高風險家庭等提供加碼補助，以減輕家長托育負擔。

（三）機構式托育福利措施

1. 提供 0-2 歲幼兒日間托育服務及 0-6 歲幼兒社區親子館服務，讓有家外照顧需求的家長和孩子可以進入公共托育中心就托；在家內自行照顧的家長和孩子可以就近在社區親子館獲得各項專業托育資訊及資源。

2. 製作新北市公共托育中心環境規劃設計原則及注意事項，規劃友善托育人員及符合嬰幼兒需求的托育環境，如：符合工作人員身型高度之中島式三台（調奶台、尿布台及沐浴台），讓托育人員在備餐及清潔時，仍可注意幼兒活動狀況，並避免職業傷害。

四、友善性別，弱勢及親子共遊

（一）親子成長共遊

提供友善親子空間，公共托育中心分配空間採行二合一方式，即托嬰中心加上親子館，並設置符合在地特色或主題性之「親子館」，另許多公共托育中心就利用捷運共構的公益回饋空間來開設，像是三重重新、中和南勢角、三重台北橋等，只要一出捷運，便能立即走到公托中心的親子館；偏區依地方特色設置「新北市公共親子中心」，全市 29 個行政區依不同主題及特色分別設置 76 處，讓幼兒、家長、市民皆能就近享有友善的托育照顧與親子共學共遊多元活動的「親子館」與「公共親子中心」。

（二）友善性別的托育服務

　　鼓勵男性參與托育服務，每年度規劃不同特色親子館活動，讓爸爸更能順利參與照顧與陪同孩子一起度過歡樂的童年；另發展性別友善環境檢核表，定期檢視親子館之環境，讓親子館能夠更貼近每一位使用者的需求。

（三）弱勢優先的托育服務

　　針對新北市弱勢家庭幼兒，提供 10％優先收托名額。如：列冊之低收入戶及中低收入戶兒童、具有新北市特殊境遇家庭及弱勢兒童少年生活補助身分資格之兒童等。

五、合理人力配置，友善穩定優秀托育人員

（一）給予優配人力

　　為使托嬰中心符合常規 1：5 師生比，並考量托嬰中心人員久任後應給予之合理休假，提供各公托中心 1 名優配托育人力，減輕托育人員負擔。

（二）提升托育人員薪資

　　自 111 年 1 月起，各類專業人員（包含主任、行政、托育、護理、廚工及清潔人員）每月調薪 4,000 元。偏區的公共托育中心除每月調薪 4,000 元外，再增加交通費補助 1,000 元，以鼓勵優秀人員久任。

（三）薪資調整常態化

　　各公托中心每年依據工作人員之表現，依據薪資級距表調整薪資。

（四）中心規劃托育人員喘息空間

　　為友善辛勞之托育人員，提供各托嬰中心 1 名優配人力，以隨時支援托育人員工作及喘息之需求，各公托中心設計不同友善托育人員之喘息空間，並以使用者角度，規劃托育服務空間。

六、私公協力，精進專業知能

（一）建構聯繫會議平台

　　為有效提升公共托育中心營運服務品質並凝聚向心力，按季辦理聯繫會議，召集各公共托育中心受託單位之理事長及中心主任共同參與會議，討論公共托育中心在托嬰和親子館服務工作實務上碰到的困難及未來發展方向等議題。

小朋友在公托中心快樂成長　　　　　　　　　　小朋友在公托中心優游自在

（二）議題培力訓練及研討

每年規劃托嬰中心主管及專業人員分類訓練，要求各公共托育中心應持續派訓外，另針對公共托育特定議題亦進行相關規劃，協助各公共托育中心問題解決並提升其服務品質。如：主管培力工作坊、會計財務管理工作坊、監視器覆核培力計畫等。

（三）輔導訪視及考核評鑑

為落實並提升公共托育中心托育品質，每年 2-4 次的訪視輔導與稽查，每年辦理契約考核，就組織運作、專業服務、創新與願景等項目進行實地業務訪視、考核，以瞭解新北市公共托育中心實際營運狀況。

（四）每半年辦理親師座談會，廣納家長意見

為了落實並提升公共托育中心托育品質，每半年辦理 1 次以上親師座談會，讓托育人員可以和家長面對面溝通，討論幼兒成長、發展，家長也可以提出對中心的教玩具、圖書、環境安全、教學課程規劃等建議。

參、方案特色說明

一、弱勢優先，保障受服務權益

公共托育中心收托服務採弱勢優先原則，針對新北市弱勢家庭幼兒，提供 10% 優先收托名額，並於托育補助給予加碼，以減輕家長托育負擔。

二、照顧偏區，老幼共同照顧

依城鄉差距及需求，規劃適合各區幼兒的托育服務，都會區設置 0-2 歲公共托育中心及 0-6 歲社區親子館；偏鄉規劃小型的社區公共托育家園及適合親子、祖孫共遊之公共親子中心。

三、私公協力，共助共榮

連結學校、專業民間社團、專家學者等實務經驗及專業建議，建立產官學民的資源網絡及專業手冊，提供最優質的托育服務；並增加大量的專業人力需求，增加幼保科畢業生及婦女的就業機會，活化托育市場，讓托育專業質量並升。

四、性別友善，家務共同承擔

鼓勵男性參與托育服務，共同承擔親子成長照顧之責任；另於每年度規劃不同特色親子館活動，讓爸爸更能順利參與照顧與陪同孩子一起度過歡樂的童年；另發展性別友善環境檢核表，定期檢視親子館之環境，讓親子館能夠更貼近每一位使用者的需求。

五、區區有特色親子館，同享平價優質親子活動

依城鄉差距及需求，規劃各區友善親子空間，都會區運用公共托育中心分配空間，廣布符合在地特色或主題性之社區型「親子館」；偏區依地方特色設置「新北市公共親子中心」，讓全市 29 個行政區依不同主題及特色分別設置 76 處友善的親子共學共遊多元活動的「親子館」與「公共親子中心」。

六、優質托育、親子共遊、親職教育三合一

新北市公共托育中心每年規劃托嬰中心主管及專業人員分類訓練、並規劃特定議題研討會，協助各公共托育中心問題解決並提升其服務品質；同時為落實並提升公共托育中心托育品質，每年 2-4 次的訪視輔導與稽查；親子館則於每年規劃不同特色親子共遊活動，也發展性別友善環境檢核表，定期檢視親子館之環境，讓親子館更適合親子共遊；另依據嬰幼兒發展階段提供親職教養等相關資訊，讓民眾可迅速上手各種照護方式並運用教玩具、繪本，陪伴嬰幼兒成長。

肆、方案成果與效益

新北市公共托育中心從 100 年 10 月 1 日汐止忠厚公共托育中心全國首創開幕，揭開了新北市公共托育中心的序曲，至 112 年 4 月，已完成設置 121 處公共托育

中心及 75 處親子館，其相關成效如下：

一、家外送托，全國第一

新北市家外可送托率（新北市 0- 未滿 2 歲幼兒送托公私托嬰中心及居家托育人員／新北市 0- 未滿 2 歲幼兒數）由 100 年 9.68％至 112 年 4 月達 42％，除遠超過全國平均 10-15％，亦遠遠超出 OECD 國家 36％。

二、托嬰數量，全國第一

自 100 年起迄今（112 年 4 月），依據人口特性於都會區設置大型公共托育中心，偏區設置收托 12 人之小型社區公共托育家園，以符合各區域之托育服務需求，現已設置公共托育中心 121 家，核定收托人數 6,107 人，累計收托嬰幼兒逾 2 萬人次；親子館 75 間（含公共親子中心 12 間），社區親子服務逾 700 萬人次，亦為全國第一；同時新北市社區公共托育家園之環境空間及人員聘用均依托嬰中心相關法規立案標準設置，亦完成立案程序，以提供兒童最優質之保障。

三、平價服務，滿意近百

自 100 年 10 月開設全國首家公共托育中心，提供家長平價每月 9,000 元，另提供每月 5,500 元之托育補助，家長實付 3,500 元，而針對弱勢家庭、危機家庭、單親家庭、高風險家庭等，新北市政府另有加碼 2,000-4,000 元不等之托育補助，除減輕家長托育負擔外，更獲得 9 成以上家長滿意度支持。

四、服務模組，評鑑超凡

製作新北市托嬰中心營運管理手冊 2.0，設計 109 個表單及範例提供使用；「托育安全一二三」打造安全環境；建立訪視輔導及各項專業訓練制度；讓新北市公共托育中心全數評鑑都達甲等以上。104-109 年全市托嬰中心評鑑優等 121 家次，甲等 129 家次，乙等 72 家次，丙等以下 15 家次；公共托育中心獲優等計 75 家次，甲等 9 家次，成績斐然。

五、托嬰產業，專業成長

（一）專業結合增加跨域產能

結合大專院校、企業、幼教、托育、衛生醫療、社會工作、管理、建築、設計、幼教玩具、護理、長期照顧等相關領域之專家學者與民間團體研商討論或合作，擴大幼保產學合作，參訪實習超過萬人，0-2 歲幼兒托育學術全面發展。

（二）創造就業機會

公共托育中心之設置，公務預算挹注提供教保專業就業機會及合理薪資結構，提供約 1,800 個以上含主管人員、托育、護理、廚工及清潔等職務之就業機會。

（三）活絡民間托育與相關產業

公共托育中心委託單位來自幼教協會、兒童福利機構、學校、教育基金會等，使幼兒托育教育領域發展快速，帶動私立托嬰中心設置，讓民間投入資源持續創造產業經濟效益。

（四）促成中央政策規劃

新北市公共托育中心的廣設，已持續在國內外展現發散，同時回應少子化、提升生育率、建構友善的育兒環境、鼓勵性別育兒分工及減輕家長負擔等相關議題，故中央衛生福利部「前瞻少子化友善育兒空間建設之建構 0 至 2 歲兒童社區公共托育少子化對策計畫」及「我國少子化對策計畫」均將納入公共托育中心建置。

六、婦女勞參，就業提升

新北市婦女因照顧小孩而未工作者為 9.9％，低於全國 17.33％，並較 104 年 18.92％降幅達 50％。因成立公共托育中心帶動私托增加勞動參與機會，提供約 3,200 個工作機會，另因送托釋放家長勞動力，合計約可提高 7,345 工作人力，產值達 22 億 365 萬元。

七、活化空間，公益回饋

新北市公共托育中心及親子館運用新北市餘裕空間及公益回饋空間計有：活動中心 28 處、公益回饋 12 處、公有市場 8 處、學校 53 處、停車場 2 處、稅捐處 3 處、福利單位 2 處、社福大樓 1 處、社會住宅 1 處、行政園區 4 處、工業區 3 處、辦公室 4 處。

八、托育服務，多元專業

委託 37 個兒少福利專業團隊以私公協力方式辦理，含 3 個學校（耕莘健康管理專科學校、馬偕醫護管理專科學校及長庚科技大學）、1 個工會、28 個協（學）會、5 個基金會，經營 121 間公共托育中心及營運管理中心。

看見專業行動力
對新北市公共化托育品質帶來的感動
—廖信達老師陪伴新北愛孩子

吳佳益（兒童托育科社會工作督導）

行動開端 曾經的托兒所經營者

　　從文化大學兒童福利碩士班畢業後，當年不到 30 歲的信達老師為了印證所學，與系所老師在臺北市開了一家托兒所，從環境、教玩具規劃到人員訓練管理，經營過程充分感受第一線的辛苦。在一次工作人員因為健康狀況而影響照顧安全的事件，雖然平安度過，但信達老師更體認到負責人角色的重要，只有全心投入才能掌握現場，似乎還有很多功課在前方等著他。信達老師結束了經營 5 年的托兒所後，繼續在幼托專業進修，95 年順利取得臺灣師範大學的幼教博士學位，在學術領域更上層樓。

產官學協力 承辦三重台北橋公托到參與政府服務品質獎

　　新北市在 100 年首創 0 到 2 歲的公共托育中心，一開始即吸引了長庚科技大學幼保系的目光，也多次參與招標說明會理解政策。校方在幾番思考之下，102 年時任系主任的信達老師代表學校參加三重台北橋公托的投標評選，並得到優勝，以行動表達學術領域的全力支持。

　　信達老師和團隊開始在台北橋公托推展以嬰幼兒為中心的自主適性作息，藉由開放學

廖信達老師為提升專業品質友善落實，再次投入承辦公共托育營運管理中心，推展與執行托育品質提升的各項方案與內部管理工具

習區角融入嬰幼兒個別發展和生活經驗，希望落實全人教保，提升嬰幼兒的體能、閱讀（含說話、說好話）及生活自理的能力，當時獲得家長們高度的肯定。這裡豐沛的日常和優質托育，讓社會局多次安排各托嬰中心來到台北橋公托參訪和研習交流，成為新北公托優質的代表之一。

　　105 年新北市以公托政策接受中央評比，社會局將評比場地規劃在台北橋公托，

廖信達老師退而不休，持續參與新北市提升托育專業的各個計畫，不遺餘力，並推出一本《在托嬰中心愛小孩》的書繼續前行

優質托育環境搭配作息時間流的人員協同分工，專業的呈現幫助社會局榮獲行政院第八屆政府服務品質獎，這是共同的榮耀。

專業品質友善落實 投入公共托育營運管理中心

　　信達老師在持續深化台北橋公托專業的同時，也適時提出政策建言，曾多次關注新北市 0 到 2 歲家外托育嬰幼兒數和親子館入館數的持續增加，雖然形塑了多元托育和親子優遊的友善氛圍，但家長和服務兩端之間的網絡互動平台及專業深化發展，還需要更多策略來提升。107 年，信達老師團隊再次出手相助，接受社會局委託辦理公共托育營運管理中心。第一年就推出新北市育兒資訊網，架構友善家長找托育、找福利、好報名、玩親子以及各種好用的資訊。規劃過程串接了學界、托育工作者和社會局，在一次次的深度對話中，才得以讓育兒資訊網友善上線。

　　類似的工作模式同時反應在各項方案，值得一提的是，108 年當新北市發生了一起托嬰中心不當照顧事件後，信達老師很快提出了正向關心現場老師的想法，也啟動一連串的網絡焦點團體和工具設計行動，開創性建立了新北市「托育安全一二三」的內控管理工具，有精神面的倫理守則；環境、情緒和行為面的自主檢核；風險面的監視器檢核培力和守門人口訣；事件面的流程管制等，希望除了依法行政之外，找出讓托嬰中心可以內部化自主安全和提升品質的可能性，也就是盡力達到日常好專業、風險要控管和事件快處理的三級預防目標。

產官學協力，承辦三重台北橋公托中心，多次安排各托嬰中心參訪和研習交流，並接受中央評比，與社會局共同榮獲行政院第八屆政府服務品質獎

退休沒有停歇 一本《在托嬰中心愛小孩》的著作繼續前行

　　信達老師在 109 年從長庚科技大學幼保系退休後，雖然離開了公共托育營運管理中心主持人的角色，但退而不休，持續參與新北市提升托育專業的各個計畫，舉凡托嬰中心外督和評鑑、公托委託案採購評選和室內裝修托育環境規劃督導、各類訓練、監視器覆核培力計畫等，幾乎無役不與。除此，信達老師認為托嬰中心是國內新創的嬰幼兒照顧機制，這些年產官學在領域裡頭苦幹提升服務供給，也發展多元品質方案，但其實國內外罕有兼顧理論和實務的著作，讓托嬰中心可以參考用在回應孩子的需求。信達老師從多年參與托育現場的實務出發，在退休後終於可以完稿提出一套以托育環境、保育工作、協同合作及家園合作為主軸的托育模式，《在托嬰中心愛小孩》是一本能落實提升托育品質的書，出版後頗為各界讚評運用。信達老師期許拋磚引玉，大家一起再把更多、更好的托嬰經驗分享出來。

　　信達老師曾說過，近年在國內托嬰中心如雨後春筍大量設置同時，新北市確實更早看見了孩子，孩子才是這個福利政策核心中的核心，為孩子做的這些努力是不容許停止的。這段話是對新北市的鼓勵，其實，更是責任。

　　新北市在推動公共化托育政策的長路，感謝相遇信達老師和所有參與的學界及實務界的夥伴，全力協助相挺，才能譜出一段段專業托育照顧的美好曲目。

這是一場團隊合作的接力賽

吳淑芳（副局長）

「公托破百 百家百佳」方案就是市府與民間團體戰及接力賽的組合。

新北市為完成公共托育中心資源的建置，由社會局為執行單位，以市府一層長官主持，集結各相關局處，每月召開跨局處會議，以協調場地等相關事項，有策略、方向與目標地推動本方案，並集結民間績優團體共同辦理，也因策略規劃完整，才能達到百家建置且百家百佳的目標。

觀察本方案推動策略上兼顧各面向，除了社會局團隊與合作單位緊密召開專案會議、督導會議，透過團隊累積的專業能力，讓各個公托設置過程中，能迅速處理及解決各項問題。另外，在整體推動策略包含建置面、服務面，並結合科技及性平還有對幼兒托育專業人員的支持，讓整個方案推動到服務得以落實，達到私公協力、專業服務升級。

分析各策略面向，建置面主要有：

一、跨域整合：府一層長官主持，每月召開跨局處會議，協調場地等相關事項並支持人力、預算及建置專責單位推動。

二、活化餘裕空間，善用公共回饋：盤點府內各局處餘裕空間及公益回饋空間與青

新北市公托中心從小培養孩子動手做從做中學

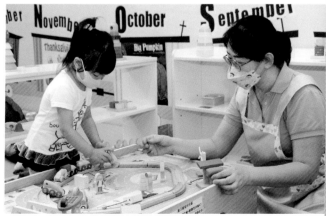

新北市迄112年4月，擁有全國最多的公托中心121家，收托數超過五都的總和

年社宅皆納公托規劃。

三、跨單位合作研議妥適流程：研議公共托育中心採購案方式，運用規劃、工程併勞務方式一次辦理完成，以簡化採購流程，並納入具備建築專業之委員，讓現場設計符合托育需求及兒童安全。

服務面向則為托育管理品質管控，包含：

一、建置新北育兒資訊網。

二、結合百位專家學者進入公托提供托育、衛生、行政等專業輔導培力。

三、製作新北市托嬰中心工作管理手冊、新北市托嬰中心營運管理手冊，將專業深度與實務能力再升級，讓工作者有標準作業藍圖。

四、建立「托育安全一二三」風險控管機制。

另外科技服務包含監管雲計畫、全面資訊化及建置新北育兒資訊網等。除此之外，尚有對性平推動，以親子館作為推動媒介，帶動社會影響力及對托育人員福利待遇的提升，讓優質服務得以發展延續。

目前政府提供各項托育補助以支持年輕家長的托育需求，新北市公共托育中心的建置與服務更大大改變了家長使用嬰幼兒托育的習慣，未來努力面向上，除結合更多私立托嬰中心提供托育服務外，更要加強連結托育品質管控及科技服務、性平推動，讓高度透明、專業、優質的機構托育成為服務共識，讓家長安心送托，兒童快樂成長。

孩子純真的笑容是新北市推動公共托育政策最大的回饋

公托倍增 私公協力再提升

王如玄（社團法人中華民國華夏社會公益協會理事長）

　　家庭照顧常是阻礙女性就業的因素之一，臺灣的女性勞動力參與率在 25 歲至 29 歲達高峰之後，便一路成倒 V 字型下滑，其中與女性結婚或生育、需要照顧未滿 12 歲子女原因相關。根據行政院主計總處 111 年「人力運用調查」報告，女性因結婚或生育、需要照顧未滿 12 歲子女而退出勞動市場計 22 萬 6 千人。因此無論是 OECD 國家或國內民間團體、學者不斷倡議普及的公共托育資源，是提升女性就業的方法之一。

　　依新北市幼齡圖像，110 年年底未滿 12 歲兒童有 37 萬多人，公共托育中心逐年成長，收托人數也在增加中。111 年新北市女性勞動力 91 萬 7 千人，女性勞動力參與率在 25 歲至 29 歲 92.3%、30 歲至 34 歲 87.3%，穩定女性就業。

小朋友在新店新和公托中心溫莎堡內盡情的堆沙

　　任何一項創新建設，都是相當不容易的。100 年新北市便已認知到公共托育的重要性，排除萬難也必須讓公共托育資源在新北市深耕、發芽、茁壯。新北市公共托育的從無到有之創建過程，是新北市跨局處資源整合、專業合作及私公協力的學習範例。尤其公共托育中心之設立，需要土地及硬體空間的釋出，這在寸土寸金的雙北地區就是一件困難的事，加上新北市工業區眾多，想要在工業區內設置公共托育中心，在兼顧幼兒身心健康發展與安全考量下，鬆綁設置法規也極為不易。

　　新北市對公共托育中心的用心，從細微處可見為幼兒設想的心思。由於嬰幼兒托育是專業的工作，新北市以成立公共托育營運管理中心的模式，專責協助辦理托嬰中心訪視輔導及各項研習訓練，同時針對公共托育特定議題進行相關規劃，

三重重新公托中心親子館由專業故事老師帶領家長一起和孩子互動

如針對分齡或混齡收托模式探討、托嬰中心營運管理手冊之製作等，且引入專業優質團隊，結合民間長年投入托育領域之非營利組織，提供專業、有特色並具創意的服務。

　　除了硬體設備外，豐富的軟體資源運用及幼兒照顧分享，新北市也為幼兒家長們設想到了。新北市育兒資源網的建置，可以即時查詢所在行政區的托育資源及服務，家長也能掌握瞭解各托育機構的特色、環境等多元托育服務資料；提供福利補助、育兒新知、教養資訊及影片，藉由文字與影片讓民眾可迅速上手各種照護方式並運用教玩具、繪本，陪伴嬰幼兒成長。

　　新北市城鄉差距大，各區的幼兒托育服務需求不一，例如偏鄉因幼兒人口數較少，且以祖孫等隔代教養模式為主，設置小型的社區公共托育家園及公共親子中心。還有到宅育兒指導服務，幫助有在家育兒照顧需求的市民，這些因應市民需求而提供的多元服務，值得肯定。

　　少子化讓臺灣的每個孩子都非常珍貴，托育品質的提升，是在公托倍增後的重要工作。托育人員的在職訓練、加強密度的監督管理及落實輔導考核，另強化與家長團體的深度座談及議題，瞭解家長們對托育品質的改進建議，讓新北市私公協力再提升。

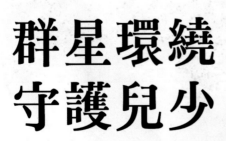

群星環繞
守護兒少

新北市小衛星課後照顧服務

群星環繞守護兒少
——新北市小衛星課後照顧服務

熊孝儂（兒童少年福利科約聘社工員）
陳麗雲（兒童少年福利科社會工作督導）
劉倩如（兒童少年福利科科長）

壹、方案緣起

　　為了讓社區中機會不利的兒少，有一個安全、溫暖、被關懷的成長機會，許多民間單位、教會、社團、基金會、團體……等，自發辦理各式兒少的服務。包括有單次性的興趣活動、寒暑假營隊、親子活動，甚至有半數以上的單位提供規律性且持續性的課後照顧服務，讓社區中單親、隔代教養、受刑人、身心障礙、新住民或原住民等無經濟能力讓孩子上補習班、安親班的弱勢家庭，可以有安全、友善的處所，陪伴孩子做作業、安排健康休閒活動，家長也可以安心工作。

　　惟這類的服務單位向來都是單兵作戰，自己透過經驗摸索、募集資源，勉強支撐著提供服務，遇到兒少有特殊需求導致班級經營壓力、孩子在學校有情緒行為問題時家長求助無力回應、經費捐助來源不穩定影響服務提供起伏縮減等困境，挑戰著各單位的服務品質，僅有極少數的單位有申請公部門的方案經費補助或社工人力支持稍能將兒少服務穩定提供。

　　根據施教裕與宋麗玉（2006）研究發現，高風險家庭所面對之風險社會因素方面，前三名社會因素分別為：收入不固定 175 位（47.4%）、貧窮 139 位（43.7%）、社交孤立 106 位（28.7%），以上數據呈現經濟弱勢家庭其風險因子較高，家庭照顧兒少的功能備受考驗，易導致疏忽或是家暴、兒虐之不當對待，因此需預防弱勢家庭兒少落入高風險危機。

　　新北市政府體察到臺灣社會在產業結構的調整、經濟不景氣、結構性失業……等問題影響下，導致經濟發展條件逐漸受限，許多基層的家庭生活壓力升高，需更多社會支持穩固家庭功能，單靠政府的力量難以涵蓋所有弱勢家庭兒少的生活照顧。

　　106 年起，社會局主動盤點轄區內兒少服務的各單位據點，透過直接面對面訪視接觸，瞭解各單位特性與限制，積極成立資源網絡平台，引進專家團隊輔導，扮演發動引擎的關鍵角色，經常挹注各類軟硬體資源給各單位，引動大小不同單位如

齒輪般的順暢運作，讓私公協力發揮 1 ＋ 1 大於 2 的力量，讓弱勢家庭的兒少也能有豐富、溫馨的陪伴場域，在公部門關注下健康成長。

貳、方案策略規劃

為創建綿密網絡，網住每個有福利需求的民眾，故建構私公協力的資源網絡模組，含括物力、財力、專業等內涵，以因應社區規模小以致於單打獨鬥或人員素質不一，各個小衛星單位的需求，因而「階段性」精進以下策略來發展：

一、滾動盤點本市 29 區兒少服務據點

106 年起逐一致電拜訪單位，蒐集資料如：服務對象、服務類型及頻率等，盤點出當時新北小衛星整體初貌，發現 88 個單位中，54％未曾申請公部門經費，35％表示需瞭解經費申請管道，52％有意願參與聯繫會議／研討會，據以擬定後續推動方向與做法。

二、建構資源網絡平台凝聚單位向心力

社會局邀請各區小衛星進入資源網絡平台中，透過每月一次的「區域聯盟會議」進行跨部門工作分享、資源交流、個案研討……等，進而催生「區域聯盟『小盟代』（區域領導者）」負責區域活動整合、區域聯繫會議召集工作，透過各任務群組發揮多元工作效果。

此平台另有重要的功能在「快速發送物資」，當有物資時立即透過 LINE 群組發布調查通知，各單位登記後一週內即輸送到小衛星，資源種類眾多，有愛心米、餅乾、棉被、電腦、防疫物資……等。促發區域聯盟愈趨成熟，區域內小衛星單位間情感加溫，互相協助取物資及分發。

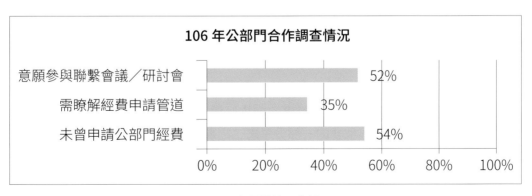

106 年電訪結果分析

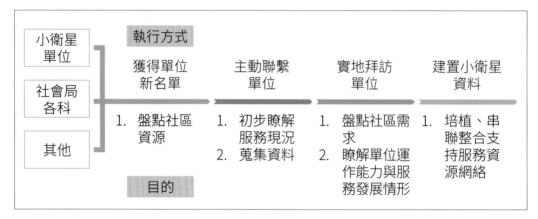

滾動式資源盤點流程

三、發展區域聯盟並培育小盟代在地區域領導

當區域間夥伴產生認同及共識時，聯盟的發展透過穩定聚會及群組效益逐漸成型，此時社會局的角色轉為支持陪伴，集體影響力應由區域發動更具在地影響力。因此，社會局在各區群組中觀察具社工培植潛力的單位，並與母機構溝通，局端將培力社工擔任區域聯盟的領導者角色，幸而各單位都相當認同此做法，於是區域盟主產生 5 位，分別擔任新泰五林區、板土三鶯樹區、七星區、北海岸區、文山區、三重區、雙和區之領導者角色。

社工們對於培力階段被稱呼「小盟主」有感壓力，暫設是「班代」角色，故有了「小盟代」的稱號，未來規劃教育訓練讓「小盟代」逐漸升級。

四、專家輔導強化區域單位團隊合作力

107 年邀請文化大學社會福利學系賴宏昇教授共同策劃「新北市弱勢家庭社區課後照顧陪伴服務成效指標問卷」之研究，發現小衛星單位對於服務目標都有相當清楚的概念，但對於目標達成程度都沒有把握，因此擴充邀請對社區工作有經驗之學者專家加入（111 年達 5 位），透過在區域聯盟會議中將小衛星單位對兒少家庭的服務統整歸納，將實務與理論融合，讓小衛星單位夥伴容易清楚明白，兒少或家長的應對或具體處理方式，由諮詢輔導而深化服務，提供多方資源（如企業資源的申請管道及資訊）。另外很重要的一部分是志工招募，因為專家學者多為大學教授，而小衛星單位相當需要大學志工人力投入，專家學者亦成為招募志工管道之一。

參、方案特色說明

一、區域聯盟主動發起辦理兒少活動

由小衛星單位共同討論，提出當地兒少的需求議題，發起共同籌辦兒少活動，在資源及單位人力有限的情況下，共同籌辦方式確實能提升單位個別之服務量能，兒少亦可參與不同的活動型態。例如 110 年大文山區的籃球聯合營隊活動中，小衛星單位回饋如下：

> 很感謝新店浸信會的主責，尤其在許多行政上、溝通上的全力付出，真的是活動能成行的主要因素。也很感謝龜山教會，在日常繁忙中辛苦承擔負責這一百多人的餐點與彙整這一百多份的禮物，並帶領全體一起遊戲。我們單位人力資源相較薄弱，只能盡力配合……其他單位的夥伴們看

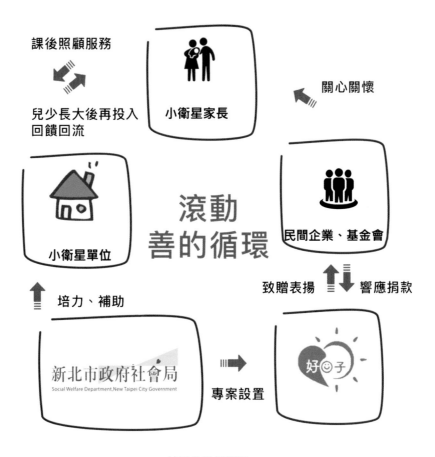

社區參與循環圖

見我的需要也跑來協助我，提供我擴音設備與遊戲人力的支援，真是非常感動！讓我感受到大家平時一定也是這樣無私地祝福各個單位的孩子們的！有這些伙伴真好！

這次能以主辦單位與各夥伴合辦籃球營活動，實不容易，我想是聯盟會議建立了彼此的信任關係及互助合作的概念，有了活動目標再來就是各司其職的分工，我想我們合作也感動上帝，讓當天的好天氣給了活動非常大的助力，孩子玩得盡興一掃疫情中的陰霾，感謝兒少科好日子愛心大平台的經費贊助，專輔的老師們長時間的協助成就這次美好的經驗。

二、引進企業力為守護兒少愛心大使

財團法人聞哲全人教育基金會及台灣國際職業婦女協會臺北天圓分會聯袂與社會局合作，由本局初審推薦小衛星單位中努力 IQ、EQ、MQ 有進步的兒少獲頒獎學金，3 年來已有 305 位兒少獲獎，頒發獎金 39 萬 3,000 元整；110 年開始更擴充對家長、老師的獎勵項目，也已經有 58 位被肯定，獲頒獎金 14 萬元整。

在家樂協會小樹苗班的家長王○玉表示，她單親帶一個 9 歲的小女兒租屋新莊，因小女兒罹患合併型過動症（ADHD），情緒容易失控，只要接到學校或安親班老師電話，就必須趕往協助處理，因此工作場合必須距離 10 分鐘以內的車程，經常被老闆說：「你明天不用來上班了！」感謝新北市政府成立小衛星，讓孩子有課後照顧去處，以及聞哲基金會的鼓勵。

三、私公協力攜手合作籌辦親子活動

社會局為弱勢家庭親子關係加甜加溫，跨 12 區聯合 20 單位共同辦理親子園遊會，邀請 10 個以上公益社團（社團法人愛在家園協會、財團法人聞哲全人教育基金會、財團法人墨仙社會福利慈善基金會、新北市世界華人工商婦女企管協會、台北市珍愛獅子會、惡名昭彰股份有限公司、邱和成基金會、旺旺集團、新北市善悅關懷協會、舒果農企業有限公司、等家寶寶社會福利協會等）提供經費物資贊助，共有 215 家戶（865 人）參與活動。

今天和家長談話的時間比過去 1 年都還要多，以前接上孩子就匆忙離開，今天一起顧攤位就有好多話題……

家長好積極的備料，我們這個山豬肉賣得最好，從來沒發現他們這麼負責顧攤位，哈哈，都沒有嫌累跑掉……

家長和孩子的笑容燦爛到臉快裂開了，他們拿到好多好多禮物有吃的

用的玩的……家長說下次他們一定還要來……（單位後來辦理親子活動參
與度達 8 成）

四、家長兒少回饋社區盡上一己之力

過去弱勢兒少家庭是接受福利的對象，但在新北小衛星的引導中，他們成為社
區團隊組織成員之一，家長利用休假到單位協助煮飯或處理簡易行政工作或發揮其
專長，如：水電工就可以協助修理水電或裝修工就負責修繕；兒少同樣是社區小尖
兵，他們協助打掃社區環境、關心社區長者陪伴他們做運動甚至活動、社區導覽，
也對社區商店進行宣導（如：禁止賣菸酒給未滿 18 歲之兒少）。

總而言之，社會局透過全區大型會議廣邀 140 個單位瞭解政策，7 區分聯盟輔導
培訓發展各區特色及相互支持，跨區聯合親子活動為兒少與家長情感加溫，並增加對
小衛星服務單位的信任，因而帶動受服務的兒少與家長主動樂意投入志願服務工作。

孩子將標語送給店家，並且宣讀禁賣菸酒給未成
年兒少

疫情期間少年將捐贈物資分類且打包，以利分送
至需要家庭

肆、方案成果與效益

一、涵蓋率：涵蓋遍達 29 區，城區鄉區都有「星」

新北各區地理及組成人口特性不同，如：三鶯地區為外移人口眾多的區域，人
口組成較為複雜；平溪區高齡人口占 99%；烏來為原住民族的部落，原住民族文
化特性與漢人差異甚大；高密度的都會區為板土區、雙和區，為兒少保通報集中區
域，新北小衛星乃按各區在地特性發展，故涵蓋率相當有指標性。

106 年有 88 個據點（涵蓋 24 區，涵蓋率 83%），至 110 年增加到 140 個（涵蓋 29 區，涵蓋率 100%）成長率達 20%，111 年達到 150 個小衛星單位；兒少服務人數從 107 年 1,320 位，一路成長到 110 年的 2,100 位，成長率達 59%。4 年來累積至少服務兒少 48 萬 2,200 人次，替代家長課輔照顧總時數達 314 萬 8,800 小時，推估節省家庭課輔費用支出 5 億 5,104 萬元。

二、整合力：建構區域聯盟，團隊合作力量大

有鑑於區域聯盟發展對於小衛星單位的支持度高，於是積極於各區推動，110 年建置分區 7 大區 LINE 群組中共有 160 個單位參與，其中包含跨部門（學生輔導諮商中心、社會福利服務中心等）及資源提供單位，各區參與聯盟的單位於三重區 20 個、板土三鶯區 30 個、北海岸區 26 個、文山區 23 個、新泰五林區 30 個、七星區 15 個、雙和區 16 個。

另對於極偏鄉的零散小衛星或是仍未參與區域聯盟的單位，則以主動個別拜訪、物資提供……等方式進行協助，減少資源網絡輸送之限制，得以突破點、線的服務樣態，達到全面不漏接的兒少安全網絡。

三、連結力：建構 LINE 群組，支援交流無障礙

新北小衛星強大且即時的 LINE 大群組（加入者皆為社區服務單位），從 0 個至目前有 110 個單位（189 人），成長率達 110%。此平台成為小衛星與社會局團隊重要溝通管道，全區大群組布達共通資訊，另外也設置各分區群組，讓指導的專家學者也共同加入，掌握小團隊動力，區域內小衛星單位也會主動分享多餘物資（如：課桌椅、電子琴……等），而群組功能多元有物資流通，也可提問或工作交流。

陪讀班有位女同學，從小四到現在國一，一直有偷竊的行為，她本身有過動吃藥中，因狀況越來越嚴重，我有問過吳思賢老師，他回覆她已經到智慧犯罪到病態需要更深的心理輔導，她家庭為低收入戶，媽媽說學校系統只有處罰及勸導，沒有更多的心理輔導，媽媽問過治療過動的醫生，醫生回覆心理諮詢一次要好幾千元，媽媽說無法負擔，不知道有單位可以轉介免費的心理諮詢及治療的單位嗎？……（麥子園協會詢問）

https://www.shiuhli.org.tw/counseling 旭立文教基金會，經濟困難的可討論諮商費用補助申請，但應該不到全免。（環宇基金會社工師回應）

伍老師，您好！我是新北學生輔導諮商中心學校社工師督導，孩子的

需求需要跟您做些討論及瞭解，約莫 10 點後方便跟您電話討論嗎？（學諮中心督導回應）

四、知識力：培力由廣而深，精進服務量能佳

社會局由全區到分區辦理教育訓練，希望能夠由廣度化為深入社區使願意關心兒少的社會人士都能夠參與，增加協助兒少知能。107 年度起辦理全區的主題式講座，內容有「兒少常見的身心問題處遇技巧」（林亮吟醫師授課）、「社區資源盤點技巧」（實踐大學黃珮玲教授授課）、中國信託反毒基金會自行研發之「素養課程」、「拒絕毒品桌遊」及小衛星單位「參訪觀摩」（烏來美麗谷、三峽小草書屋）等課程；108 年度為符合就近性及區域特性，開始辦理「分區」工作會議；109 年新增教育訓練內容「計畫書撰寫」、「計畫核銷注意事項」，2 年多來輔導 11 個新的社區夥伴送案，補助單位核銷全數通過。

五、團隊力：集結企業資源，愛心物資轉運站

新北市政府成立好日子愛心大平台廣納民間善心人士及企業團體之力，提供相當多元豐富的捐贈物資，小衛星單位因服務受到市長重視與關懷，各項捐款及資源挹注不斷，例如：電影活動票券、圍爐或年菜、課桌椅或家具、蔬菜水果、米麵雜糧、點心麵包……等。由 LINE 群組快速發放訊息，捐贈物資有效輸送。

於疫情期間透過群組的需求調查，發現弱勢家庭有經濟困難及物資需求，結合好日子愛心大平台資源送物資電腦周邊用品、簡易家事指導手冊，社會局研發兩套線上課程，以供本市 140 個兒少服務小衛星據點無限次數使用。3 年累積各類物資及課程活動輸送服務人次達 60 萬以上。

新莊區思賢國小等 4 校部分學生，下課後到幸福多元福利據點參加小衛星課後輔導

侯友宜市長關懷弱勢兒少行動

六、永續性及擴散性

（一）持續滾動增加據點，同時提升服務內涵，建造兒少安全堡壘

　　目前達 29 區小衛星布點百分之百的涵蓋率，深信安全的網織得越綿密，脆弱家庭就越能被網住獲得支持，維繫其基本功能。小衛星據點以服務弱勢家庭兒少為主體，社會局若能觸及更多小衛星服務單位，且納入公部門網絡予以輔導，不但可為單位增能，更能使兒少照顧品質獲得提升，安全地生活在自己的社區裡。因此，服務品質仍需持續提升，建構「服務品質指標」能提供有意願成立小衛星單位之重要參考資料，是未來努力發展方向。

（二）強化社區自助能力，連結企業社會責任，創造社會多贏局面

1. 民間單位成立小衛星據點，成為社區「hold」厝邊

　　從 106 年市府主動盤點整合 88 個小衛星單位至今一路擴展，112 年可成長到

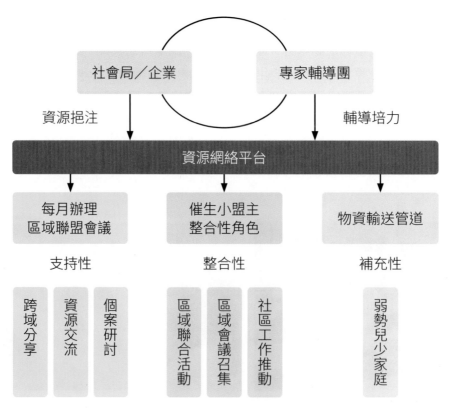

資源網絡建構流程圖

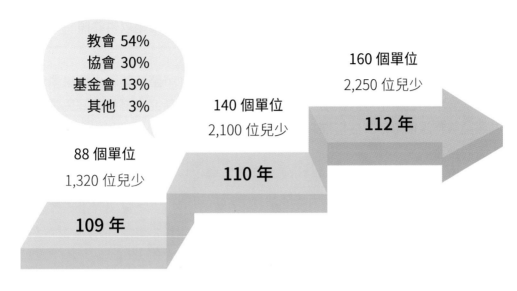

教會 54%
協會 30%
基金會 13%
其他　3%

88 個單位
1,320 位兒少

109 年

140 個單位
2,100 位兒少

110 年

160 個單位
2,250 位兒少

112 年

小衛星單位服務情形

160 個單位，成長率高達 70%；嘉惠兒少數也會新增 150 人，達到 2,250 位。小衛星單位服務的組織極為多元，包含了教會單位占 54%、協會占 30%、基金會占 13%，其他占 3%，展現了多元的豐富性跟特色。

另外，小衛星單位居於社區中，他們的就近性能網住處於弱勢危機中的兒少，不僅解決家庭問題，更強化社區支持互助能力，帶動社會正能量循環。

2. 培力小盟代，從點－線－面發揮帶領區域影響力

新北市地廣人眾，移入人口比率高，邊緣家戶兒少相對多，這些家戶功能薄弱資源少，兒少發展機會也落入匱乏的狀態，社會局要照顧到所有需求難度極高，故而借助社區在地力量，是必須且極佳的做法。積極培力小盟代成為區域聯盟領導者，不只貢獻單位內部的職責，更發揮示範、分享跟配合推動政策正向之集體式影響力。

3. 永續善循環，被照顧的兒少成為未來服務提供者

各小衛星單位接獲市府不間斷的支持與肯定，穩健地在社區中提供兒少溫馨又安心的學習機會，也關注到家長的教養壓力辦理各式親子活動、親職講座，讓兒少跟家長有親切的關愛與陪伴，紛紛主動於日後反饋，部分兒少長大後回到各單位擔任社工、志工，甚至是專職人員；家長們也因深受感動，會主動到小衛星服務據點幫忙煮飯、打掃，讓別人的孩子也能被好好照顧。

（三）群「星」環繞保護兒少，運用科學評估工具，建立模組以供參照

1. 進行學術研究，發表分享成果

　　為兒少最佳利益促進，新北市政府非常樂意無私地將整合轄區小衛星單位的策略與方法分享給各縣市政府參用，已將 107 年完成之《新北市弱勢家庭兒童及少年社區照顧服務課後陪伴評估指標之研究》於 108 年在台灣社會福利學會年會暨國際學術研討會發表。

2. 受中央邀請分享實務經驗

　　110 年衛生福利部委託臺灣大學陳怡伃老師拜訪各縣市政府，蒐集小衛星方案推動現況；111 年臺灣大學團隊邀請新北市政府擔任北區研習會分享人，跟各縣市政府介紹新北市推動的策略與資源建構模式。

　　你們叫這些社工做社區小盟代有沒有另外給經費？

　　新北小衛星因為透過與母機構的溝通達成共識，另外由社會局安排團隊輔導培力，賦予小盟代於社區工作功能角色，對單位而言可借助公部門對社工個督、團督強化專業，機構經費支持亦是相當有助益。

　　如何和不同類型社區單位互動？

　　在推動初期的確也遭受許多挫折，尤其單位屬性不同或是補助經費不多，都很容易遭遇單位拒絕，因此需要先瞭解單位的屬性（尤其社區發展協會的結構有別於一般協會、基金會）保持彈性的做法，將單位視同夥伴（非上對下的觀點）一起服務。

　　你們有碰過很習鑽的單位，明明服務量能不足，卻是一直要補助……

　　因為新北小衛星的單位絕大多數都沒有經費補助，我們先將單位以合作方式進行分級分類，且有計畫目標地培植單位更上一層樓，所以尚未有單位是只要補助卻乏服務動能的狀況。

3. 111 年 10 月辦理成果分享會，廣邀各縣市參與

　　桃園市政府曾於 109 年帶領當地社區單位夥伴前來新北參訪，嘉義市政府也於 111 年 10 月包專車前來新北參訪。新北市政府鑑於推動轄內小衛星私公協力資源網絡模式成形，已於 111 年 10 月 18 日辦理成果分享會，期待能將寶貴經驗與各縣市分享，促進彼此能交流，共同為守護兒少創造更多可能。

參考資料：施教裕、宋麗玉（2006）。〈「高風險家庭關懷輔導處實施計畫」執行狀況初探〉。《社區發展季刊》，114，103-117。

這裡不是安親班 而是溫暖的窩
—中和明穗教會小衛星

陳清貴（專員）

中和區民享街明穗教會何建榮和陳瑩真兩位牧師，在6年前因為關心一位單親家庭的小女生，進而加入新北市小衛星課後照顧行列；在服務中又從孩子身上看到家庭的需求，許多發展遲緩或情緒障礙的孩子，都是源於家庭的脆弱或隔代教養，因此利用社區的資源、連結外部的支援，成立多元福利據點。

小四生從26字母寫不全到考80多分

在服務案例中，有位喪偶的阿嬤獨自照顧4個外孫；也有位小四的孩子26個英文字母都寫不全，在明穗小衛星的輔導下，半年後英文考了80多分，功課突飛猛進，令老師和同學刮目相看，孩子也變得更有自信。

何建榮和陳瑩真兩位牧師夫妻在明穗教會服務，兩人表示，服務中的20個孩子來自中和、板橋、土城的單親、新住民和隔代教養的家庭，90%屬於經濟弱勢，86%有過動、情緒障礙、發展遲緩或類亞斯伯格症，有些還在定期就醫服藥改善中。

明穗教會多元福利據點提供弱勢家庭孩子課後照顧和陪伴

明穗教會多元福利據點除提供課後輔導和陪伴，也讓婦女學習烘焙如披薩等製作

明穗教會何建榮（左1）和陳瑩真（右1）兩位牧師真心陪伴孩子成長

　　陳瑩真說，平日孩子大約4點會到小衛星，先由專業老師輔導功課，以補救原來在校的落差；5點半會結合社區的愛心店家，提供孩子晚餐；晚間6點到7點則是才藝課。每週一、三還結合鴻海教育基金會星光班，給予孩子一對一的線上教學。

牧師夫妻引《聖經》守護弱勢兒少

　　何建榮表示，除了課業外，還有美術、音樂、律動等療癒課程，有時也會讓孩子透過臺大葉丙成教授開發的PaGamO線上學習。另有位臺大的董教授，會專程搭公車來教孩子科學實驗課程，這些外部連結和資源，大大提升孩子的學習和動力。

　　此外，寒暑假期間，明穗小衛星也會帶領孩子到動物園玩，或是攀岩、溯溪等戶外活動，一方面接觸大自然，另方面培養團隊默契，增進彼此情感。

　　陳瑩真感謝社會局大力補助經費，並媒合好日子愛心大平台相關資源，像是冰箱、空氣濾清機及獎助學金，讓孩子感覺受到重視。「在教會小衛星不是上安親班，而是有家的溫馨！」孩子無論在學業、品行或人際關係都有長足的進步。

　　何建榮引用《聖經》耶穌說：「我實在告訴你們，這些事你們既做在我這弟兄中一個最小的身上，就是做在我身上了。」（馬太福音25：40）以此自我勉勵，並誓言與牧師妻子，持續為弱勢兒少守護。

廣布照顧星點
構築守護兒少新北防線

黃鼎馨（時任法制祕書）

　　衛生福利部 107 年訂定「兒少及家庭社區支持服務方案（守護家庭小衛星）」上位計畫，歷經三次滾動檢討，最近一次係於 111 年 7 月 13 日修正，該方案目標有三：一、建置兒少及家庭社區服務據點，強化家庭之陪伴與支持資源。二、發展因地制宜的預防性、支持性及發展性服務方案，促進兒少身心健全發展，協助家庭照顧功能發揮。三、發展私公協力服務模式，提升家庭支持服務之廣度與深度，建構家庭為中心、社區為基礎的整合性支持服務體系。並以服務涵蓋率檢視方案推動的成效，其中涵蓋率計算有二：一、服務區域涵蓋率，即以所服務之鄉鎮市區數／轄區鄉鎮市區數總數 *100%；二、前開服務涵蓋區域受益兒少數占轄區內脆弱家庭兒少人口數之 *100%。

　　又小衛星服務據點，有別於課後照顧之功能，能提供家庭支持及兒少發展性方案，亦含有課後臨托與照顧之內涵，可齊頭並進增進兒童健康發展。因此可同步觀察國內課後照顧之辦理情形，托育聯盟 111 年發現國內兒童升上小學後，以 109 學年度為例，全臺國小學生數 117 萬 3,866 人，有 19 萬 929 人參與國小課後照顧班，涵蓋率 16.3%。全國卻有超過半數直轄市及縣（市）涵蓋率不及 15%，建議國內應參考 OECD 所訂的課後照顧服務涵蓋量能，並以涵蓋率達 30% 為總目標，俾協同促進兒童健康成長、支持婦女婚育及使父母安心就業。陳盈宏（2017）曾以桃園市國民小學為研究個案，探究公私協力治理模式的經驗，鼓勵學校積極與民間組織共同協力推動課後照顧班，並倡議應發展學生參與課後照顧班成效指標。社會局關於私公協力推動的小衛星，可說成功達成協力共好，尤其陳麗雲與徐瑞蓮在 107 年所合著的《新北市弱勢家庭兒童及少年社區照顧服務課後陪伴評估指標之研究》，發展課後照顧的「服務成效指標」，將各層面指標裡極為重要項目中高達 50% 以上比例的項目列為指標，計有「基本照顧」、「兒少學習表現／態度」、「兒少人際／社會」、「兒少態度／思想／心理健康」、「親師」、「家庭」及「其他（單位經費正常運作，志工人力的運用有助協助兒少）」等七大層面，提出分享實在難能可貴。112 年 3

月 31 日社會局更與天主教輔仁大學附設醫院啟動「建置新北市小衛星兒少健康監測問卷計畫」，當日與會學者專家除就問卷指標提出具體建議外，花最多時間在審慎討論進行研究的施測過程的「倫理議題」以及如何善盡對兒童「個人資料的保護」，並將重點置於研究可如何增進兒童的「健康」，令人對研究成果寄予厚望。

　　綜上，社會局在涵蓋率的計算，目前雖已達成區區有小衛星，建議未來可參照上開受益兒童人數占各該區域的脆弱家庭兒少人口數，觀察成果型指標是否有所變遷或成長，也借鏡 OECD 的經驗，持續開展服務量能，提升新北市整體「兒童課後照顧」涵蓋率，串起連線，提升兒童及其家庭社會參與機會，護衛各區兒童。

參考資料：陳盈宏（2017）。〈國小課後照顧班公私協力治理議題之探討〉。《教育行政論壇》，9(1)，96-115。

working together 服務之路一起走

張淑慧 (社團法人台灣照顧管理協會榮譽理事長)

　　1960 年代開始，多元論成為一個主流倡導的概念，鼓勵社會團體參與政策過程，以增加服務的可近性與責信。104 年聯合國通過 2030 年永續發展議程的 17 項「永續發展目標」（Sustainable Development Goals, SDGs），第 17 項核心目標（Goals）「建立多元夥伴關係」是服務基礎，與民間社會的對話與合作也成為聯合國永續發展服務的核心部分。「群星環繞守護兒少－新北市小衛星課後照顧服務」（以下簡稱本方案）鼓勵非營利組織參與關懷兒少課後照顧，以區域聯繫會議凝聚合作共識，用區域聯盟及資訊網路建構社會網絡，推動組織服務意識及社會責任的覺醒，展現了「建立多元夥伴關係」的永續發展方案特色。

　　「個人及團體量能培力」與「資源發展及運用」對非營利組織賦能有其重要性（Perkins and Zimmerman, 1995）。本方案不只是夥伴合作，政府部門催化非營利組織形成「區域聯盟『小盟代』（區域領導者）」，進行區域整合，區域領導者分享資訊、運用網絡快速發送物資，這是團體賦能的一種形式。政府培力非營利組織團隊，一起合作建構實踐共享的夥伴關係，足以成為解決兒少課後照顧問題的關鍵要素。

　　本方案奠基在私公合作的理念上，在涵蓋率、整合力、連結力、知識力及團隊力都有成果。如果回歸方案緣起初衷，讓私公協力發揮 1 ＋ 1 大於 2 的力量，讓弱勢家庭的兒少能有豐富、溫馨的陪伴場域，這既對非營利組織、又對弱勢家庭的兒少有助益的方案概念，要思考意義、方法和效益三方面：

一、意義是什麼？這服務或活動是否有扣住問題需求？是否與兒少、家庭或非營利
　　組織的生活、需求、發展期待或服務價值有關？是否能激起認同及參與感？

二、方法是否讓非營利組織或弱勢家庭的兒少覺得新穎、有吸引力？服務元素或策
　　略異於以往的經驗？是否具體可行、且對社區及社會有助益、能解決問題的服
　　務內容？

三、效益不只是方案活動的服務輸出，更重視方案最後解決哪些目標問題、所達成
　　的服務對象改變成效。

　　就意義、方法和效益三方面而言，本方案的服務對象、服務目標、邏輯性的服務內容與成效評估，都是有其基礎，但可以再思考精進。

　　本方案如發展國際間多元夥伴合作之影響力，除政府協作及持續溝通培力，也應建構共同的目標、發展互助型活動、建立並分享一致的評估資源。本方案可再確認服務對象、服務目標，與團體及兒少、家長確認共同的目標。在互助性區域聯盟分享部分，可收集在地有關兒少及家庭的分析、創新或優化實務做法的訊息，並與夥伴團體共享國際方案及服務資訊；同時在地組織對於地方文化、地方弱勢家庭及兒少特性的理解深入，能把地方弱勢家庭兒少事務轉化成可以推動的具體方案，成為政府收集社會組織實務現場服務資訊的平台，以利政策修正。最重要的是評估，可發展提供一個具可行性、邏輯性及共通性的調查評估工具，供所有非營利組織使用，以達一致性效益評估。

　　多方利益的夥伴關係，借鑒夥伴關係的經驗，分享知識與專長、技術和資源，支持所有關心兒少課後照顧的非營利組織，能鼓勵和促進有效的私公合作社會夥伴關係，實現尊嚴、包容的兒少在地照顧服務、守護兒少健康發展。

參考資料：Perkins, D. D. and Zimmerman, M. A. 1995. "Empowerment theory, research, and application." *American Journal of Community Psychology,* 23(5): 569-579.

類家庭安心照顧

新北市家外安置新模式服務方案

類家庭安心照顧
—新北市家外安置新模式服務方案

吳簡鑫（兒童少年福利科約聘社工員）
陳麗雲（兒童少年福利科社會工作督導）
劉倩如（兒童少年福利科科長）

壹、方案緣起

聯合國於 37 年宣布《世界人權宣言》（*The Universal Declaration of Human Rights*），第 25 條強調「母親和兒童有權享受特別照顧和協助；一切兒童，無論婚生或非婚生，都應享受同樣的社會保護」。聯合國為能落實保障兒童少年權利，於 78 年聯合國大會決議通過《兒童權利公約》（以下簡稱 CRC），強調兒童保護及和諧發展的重要性，第 20 條亦載明「針對暫時或永久剝奪其家庭環境之兒童，或因顧及其最佳利益無法使其繼續留在家庭環境時，締約國應給予特別之保護與協助」，使各國意識到無論公私立社會福利機構、法院、行政或立法機關作為，均應以兒童最佳利益作為優先考量，適時建置社會規範或保護措施，令兒童免受其父母、法定監護人或照顧者任何形式的身心暴力、傷害、虐待、疏忽、疏失或性虐待。

98 年聯合國通過關於替代性兒童照顧準則（以下簡稱兒童照顧準則），顯示國際共識家庭雖為兒少首要生長環境，然若家庭安全性不足提供兒少良好照顧品質，則政府有責任義務提供替代性照顧方式，提供兒童少年安全生長環境，在此處所稱替代性照顧方式，即指透過機構安置、家庭安置等方式，提供兒童少年穩定安全的照顧環境，健全身心發展。

新北市轄內有 4 家私立兒少安置機構、3 家公設民營緊急短期安置家園、1 家公設民營中長期少女家園，惟社會局轄內可供給的照顧數量，遠不足於需求數量，導致新北市兒少需安置到外縣市，進而影響社工服務品質與頻率，故新北市力求改善，俾利提供安置兒少良好照顧與處遇。

社會局依《兒童及少年福利與權益保障法》安置兒少總數為全國最多，其中有身心障礙、情緒障礙、過動、創傷壓力症候群（PTSD）、高密度醫療照護但無需

住院等困難安置兒少，受既有床位不足且難以媒合到合適安置處所，為此，社會局參考香港兒童之家運作，運用國有房舍釋放社會住宅，透過小規模、家庭化、個別化特性，請益專家學者建議，規劃類家庭照顧模式，針對不同需求、困難安置之兒少開發安置型態，因應其家外安置需求。

有鑑於此，本方案優先接納多次轉換環境照顧的困難兒童及少年（以下簡稱難置兒），期待能擔負起這些所謂難置兒避風港的艱鉅任務，讓這些因為本身或照顧者因素導致被虐待的不幸兒童及少年，有機會到健康的環境中修復其身心，避免因受虐的創傷經驗而掉入精神疾患或其他健康風險的危險因子。

故為因應安置床位不足及安置兒童及少年多元之需求，乃於寄養家庭、育幼機構、團體家屋安置模式外，運用城鄉發展局國有房地釋放為社會住宅，利用該社會住宅之小規模、家庭化及個別化特性，再行創新規劃「類家庭照顧模式」，以針對不同需求之兒童及少年積極開發不同的安置型態，因應此時期兒少的安置需求。

貳、方案策略規劃

本方案主要對象聚焦於 0 至未滿 12 歲不易照顧之特殊兒童（例如：身心障礙、發展遲緩），仿家庭的安置環境，主要是考量未滿 12 歲兒童，特別是特殊兒童，家庭關係仍是其重要學習來源與信任關係建立對象，故透過小規模與個別化的照顧型態，提供以家庭為基礎的安置環境，目的在開創不同型態照顧模式，減少兒童轉換不同安置環境頻率，提升兒童生活穩定度，享有溫馨童年。

一、初期策略：發展融合機構與寄養安置優勢的家庭替代性照顧

創建以家庭概念為基礎的軟、硬體環境與氛圍，透過 NGO 組織管理制度與培育支持照顧人力，提供困難安置兒少替代性照顧，有助兒少正向依附關係發展，補充傳統寄養家庭照顧量能不足、空間有限的限制，摸索一條沒有前例的服務道路，努力發展出寄養與機構安置之外的服務新模式。

（一）手足共同安置為目標

以家戶為原則照顧系統，提供仿家庭物理環境，並優先安排有需求之兒少手足共同生活，落實安全家庭具象及氛圍，突破照顧已飽和之寄養家庭不易同時間接受 2 名以上兒少寄養的困境，也讓因家庭變故而被迫遠離原生家庭的手足，有機會共同生活，以彌補無預期抽離原生家庭的失落感。

（二）家戶空間與生活照顧上實現個別化照顧原則

　　每家戶按照各安置兒少需求，規劃符合兒少生心理狀態之居住環境，同時規劃設置「主要照顧者」、「支援性照顧者」、「家庭協伴者」等照顧團隊，為多元議題、困難安置兒少在生活上提供量身打造、符合照顧需求的安排，讓照顧團隊共同合作，分攤照顧責任，彼此支援，有別於寄養家庭需獨力面對照顧壓力與風險之情境。

（三）接納特殊照顧安置兒少，穩定照顧處所與品質

　　規劃理解與包容特殊安置兒少身心議題之專業照顧團隊，透過小規模、高比例的照顧型態，穩定特殊安置兒少照顧品質，同時以專業團隊相互援助，提升特殊兒少於固定照顧處所機會。

二、中期策略：產、官、學跨領域協力合作，強化社會參與意願

（一）積極爭取社會住宅空間，活化公有資產

　　打破社政單一專業辦理福利工作慣性，藉由縱向連結內政部營建署，及橫向組成城鄉局、財政局、社會局等協力網絡，透過跨局處、跨系統與跨專業網絡合作，運用社會住宅，導入社會福利業務，擴充社會住宅實質意義。

侯友宜市長感謝蘇雲霖幫忙照顧孩子，蘇雲霖說每天一大早有許多孩子叫阿公很幸福

（二）強化產業界及民間社團社會參與意願

　　本方案為創新方案，無充足預算可執行，社會局長率先向各慈善團體、企業說明方案宗旨，方能啟動媒合企業及民間社團透過財力、物力捐助等不同形式贊助。在社會宣導、提升企業及民間社團正面形象之際，亦以實際行動回饋社會，增加企業及民間社團社會參與動力及機會，為兒少盡一份力。

（三）發展學術研究與交流

　　參照香港兒童之家非院舍住宿服務運作經驗，邀請學術界對家外安置研究著力頗深之學者，提供方案設計規劃意見，並參與照顧者之審查，由執行方案之 NGO 組織進行整體脈絡記錄及分析，作為未來政策發展及服務模式調整依據。

三、長期策略：打造類家庭社區家園，促發愛的延續、善的循環

　　本方案期許經由不斷擴充建構照顧家戶，以及社會企業與慈善團體的持續性贊助，由類家庭家戶，逐步拓展打造成類家庭的社區家園。

參、方案特色說明

　　社會局在政策發想階段，參考香港兒童之家模式，並邀約 NGO 組織共同研商參與，促發活用公有房舍、邀集照顧人力共同為兒童提供仿家庭式的照顧處所。在取得國有房舍之後，會進行家庭招募，組成家庭後，透過家戶間經驗交流，協助兒少身心發展，特色如下：

一、建構硬體：公有房舍的取得

　　106 年適逢國有財產署及城鄉發展局釋出空間，遂大力爭取以三重區作為首處據點，取得 4 戶空間嘗試辦理，惟因照顧人力招募不易，進度緩慢，107 年才見雛形；108 年因林口區社會住宅有釋出可能性，遂由社會局副局長帶隊前往拜訪評估可能性，隨後主動向內政部營建署國家住宅及都市發展中心提案申請；109 年再向城鄉發展局申請其他區域公用住宅，擴大辦理。

二、私公協力：從無到有完備生活所需

　　本方案在臺灣尚未有相似模式可依循，耗費多時摸索可行方式，在取得公有房舍後，發現現有市府預算、資源，不足以完備一特殊安置兒少生活所需，致使生活基本設備尚有匱乏，故將所需資源逐步開拓，從公部門到私部門，從中央到地方，從團體、宮廟到個人跨及多網絡的溝通、協力，透過新北市好日子愛心大平台宣導

類家庭計畫與籌備進度，獲得認同該計畫理念的企業與民間團體資源援助，齊心建置家庭環境各項設施，完備所需硬體設施，使空無一物的公有房舍，能逐步備齊家庭生活所需之基本家電與設施。

三、培力軟體

在建置完硬體後，即積極投入承辦照顧者招募與培訓，俾順利照顧受創的安置兒少，惟其關鍵元素是服務提供者的專業素質，因身心受創的特殊安置兒少，在生活照顧上需較一般兒少花費更多心力，常使照顧人員疲憊或耗竭，故新北市在該計畫設計時，在照顧團隊上特別規劃三種不同功能的照顧角色：

（一）主要照顧者

提供安置兒少全天候照顧，包括安置兒少就學、就醫、就養等各層面照顧；如同一般家庭裡爸爸媽媽、阿公阿嬤的角色。

（二）支援性照顧者

主要照顧者喘息休假時，由支援性照顧者協助照顧兒少，照顧期間之服務內容與主要照顧者提供服務內容相同；如同一般家庭中叔叔伯伯、嬸嬸阿姨或兄姐的角色。

（三）家庭協伴者

不可單獨陪伴個案，協助主要照顧者或支援性照顧者陪伴兒少、進行家事服務、陪同就醫、療育、外出活動等支援性工作；如同一般家庭中叔叔伯伯、嬸嬸阿姨、兄姐或臨時保母的角色。

肆、方案成果與效益

檢視本方案推動 5 年多來，量與質逐年提升，安置兒少獲得健康、高齡照顧者得以自我實現。106 年開辦，從 1 個場域，3 個家戶，照顧 8 位安置兒少；108 年新增 1 個場域，8 個家戶，照顧 18 位兒少；110 年新增 2 個場域，預計招募 10 家戶，照顧 20 位兒少，總計目前設置 4 個場域，21 個家戶，可提供 58 位兒少接受照顧。

在質性方面，明顯觀察到受照顧的兒童跟照顧者之間發展出安全的依附關係，產生正向的情感連結跟信任感，從初期的淡漠到現在的開朗，變得勇於探索環境與樂意與人互動，甚至有發展遲緩兒童已經進步到一般兒童發展程度。跟一開始被安置時的認知、動作、情緒、行為表現皆有大幅的進展，且新安置模式的建置，讓原本因資源不足被迫分離安置的手足（例如：一個安置於機構，一個安置於寄養家庭），有機會於同一個「類家庭」照顧家戶中重聚，共同生活，符合健康發展之福祉。

另外，本方案也意外發現，因部分高齡照顧者有機會成為安置兒少的重要他人，能付出愛與關懷，促成「代間共融」再享天倫之情，而感到自己重新對社會有所貢獻得到自我實現，大大提升高齡者對公益的投入與社會的參與，創造了兒少、高齡者、公部門、非營利組織與民眾多贏的良善循環。以下詳述推動成效：

一、增加兒童接受轄內家庭式照顧機會與床位

本方案迄今已照顧 47 名兒少中，受照顧時為學齡前兒童占 71.74%，未滿 12 歲兒童占 93.47%。

二、減緩兒少轉換安置次數

有 10 名兒少入住類家庭照顧前，因不易照顧已轉換 3-4 個安置單位（含機構及寄養家庭）、等候安置床位超過 6 個月或因等候安置床位而居住在醫院 4-5 年，主責社工面臨無法為安置兒少規劃完整處遇困境，影響安置兒少家外安置後的健全發展。因本方案開辦，致使困難安置兒少能有穩定照顧落腳處，毋需再變更安置住所，主責社工處遇亦得以延續。

三、高比例接納難置兒少

至 111 年年底已照顧 46 名兒少中，約 7 成比率為發展遲緩或有其他特殊身心議題（例如：情緒障礙、智能障礙、違抗行為）等困難安置兒少，其中持有身心障礙證明兒童比例為 30%。

四、增加手足共同安置機會

本方案執行迄今，共 12 對手足共同安置，其中 8 對安置於同一家戶，其餘 3 對雖安置於不同家戶，但仍屬同一社區，能時常接觸分享生活瑣事，不因安置而手足情感疏離。符合兒童照顧準則第 17 點所定規範「原則上，不得以替代性照顧安置的方式將存在親情的兄弟姐妹分開，……，應盡一切努力，使兄弟姐妹之間能夠保持聯繫，除非這有違其意願。」

五、取得公有房舍，活化公用資產

106 年起新北市利用轄內釋出之國有住宅試辦本方案，為公有房舍創造不同的可能性，落實社會住宅意義，故 108 年三度前往內政部營建署國家住宅及都市更新中心提案簡報，獲得在林口區 8 戶社會住宅空間；109 年再爭取到新店區、永和區 14 戶社會住宅空間，讓公用資產有不同可能性。

六、強化行銷增加企業與民間團體社會參與意願

　　106 年由新北市家具商業同業公會、圓融行善團、扶輪公益網等社會企業及近 20 個慈善團體陸續購置市值超過新臺幣 200 萬元家具家電、隱形鐵窗及善款，社會局每年辦理捐贈記者會，感謝企業與民間團體透過公益合作，帶動社會融合。扶輪公益網亦響應本項計畫，並將該項計畫財、物力支援列為未來長期性合作項目之一，近 2 年亦感謝國際獅子會及臺灣優衣庫有限公司等民間慈善單位及企業支持本方案並給予善款及物資等支持。

七、跨域整合新模式

　　公部門、NGO 組織、企業組織及民間社團，原屬不同立場與發展目標的團體，然社會議題多元，福利資源有限，由公部門領航，號召企業組織及民間社團共同支援的背景下，公部門橫跨社政、財政、城鄉等局處凝聚共識，運用好日子愛心大平台，結合 NGO 組織扶植及管理不同專業背景的照顧參與者，組成照顧人力團隊，發展及運用既有專長；企業組織及民間社團則透過公益合作，盤點資源，活絡企業資源及社會參與機會，使福利服務輸送更多元順暢。

八、促進市民參與公部門政策機制

　　本方案在取得社會住宅房舍後，為宣導服務方案宗旨理念及提升市民參與機制，社會局拜訪公益慈善組織（例如：家具同業公會、行善團、扶輪公益網……等），運用其會員大會或組織內部網絡，將本方案對安置兒少照顧之意義，廣為周知與宣導，促使集結每個個別會員之力量，提供經費挹注或物資（家電、家具、裝設隱形鐵窗……），協同創建打造一個家，亦為本方案付出一份心力。並藉由於教會、居家托育服務中心、公寓大廈管理委員會、教師會、家長團體……等處，宣導本方案並邀請有志參與者共襄盛舉，深入社區為有熱忱加入照顧安置兒少之民眾辦理說明講座，邀請市民以行動參與執行，共同成為照顧安置兒少的合作夥伴，迄今已有 190 名市民參與本方案照顧者招募說明會、職前訓練等，經審查會議通過並投入照顧服務人員者計有 130 人。

給受虐兒少一個溫暖的家
—林口「類家庭」蘇爸蘇媽

陳清貴（專員）

　　均已逾耳順之年的蘇雲霖和蘇黃根葉夫婦，原本可過著含飴弄孫的生活，但因有宗教信仰的力量，兩人一起投入照顧弱勢兒少，在林口社宅「類家庭」，細心呵護受虐兒，希望彌補孩兒在原生家庭所欠缺的愛。

6歲的蕾蕾不敢睡一般床

　　6歲的蕾蕾（化名），右耳失聰，她因罹患先天性疾病，從1歲多便住進醫院，進行骨髓移植等手術和治療，直到108年8月才安置到類家庭。由於長期住在醫院的病床上，剛到類家庭時，不敢睡一般床，因為少掉護欄，她擔心會從床上掉下來。

　　蘇爸和蘇媽表示，蕾蕾在玩遊戲時，不管扮演任何角色，最終一定是受傷、打針、住院，顯示在原生家庭受虐的創傷陰影揮之不去，他們用最大的愛和包容來照顧，像是簡單的如廁，蘇媽會讓同齡的孫女自行如廁引導，蕾蕾就跟著一起學習。

3歲的安安斜眼看東西

　　另一位3歲安安（化名）則是受虐致左眼失明，以致常斜著右眼看東西。一開始吞嚥困難，語言發展也遲緩，只會跟著別人說話的尾音伊伊啊啊，這時蘇爸在幼兒園擔任英文老師的女兒，就會帶著安安到教室去玩，順便練習發音，加上每週一次的到宅職能治療，安安慢慢會開口唱歌。

蘇雲霖和蘇黃根葉夫婦照顧安安，侯友宜市長在過年期間專程前往林口社宅類家庭關懷訪視

蘇雲霖和蘇黃根葉夫婦在林口社宅類家庭用心照顧右耳失聰的蕾蕾

　　基督教芥菜種會主任陳黛羚表示，芥菜種會以「兒少為中心、家庭為核心、社區為基礎」作為服務理念，受社會局委辦，負責招募和訓練類家庭照顧者入住社宅，以提供 24 小時周全的照顧服務，讓遭逢變故或受虐的孩子可以在社區中穩定地生活與就學。

　　時任社會局長張錦麗表示，「類家庭」是新北市開辦家外安置的全新模式，介於寄養家庭和安置機構之間，有寄養家庭的溫馨，以及機構人力支援的優點，其中在林口社宅有 8 戶、三重社宅有 3 戶，共可安置照顧 38 位失親兒少，目前安置有 35 位，這些孩子都是失去家庭功能，經社工評估後予以收容，希望讓他們在成長的過程中，能受到像一般家庭的呵護和親情滋潤，健康快樂的學習和長大。

每天一早被幸福叫醒

　　蘇爸和蘇媽後來又接了萱萱（化名），加上自家 3 名孫子，每天一早，被「阿公、阿嬤」叫著醒來，兩人忙著幫忙刷牙、洗臉、送幼兒園，兩人說這是每天幸福的開始。

　　新北市長侯友宜連續於 110 和 111 年歲末專程前往林口社宅「類家庭」關懷，看到蘇爸和蘇媽被小孩圍繞著，充滿歡樂的氣氛，盛讚兩夫婦的愛心。兩人笑說：「因為越帶孩子越年輕了！」

以兒童最佳利益考量
新北引領前瞻

黃鼎馨（時任法制祕書）

《社會工作辭典》裡，並無難置兒（Hard-to-Place Children）一詞。單就字面理解，應指經社會工作員評估有替代家庭照顧需求，但於個案服務過程，卻「很難被安置」或即使已安置，由於「問題行為」或「多元照顧需求」等因素，而面臨須轉換安置處境之兒童。李品蓉在一篇《兒少安置機構社工員對「難置兒」之處遇經驗探討》研究論文指出，難置兒經常因為無法媒合合適的寄養家庭或安置機構，而經歷多次轉換機構（multiple placement），致其無法與成人建立良好依附關係與信任，造成不良的社會適應。乃提出關於難置兒的處遇重點，建議可置於提升或協助以下：一、提升兒童自我價值感；二、學習表達情緒與行為；三、其他資源的協助，例如轉介心輔或專門看顧等其他資源滿足其內在議題。就蘇姓類家庭爸媽照顧的兒童而言，則結合了「每週一次的到宅職能治療」。

衛生福利部社會及家庭署（以下簡稱社家署）111 年訂有「兒少替代性照顧政策」（以下簡稱照顧政策），指出經調查發現，頻繁轉換安置處所（轉換安置達三次以上者）不利於安置兒少身心發展，包括影響兒少認知、問題解決能力、情緒行為以及心理健康等。足見，開發並拓展符合兒童需求之安置資源有其必要性，尤其是家庭式替代性照顧，使兒童能在穩定安全的環境成長。於照顧政策之政策目標三「發展家庭式替代照顧」係將家庭式替代性照顧分以下四種樣態：一、親屬及第三人安置；二、寄養家庭；三、特殊需求兒少團體家庭；四、收養，並將社會局所發展之類家庭，歸納於三、特殊需求兒少團體家庭。並訂定衡量指標，110 年地方政府辦理社家署補助之團體家庭計 19 處，預計至 113 年增加至 35 處（每年平均增加 5 處）。

綜上，從資源布建而言，社會局無懼於類家庭空間難覓及人員訓練成本高昂，創新於社會住宅內建置各類家庭式替代照顧安置資源，可說完成「難以置信」的「兒童家庭環境」，對我國家外安置體系翻開新頁。期使有助兒少安置機構比率漸次降低。在家庭式替代性照顧資源不足以回應現有需求時，建議也不忽略民間如安

置盟的呼籲，強化現有安置機構能發揮穩定兒童基本生活照顧與發展需求之功能。另 109 年修正發布之《兒童及少年福利與權益保障法》施行細則第十條規定略以：「……安置兒童及少年時，應依下列順序為之：一、適當之親屬。二、與兒童及少年有長期正向穩定依附關係之第三人。三、登記合格之寄養家庭。四、核准立案之兒童及少年安置及教養機構。五、其他安置機構。」雖增訂上開第二款，將第三人納入安置交付對象，然「類家庭」或「特殊需求兒少團體家庭」並非親屬，也非已與兒童形成長期依附關係之第三人，更無可能是寄養家庭或安置機構，社會局可說因應兒童最佳利益原則，前瞻引領法制策進，有賴因應特殊需求兒童開辦之「『類』家庭」量能擴充與拓展，由中央視需要進行相關法規增修或調適。

每個孩子都重要：
類家庭安心照顧服務方案

顏玉如（實踐大學社會工作學系助理教授）

《兒童權利公約》（*Convention on the Rights of the Child*, CRC）第 20 條載明針對暫時或永久剝奪其家庭環境之兒童，或因顧及其最佳利益無法使其繼續留在家庭環境時，締約國應給予特別之保護與協助。第 13 號一般性建議還強調，兒少保護不僅保護兒少當下（being），也保障兒少未來的發展（becoming）。

在原生家庭中發生的狀況對被安置的孩子是第一種創傷。兒少被迫與原生家庭分離，在身體、空間及原有社會關係都產生距離，在一定程度上也會造成傷害。這些創傷經驗可能破壞其情緒、關係、心理與認知上的發展，加上身體疾病、發展障礙，讓他們愈加缺乏安全感、更難建立關係、情緒反應明顯且強烈、低自我價值感與低學習動機，容易與照顧者形成負向的互動關係，甚至面臨安置失敗，而經歷多次轉換安置；在安置照顧服務上需要投入極多的時間、人力、資源與能量照顧。

創傷知情（trauma-informed）服務觀點，強調以兒少為中心、充權為取向，在理解兒少特殊需求與問題脈絡前提下，瞭解兒少行為與創傷反應，讓兒少重新連結健康關係，建立正向生活與互動方式。再者，在照顧服務團隊與人力上，也重視為社工與照顧服務人員發展安全、支持的環境，包括預防替代性創傷與自我照顧能力。

安置服務的開展實屬不易，特別是對於遭受多重創傷或多次轉換照顧環境的兒少更是挑戰。「新北市類家庭安心照顧服務方案」，不同於過往機構式安置服務、或寄養家庭 1 位兒少為主的照顧，以特殊需求兒少為服務對象，採取小規模與個別化照顧型態，提供以家庭環境為基礎的安置環境，讓經歷多次創傷的兒少能夠在理解與包容的類家庭生活中成長。特別肯定的是，本方案三元照顧者角色的規劃：主要照顧者、支援性照顧者與家庭協伴者，如同一般家庭中父母、爺爺奶奶角色的主要照顧，配合如兄姐、親友長輩的支援性照顧者與家庭協伴者，兒少藉由體現與經驗正向的家庭照顧與家庭成員互動，進而發展信任感以及與他人正向關係連結。此外，對照顧服務人員而言，不同照顧角色的設計與編制補充人力，希冀調節照顧者

的壓力與負荷,避免服務耗竭,這都是相當符合創傷知情的取向,可觀察評估影響與效益。

　　安置服務的開展實屬不易,特別是對於遭受多重創傷或多次轉換照顧環境的兒少更是挑戰。新北市類家庭式的照顧模式,不只是一種替代性照顧方式,也是一種以特殊兒少需求為中心的跨域整合工作,從公有房舍取得、專業團體合作、招募、培力與持續支持照顧者與協伴者,其程序繁雜、過程問題眾多;而特殊需求兒少入住之後,照顧的挑戰更是不曾間斷,很感佩社會局、承辦單位與第一線工作人員的投入與付出,前方,或許仍有諸多問題有待克服,只要我們肯同心、不放棄,就可以為受傷孩子創造可能的復元機會。

雙培力曙光

弱勢家庭坐月子到宅服務
與女性非典型就業

雙培力曙光
—弱勢家庭坐月子到宅服務與女性非典型就業

陳思吟（社區發展與婦女福利科約聘社會工作督導）

蔡育欣（社區發展與婦女福利科股長）

蘇惠君（時任社區發展與婦女福利科專員）

林寶珠（時任社區發展與婦女福利科科長）

壹、方案緣起

　　新北市女性人口在 106 年突破 51%，展現女性的力量不容小覷更撐起半邊天，而社會局一向對於婦女照顧與服務不遺餘力，更關注於不同類別女性的差異性需求，包括設置 3 處定點婦女服務暨新住民家庭中心、超過 50 處的在地新住民和單親關懷據點，也推出各項婦女相關政策與福利措施，如開辦婦女大學成長課程、單親家庭支持方案及特殊境遇家庭補助等，其中最著名則是自 102 年推動的「好孕專車產檢車資補貼」，新北市率全國之先關注懷孕女性的照顧需求，補助孕婦往返產檢醫療院所的計程車補助，體貼懷孕婦女，也維護行的安全。

　　109 年社會局進一步看見懷孕婦女與弱勢家庭帶來的雙重不利處境，以社會局的五大願景之「弱勢優先」與「性別平等」的核心價值，並依據 CEDAW 公約第 12 條及一般性建議第 24 號，再次推出「弱勢家庭坐月子到宅服務」計畫，以加強照顧弱勢家庭的懷孕婦女，提供產後的各項身心照顧需求。在服務推動過程中，我們看見弱勢懷孕婦女因不同處境，需要面對更多元的照顧、經濟與家庭關係等議題，而使她們身心俱疲，甚至讓家庭功能日趨緊繃甚至崩盤。我們認為「服務」不應只是想像中制式的服務輸送，而更應看見這些不同處境婦女的需要，讓服務不僅是服務，而是支持她們穩定再前進的力量。

　　所以 110 年起，社會局重新展開了行動設計，從健全服務、整合跨部門到發展服務優勢，更秉持私公協力的精神，攜手民間團體新北市保母協會、台灣婦女展業協會及新北市生命小鬥士愛心關懷協會，共同推動新北市的創新婦女福利服務方案—「弱勢婦女坐月子到宅增能服務暨就業培力支持」計畫，深獲衛生福利部社會及家庭署肯定，持續挹注公益彩券回饋金經費補助與培力輔導。我們期許新北市能成功創造服務精進與弱勢培力的雙軌路線，完善不利處境婦女產後照顧，及一探非

典型婦女就業發展新契機。

貳、方案策略規劃

一、實施步驟

（一）深化不利處境婦女差異性坐月子服務，以提升坐月子服務員之性別與危機敏感度及就業自信，協助其穩定就業並續留職場。

（二）發展不利處境婦女多元型態職種培訓專班及友善支持措施，增進不利處境婦女社會資本，提供不利處境婦女改變家庭經濟與自我實現之機會。

（三）梳理不利處境婦女就業輔導需求與趨勢，整合跨部門資源，開啟與私部門對話，共同推展不利處境婦女友善就業環境。

二、策略內容

（一）從服務看見需求，打造差異性照顧服務品牌

1. 覺察差異

　　在服務不利處境婦女的過程中，覺察女性在不同生命階段，因不同生活歷程、脈絡，與家庭、經濟照顧與社會期待等交織出多元且複雜需求，對面臨不同生活困境及處境的女性，將因著生命經驗與生活負載而有差異性照顧需求。

2. 整合資源

　　不利處境婦女的需求與家庭狀態息息相關，社會局透過串接相關社會福利或在

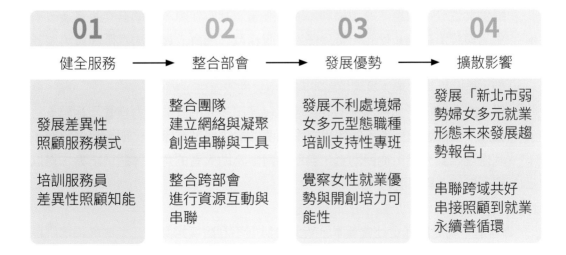

婦女創新方案設計架構：一套支持性、網絡性、永續性的城市行動

地資源單位，召開「弱勢懷孕婦女服務資源整合平台聯繫會議」，邀請在地社會福利服務中心、小爸媽、兒少托育、新住民及單親等資源單位，針對弱勢家庭的服務、轉介、服務銜接、通報等議題進行討論，建立整合性的服務資源網絡，以滿足弱勢家庭的多元需求。

3. 增進品質

　　110 年社會局召開「弱勢家庭坐月子差異性照顧焦點團體」，梳理不同處境弱勢婦女的差異性照顧需求及期待，強化網絡的關係與連結，在服務員的培訓中，加入了差異性的培育課程，包括身心障礙、小媽媽、單親、新住民及經濟弱勢等不同處境婦女的差異性照顧議題，也同時融入性別敏感度課程，以提升坐月子服務員之性別與危機敏感度及自信心，協助服務員穩定就業並續留職場。

（二）從服務看見價值，開辦不利處境婦女培力方案

1. 看見價值

　　在推動照顧不利處境婦女服務的過程中，社會局看見每一個不利處境婦女擁有的經驗，是獨一無二也是彌足珍貴的，不論是精打細算的經濟弱勢婦女、具衝突事件敏感度與處理能力的受暴婦女、能瞭解一人拉拔子女辛苦的單親媽媽、或同樣跨海來臺的新住民母親等，發現在同溫層的服務模組，更能具同理心在受照顧者感受上，也更能引起共鳴及支持。所以也藉此逐步深化創新服務，看見不利處境婦女未來就業發展的可能性，期望能創造更友善的照顧與服務的善循環。

2. 開創機會

（1）依據性別平等政策綱領「就業、經濟與福利」第 1 項，結合就業與福利政策，提供女性公平的經濟資源權利、福利服務及社會保障，協助自立脫貧及改善生活與經濟處境。爰此，坐月子到宅服務員、托育人員及居家照顧員等照顧服務等工作類別及型態，其就業型態具彈性工時及與生活經驗相關之從業優勢，能貼近其需求並具體協助不利處境女性改善生活經濟。

（2）從 110 年起，新北市以優勢觀點陸續發展出多元的就業培力模式及相關支持措施，發展進程扣連不同處境婦女的照顧需求與就業議題，期待藉由協助不利處境婦女充權，從受助者、自助者轉變為助人者的角色，透過培力，得以提升自信心與經濟力。

3. 多元培力

　　為增進不利處境婦女社會資本，新北市發展不利處境婦女多元型態職種培訓專班。110 年開辦「弱勢婦女坐月子服務員」培訓專班，配搭新北市弱勢家庭坐月子到宅服務方案的人力需求，讓照顧服務及就業支持培力，能串接成一個善循環。

111 年在「弱勢家庭坐月子差異性照顧焦點團體」梳理結果中，覺察多元文化帶來的照顧議題影響性，進一步開辦「弱勢婦女與新住民托育人員」培訓專班，讓照顧服務更具多元文化敏感度，未來將持續擴充具彈性工時及與生活經驗相關的職種，促進女性重返職場。

4. 創造友善

除規劃就業培訓專班外，搭配相關友善支持措施，從培訓時的托育服務，讓婦女可以安心學習，而不利處境婦女在加入「弱勢家庭坐月子到宅服務平台」後，更透過服務追蹤、職前及在職訓練、團體、個別督導及個案討論會議等綿密的服務陪伴，加強不利處境婦女投入服務過程的輔導、支持與陪伴，排除服務困難、建構同儕支持網絡、提升專業服務品質，更協助不利處境婦女經濟自立、支持婦女持續穩定就業。

（三）從培力看見可能，發展不利處境婦女就業趨勢報告

1. 發現需求

新北市女性勞動參與率在 25-44 歲年齡層達最高為 84.1%，45 歲後則驟降至 50% 以下，其中 45-64 歲女性勞參率為 49.9%，相較於男性 76%，相差 26.1 個百分比。顯示多數婦女因生育、家庭照顧責任等，被迫退出勞動市場，然又因家庭經濟壓力再次投入就業市場，惟長期離開勞動市場，面臨專業過時、適應困難等問題，無法輕易回到勞動市場。

2. 跨域整合

在加強不利處境婦女的照顧與就業支持外，透過召開跨局處、跨單位的不利處境婦女焦點團體，於 111 年歸納出「新北市不利處境婦女多元就業型態未來發展趨勢報告」，整理出女性友善的就業職種、創造中高齡族群準備性就業服務等初步建議。未來將持續連結公私部門辦理「新北市不利處境婦女與就業議題」座談會，共同打造跨領域交流平台，發展友善職場環境指標，並滾動式增修「新北市不利處境婦女多元就業型態未來發展趨勢報告書」，作為新北市不利處境婦女未來就業培力與輔導之基礎，朝更友善女性之職場邁進。

參、方案特色說明

一、看見弱勢即優勢：從提升不利處境婦女差異性照顧服務到發展不利處境女性培力專班

藉由弱勢家庭坐月子到宅服務員的在職訓練辦理差異性知能課程，以因應不同服務對象如新住民、身心障礙、單親及受暴女等照顧需求發展個別化服務模式，除

協助坐月子服務員提供具性別敏感度之服務外，更於不利處境女性中看見與受照顧者共通的照顧子女經驗反而成為婦女優勢資本，在接受訓練或考取證照後，即可馬上投入就業市場。故培力不利處境女性成為弱勢家庭坐月子到宅服務員，可開創服務及就業之雙軌措施，提供不利處境婦女增能及就業機會。

二、開創非典型就業模式：從準備性職場過渡到就業市場的再邁進

以服務需求為根基，培力不利處境婦女成為坐月子到宅服務員，並藉由「新北市弱勢家庭坐月子到宅服務平台」接案服務，培力不利處境婦女成為托育人員，從事居家或到宅托育，進而成為公共托育中心之工作人員，以擴大不利處境女性之就業職種與未來工作的選擇權。112 年將延伸辦理居家收納整理暨家事管理員培訓，為仍然需要照顧家庭之婦女提供重返職場的彈性工作及就業準備。

三、踐行福利與就業雙培力曙光：跨領域、跨局處合作的具體實踐

本方案串聯社會局既有的網絡單位，如 14 個社會福利服務中心、7 個身心障礙者家庭資源中心、2 個新住民家庭服務中心、家庭暴力暨性侵害防治中心、小爸媽個管中心，及其他社會局委託社會福利單位，並將衛政、民政以及勞政等跨局處單位，除服務弱勢對象之外，也共同找到培力對象，達到福利與就業培力雙重目標。

肆、方案成果與效益

一、經由開設不利處境婦女培力專班，共計培力 84 名不利處境婦女

（一）「不利處境婦女坐月子服務員培訓」2 梯次，每梯次 120 小時。共 34 人參訓，30 人完成培訓（計 9 名新住民、14 名經濟弱勢婦女、7 名二度就業婦女），完訓率 88%，已有 12 名學員與「新北市弱勢家庭坐月子到宅服務平台」簽約成為坐月子服務員。

（二）「新住民暨弱勢婦女托育人員輔導專班」2 梯次，每梯次 134 小時，外加 16 小時考前加強班。共 54 名參訓（其中含 38 位新住民女性），111 年已有 1 名學員取得托育人員證照，餘學員陸續參與 112 年 4 月托育人員技術士檢定；有部分學員已陸續從事居家托育或臨時托育服務。

二、經由建構不利處境婦女非典型就業模式，我們發現

（一）開創多元就業模式可兼顧不利處境婦女家庭照顧與經濟之需求

本方案培力學員除了擔任坐月子及托育人員之外，因培力課程內容包含烹飪及清

潔工作，引發學員從事廚工或家事服務員之興趣，甚至因為本身需彈性的工作，故也投入照顧服務員領域，藉由多元、彈性的工作性質，兼顧家庭照顧與經濟之需求。

（二）創造友善職場環境有利發展不利處境婦女多元且彈性的就業需求

看見不同類別差異性照顧需求，發展具性別敏感度之服務措施，提升服務員自信心及就業穩定，才能長期續留職場，維持女性經濟安全。並透過跨領域合作，倡議不利處境女性就業困境與需求，開創符合不利處境女性需求多元化且彈性之就業型態，營造女性友善就業支持環境。

社會局委由新北市生命小鬥士愛心關懷協會辦理弱勢婦女暨新住民就業培力支持計畫

（三）非典型就業模式有助提升偏鄉照顧資源與人力

依據 111 年東吳大學社會工作學系洪惠芬教授的「新北市中高齡女性需求分析」提到，偏鄉地區因為交通、資源及在地照顧資源不足，故僅能在家照顧長輩及子女，未能外出就業，且因偏鄉區域資源薄弱，故透過非典型就業模式的發展，112 年將持續新住民與不利處境婦女托育人員培訓，並依據區域女性人口特性與比例進行分析（包括年輕母親、新住民人口等），選定有公共托育中心之金山區辦理托育人員培訓課程，除可以提升偏鄉地區照顧專業人才，並促進小媽媽、年輕女性及新住民之照顧技巧與知能，可自助助人，照顧自己的孩子之餘，也可以從事居家或到宅托育服務，提升在地照顧資源及將人才留在在地服務，滿 20 歲之後參與托育人員考照，即可至公共托育中心服務。

案例分享

為弱勢婦女撐起一把傘
—從美甲到托育的秀麗人生

陳清貴（專員）

今年 43 歲的秀麗，在最青春的 19 歲就從越南嫁來新北市，在這塊土地落地、生根，兩個孩子也都成年且獨立。秀麗用自己的專業開設屬於自己的美甲工作室，逐步展開在臺灣的新生活。

精雕美甲出現老花眼

因為從事美甲需打磨指甲，並且專注在小小的指尖上修飾創作，非常的耗費及磨損視力，沒幾年光景，秀麗就發現自己出現老花，她心想：「這個工作還能做多久呢？」她得為更長遠的未來打算。

新北市三重新住民家庭暨婦女服務中心多年來一直陪伴秀麗在臺灣的生活，在獲得社會局專為新住民及弱勢婦女開辦托育培力專班的資訊後，鼓勵秀麗報名參加，為自己的未來多做一份準備。

托育人員培力專班必須上 134 個小時的課程，適逢疫情期間，學科部分使用視訊軟體上課，秀麗自認中文不佳，每堂課都花更大的專注力學習；在術科方面更是

秀麗參加托育人員培力專班，練習為嬰兒洗澡，顧惠珍老師在一旁提醒要注意頭部的支撐

秀麗在完訓後，展現訓用合一的精神，協助臨時托育指導服務

積極，有時她會擔任小老師，協助其他學員調整餵奶或洗澡的手勢。除了上滿培力課程外，在考試前甚至參加術科加強班，希望順利取得托育人員證照。

跨域發展托育 多一就業選擇

在參加一連串的培訓課程後，秀麗表示，很開心有機會跟大家一起上課，也因此認識了更多新住民姐妹，雖然目前還是會在美甲工作室，不會立刻全職從事托育服務，不過還是很感謝社會局的培力，讓她多學習了一個專業，多一個就業的選擇。

秀麗在參與完整的托育人員訓練，並取得結訓證書後，即可以從事居家及到宅托育，這份新的專業能力，加上彈性的工時和自由的接案，讓她在疫情期間，多了一份收入，以補充生活的開銷。

秀麗說，生活經驗就是她的課本。她在完訓後，不僅具體展現訓用合一的精神，也陸續協助社會局相關訓練的臨時托育服務，更希望未來能夠回饋、幫助更多姐妹。111 年雖然沒有順利拿到托育人員證照，但她會持續努力，再接再厲，希望通過 112 年 5 月的證照考試，讓自己的未來有更多的選擇。

從服務看見價值 開辦弱勢婦女培力方案

社會局看見每一個弱勢婦女的需求，以社福五大願景的「弱勢優先」與「性別平等」為核心價值，因此除開辦托育人員培力專班外，也開辦坐月子服務專班，協助像是長期被丈夫家暴而離婚的小喬，因自身的經驗，讓她在取得坐月子服務員後，在服務過程發現服務對象也同樣遭受家暴時，立即敏感地保護好孩子，並迅速通報家防中心的社工協助處理。

從印尼來臺 16 年的翠娜已經領有廚師證照，在非營利幼兒園擔任廚工，她希望可以為孩子做更多服務，也參加了托育培力專班，期許拿到證照後，能順利到新北市公共托育中心工作。這些具體案例，都是社會局擴大弱勢女性的就業職種和機會，為需要照顧家庭的婦女撐起一把遮風蔽雨的傘！

秀麗準備為嬰兒穿衣服包覆

方案側記

以弱勢婦女視角為出發

林坤宗（專門委員）

　　在《消除對婦女一切形式歧視公約》（CEDAW）中，各國須承諾履行一系列的措施，終止一切形式對婦女的歧視，保障婦女在政治、法律、工作、教育、醫療服務、商業活動與家庭關係等各方面的權利。新北市推動各項婦女福利業務，更關注不利處境女性（如原住民族、新移民、高齡、身心障礙、農村及偏遠地區等女性、女童等），從歷次婦女需求報告中，瞭解新北女性最在意需求，例如健康、照顧及就業等議題，再研擬服務方案，以回應大家期待。本方案中察覺了弱勢婦女需求，從「性別」與「生命歷程」對不利處境女性處境進行檢視，因為從性別觀點，發現了女性的就業與經濟往往跟社會賦予的角色連動。

　　新北市是一座移民城市，人口最多，城鄉差距大，所以社會福利發展過程中，都要兼顧不同族群需求。本方案能以弱勢婦女視角，盤點資源分布及分析優劣事項，完善規劃最佳行動策略，將照顧與就業等不同面向議題一併納入評估，使效益擴大，例如開辦「弱勢家庭坐月子到宅服務」計畫，就以照顧弱勢家戶為目標，並同時培力不利處境女性就業，相輔相成，由於彈性工時設計，使參與者能在家庭與工作中兼顧，有效提升弱勢婦女勞參率。感謝同仁用心及努力，本方案不僅獲得衛生福利部讚許及支持，在各地方政府中，亦爭相來學習，新北不吝分享成功經驗，造福全民。

　　未來本方案發展，要持續透過統計分析，察覺差異及需求，並透過參與者回饋，發現有無新的議題，發展新職種。同時整合相關資源，一條龍式服務，避免掛一漏萬，創造更友善的照顧及服務，尤其弱勢優先是社會福利的核心價值，許多弱勢女性，因不熟悉社福資源所在，無從獲得協助。將來應持續結合各社會團體、共同維護及倡導婦女權益、促進性別平權、提供婦女支持成長管道、新住民相關福利服務、單親家庭支持服務。在不利處境女性就業環境裡，仍然有更多發展空間，有更多選擇及培力機會，可以使更多身處不利處境女性，透過參與及學習，建立自信，勇於面對將來工作及生活所帶來挑戰。

性別、互助、就業力：
不利處境女性福利與就業雙元增權行動

顏玉如（實踐大學社會工作學系助理教授）

　　社會變遷、女性教育程度提升，相較之前世代，女性勞動參與雖有緩步上升，但與男性仍有差距，加上女性薪資較男性為低，社會角色的期待，女性在照顧家人和工作間的衝突，讓女性在就業和家庭中不得不選擇中斷就業，負擔起照顧與家務工作，導致女性經濟力量不足，影響個人權力的強弱，也造成女性人力資本的耗費與閒置。此外，婚育階段退出職場，也讓二度就業或中高齡女性面臨較多資訊取得困難、訓練技能未能與職場接軌、技能不足等問題。也因此，為促使性別實質平等與相互尊重，就必須正視女性就業支持與勞動參與問題，並採取應對策略。

　　女性主義協助不利處境婦女時有三個重要取向：一是實務中採取結構取向，認為父權影響女性在性別結構上屬於弱勢者，傳統性別分工模式「男主外、女主內」與不對等的「男強女弱」關係，讓女性無法平等參與勞動市場，因此專業人員在協助時應著重增加她們運用資源的機會與能力；二是透過拓展女性思維、意識覺醒，提升女性自我信心與權能感；三是「關係中的自己」理論出發，重視女性成長經驗，運用女性相互支持策略，讓女性在互助行動過程中得以成長與展現自我主體性。

社會局推出「弱勢家庭坐月子到宅服務」

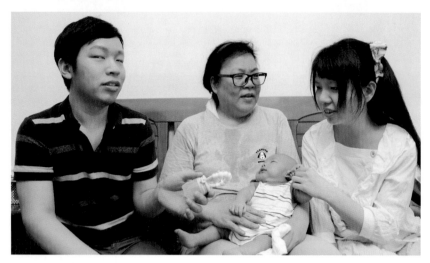

月嫂幫忙視障夫妻坐月子

　　本方案自 109 年開展至今，關注懷孕與生產後無法兼顧家庭照顧與生計的弱勢女性，透過優化月子服務員的個別化服務，讓曾受過幫助的婦女成為下一個月嫂，進而改善經濟能力，翻轉生活困境。方案具有四大特色：第一，方案是女性主義社會工作所強調的增強權能與「姐妹支持姐妹」的互助信念的最佳實踐行動。第二，不斷依據培力女性需求進行滾動修正，從單純的弱勢家庭懷孕婦女福利服務，到發展不利處境女性多型態職種培訓及友善支持措施，強化女性社會資本，提供女性翻轉貧窮結構與自我實現機會。第三，準備性職場的設計更讓許多二度就業女性或特殊境遇女性，能夠在就業前適應服務準備與陪伴，進而順利進入勞動市場、穩定就業。第四，跨局處及私公協力，整合市府跨局處資源以及民間婦女與相關專業團體合作，建構女性非典型就業培力模型。

　　女性就業培力需要長久推動方能看見其成效，未來，建議能夠持續配置人力與挹注資源，讓方案持續與穩定地前進，同時也期待能夠從經濟賦權的角度，發展就業支持措施及財務管理，例如就業社工員針對已就業女性舉辦支持性團體，抒解其就業壓力及擴展人際關係，增加就業適應與穩定，並且提供理財教育或訓練，真正協助不利處境女性自立生活。

打破孤立
重回社區連結

新北市婦女增能三合一

打破孤立重回社區連結
—新北市婦女增能三合一

張瑞茵（新北市政府家庭暴力暨性侵害防治中心成年人家
庭暴力保護扶助組聘用社會工作督導員）

壹、方案緣起

　　鑒於保障婦女權益已成國際人權主流價值，為提升我國之性別人權標準，落實性別平等，我國於 96 年簽署加入聯合國大會制定之《消除對婦女一切形式歧視公約》，並根據該公約將《消除對婦女一切形式歧視公約施行法》函送立法院三讀通過，於 101 年 1 月 1 日起施行，該公約於國內生效是我國推動性別平等的重要里程碑，亦為我國落實性別人權、促進平等消除婦女歧視及健康婦女發展之重要依據。

　　我國於 87 年通過《家庭暴力防治法》，成為亞洲第一個實行《家暴法》的國家，重新定位家庭暴力防治為公眾議題，隨著持續宣導自我保護及求助意識抬頭、政府強化通報網絡與服務措施，使家庭暴力被害人嘗試報案以尋求協助，通報案件逐漸浮現。依據衛生福利部（111 年）家庭暴力事件通報被害及相對人概況的統計資料，94 至 110 年家庭暴力被害人數由 5 萬 8,614 人成長至 11 萬 8,532 人；倘依性別分析，94 至 110 年女性被害人數由 4 萬 7,216 人增加至 7 萬 6,189 人；110 年女性被害人數為男性的 1.8 倍，並占整體被害人數比率為 64.28%，顯現女性被害人常淪為家庭暴力或親密關係暴力的被害人，也凸顯家暴事件是長久以來性別不平等的環境結構下所形成，也因此新北市政府家暴防治系統網絡非常重視家暴被害人受暴處境，串聯了社政、衛生醫療、警政、教育及司法等相關服務，不只保護家暴被害人人身安全及危機處理，也持續協助身心復元與生活重建。而庇護服務即是家庭暴力防治資源網絡中不可或缺的一環，新北市政府於家庭暴力防治立法後規劃執行的第一個家暴被害人服務方案就是庇護服務方案，後續更發展出全國首創的多元庇護資源，顯見其在家暴防治工作的重要性與優先性。

一、親密關係暴力男性被害人有增長趨勢，但女性被害人仍為大宗

　　就新北市近 5 年親密關係暴力案件人數統計（表 5-1），平均男女被害人比例為 2：8，顯示女性占家庭暴力或親密關係暴力被害人的大多數，再看受暴婦女的

年齡層，又以 30-40 歲婦女最多，其次為 40-50 歲，此階段擔負照顧未成年子女的親職角色責任，使婦女在受暴時不只考慮個人也常顧慮母職相關的經濟、育兒等現實壓力而躊躇再三。國內外實務經驗上，受暴婦女容易因為欠缺資源，擔心無法滿足脫離暴力後生活所需，而無奈返回受暴環境，平均往返歷程需經歷 5-7 次，才可能真正脫離暴力環境尋求自立，而未成年子女也在這困境中，遭遇身心創傷與各方面發展受阻。可見女性被害人所需的服務，不僅止於危機期間因應暴力事件的人身維護協助，也要有足夠的生活重建資源，提升其自主性與獨立生活能力，進而安心脫離受暴環境，為刻不容緩之要務。

表 5-1　新北市親密關係暴力案件之男女通報人數

	通報人數		總計	百分比	
	男	女		男	女
107 年	1,227	7,065	8,292	14.80%	85.20%
108 年	1,341	7,179	8,520	15.74%	84.26%
109 年	1,519	7,425	8,944	16.98%	83.02%
110 年	1,593	7,114	8,707	18.30%	81.70%
111 年	1,860	7,241	9,101	20.44%	79.56%

統計來源：衛生福利部 107-111 年新北市家防中心受理家庭暴力案件親密關係暴力案件之男女通報人數

二、新北市緊急庇護服務分析發現

對於家庭暴力被害人有安全顧慮且需要緊急或臨時的住所，新北市提供旅館與 2 處緊急庇護家園提供立即與保密的安全環境，避免受暴婦女及其未成年子女再度陷入危險情境。庇護家園服務對象主要還是以女性被害人及其未成年子女為主，以團體生活、共同使用公共空間的運作方式，由社工人員、生活輔導員在園內提供密集的支持服務。以 109-111 年共 346 名受暴婦女及其 171 名隨行子女接受緊急庇護服務之發現：

（一）婦女接受緊急庇護服務後有半數以上比率選擇獨立生活

有 60.61% 受暴婦女於庇護結束後選擇在外獨立，而其中庇護時間超過 90 天以上的婦女選擇獨立生活比例明顯達 8 成以上，反映婦女願意接受庇護服務，並與正式資源有較多的互動機會，助人工作者才更有機會支持受暴婦女處理內在議題、關係離合及對未來生活規劃有充足安全準備。

表 5-2 新北市受暴婦女緊急庇護居住天數與結束庇護後動向

109-111 年新北市家防中心提供庇護服務人數							
離園後動向	返家		獨立生活		不詳		總計
	人數	比例	人數	比例	人數	比例	人數
1-90 天（短期）	75	32.47%	86	37.23%	4	1.73%	165
91-180 天（中期）	11	4.76%	45	19.48%	0	0.00%	56
181 天以上（長期）	1	0.43%	9	3.90%	0	0.00%	10
共計／百分比	87	37.66%	140	60.61%	4	1.73%	231

（二）伴隨子女照顧與托育需求

從表 5-3 也看到 12 歲以下未成年子女隨著受暴婦女一同入住庇護家園占 83%，在脫離受暴情境時帶著子女離家，繼續擔負母職的角色是普遍的，受暴婦女除了面對自身創傷議題，同時也肩負照顧子女責任，面臨的生活挑戰更多重且不易。

表 5-3 新北市緊急庇護受暴婦女隨行子女年齡情形

109-111 年新北市家防中心提供庇護服務人數									
子女年齡區間	0 歲 -未滿 4 歲		4 歲以上 -未滿 7 歲		7 歲以上 -未滿 13 歲		13 歲以上 -未滿 19 歲		總計
	人數	比例	人數	比例	人數	比例	人數	比例	人數
共計／百分比	41	24%	39	23%	62	36%	29	17%	171

三、受暴婦女及其子女自立生活的需求與困境

根據直接服務經驗瞭解，受暴婦女離開受暴環境十分需要勇氣，許多離家的決定是在倉皇逃離瞬間，有些則醞釀離家準備，但卻一直找不到時機點，而離家首要面臨的即居住議題，雖緊急庇護服務對人身安全和居住已有保護，但後續自立生活的過程伴隨就業經濟、長期住所、個人心理準備、子女照顧及社會人際等多重議題。游美貴和廖明鈺於 106 年指出臺灣庇護服務困境，其一為缺乏不同庇護期限的資源，臺灣庇護服務雖然有 24 小時配置人力的運作模式，但資源分配多偏向緊急和短期庇護型態，缺乏低度管理和能顧及個人隱私與自主性的中長期庇護處所；其二，硬體規劃限制庇護服務功能，因為缺乏多元房型且以床位計算執行績效，受暴婦女需共享空間，較少考慮以家戶概念設計，另外庇護家園大都位在較偏遠地區，強調

新北市在林口世大運社宅成立受暴婦女服務中心，並委託勵馨基金會辦理

安全隱密環境，使得親友無法來訪，亦因生活便利性不足，影響就業不利等困境。因此，如何從既有服務模式和框架，翻轉過往庇護服務思維，正視受暴婦女自立需求和困境進而推展服務，為刻不容緩之要務（黃珉蓉，2017）。

　　新北市於 105 年首創全國規劃推動「婦女增能三合一計畫」，使受暴婦女在就業、子女就學就托及居住三項困境所需資源一次到位，由政府單位整合公私部門、盤點現有資源，結合租屋補助、托育費用補助及職業媒合等多項協助，執行迄今提供近 7,000 人次服務，並有 6 成以上婦女因為使用了資源而脫離受暴情境自立生活，而居住和房屋租金補助使用程度最高，顯見受暴婦女住宅問題與經濟安全需求最為迫切。脫離暴力循環實需經歷一些準備與內在覺察，才有機會透過該計畫往下一階段走。

貳、方案策略與規劃

　　綜整庇護服務實務經驗、婦女增能三合一計畫執行觀察及相關研究整理，受暴婦女於生活重建的歷程中，面臨的是多重需要，若缺乏相關資源充分協助，恐會使得原本有意離開施暴者的受暴婦女躊躇不前，擔心無力自立生活而留置於受暴情境又或落入貧困生活。因此，新北市以「協助受暴婦女有足夠生活重建資源，提升女性自主與獨立生活能力，進而脫離受暴環境，減少下一代淪入家庭暴力代間傳遞的現象，同時支持多元族群、多元性別族群及身心障礙受暴者免於弱勢處境」為目標，於 105 年間與民間團體合作，逐步發展中長期庇護家園及自立宿舍，並將庇護服務開展以社區為核心的社會安全網絡，以下說明執行策略：

一、充足的庇護及自立生活的期程

　　過去庇護服務受限政府預算有限、個案需求量多，為了讓資源有流動可能，庇護服務多以緊急和短期為主，以 3-6 個月為原則，但實務經驗反饋，庇護服務除提供人身安全之維護，亦提供婦女思考的空間、恢復身心健康、規劃未來方向等目標，現階段新北市緊急庇護家園已拉長與放寬庇護期限規定，透過階段性的評估將庇護期限延長至 1 年，然在危機之後該如何生存下來？新北市規劃了中長期庇護家園及自立宿舍，提供婦女離家或離開緊急庇護家園後再多了 1-2 年期的居住服務，使剛脫離受暴關係的被害人有更多自立準備時間。

二、多元的居住型態

（一）房舍取得： 新北市幅員廣大，共 29 個行政區域，為增加資源使用的可近性，使家暴被害人有更多庇護生活圈的選擇，極需擴增不同地點的自立宿舍，房舍的取得則為首要任務。105 年《住宅法》修法，明定社會住宅須保留一定空間作社會福利服務設施之用，行政院亦提出「社會住宅興辦計畫」，其中項目包括建置社會福利輸送機制。因此，社會局和城鄉發展局進行跨局處合作，運用轄內社會住宅、公益回饋空間作為受暴婦女中長期庇護家園及自立宿舍，同時採以補助民間單位承租進駐社會住宅方式提供服務，目前自立宿舍已布建在本市 4 個行政區，其中林口世大運社會住宅有 20 戶，規模最大。

（二）地理位置： 不同以往庇護思維，為了隱密而設於偏遠地區，新北市政府結合交通便利的社會住宅空間，增加以市區、交通便利和生活機能佳為考量，庇護處所緊臨生活商圈、公園及學校，讓服務對象求職通勤較為容易、小孩上學方便、與周邊鄰里有更多互動，打破因暴力而生的孤立，便於親近社區進而重返社區。

（三）生活空間： 增設多元房型以戶為單位，有套房、三房二廳及四房二廳房型的電梯大樓或公寓式住宅，若一名婦女帶兩名子女，會優先以一整戶的方式讓一家人入住，讓大人和小孩能有獨立空間，不再需要為各家公共空間使用和生活習慣不合起衝突；若為單身者則會共住一戶但有獨立臥室，因皆為獨門獨戶，得以顧慮到個人生活隱私，降低因團體生活產生的不適應。

三、多元的服務對象

　　家庭暴力是長久以來性別不平等的環境結構下所形成，相關資源也因著保障女性被害人而生，然而實務工作中越來越多男性、同志或跨性別被害人有庇護、就業

及居住需求，基於性別暴力防治的視角重新審視和思考多元性別服務，除連結新北市旅館資源及租金補助維護其身心安全、協助自立生活準備外，家庭暴力暨性侵害防治中心更於 110 年委託民間專業團體提供多元性別親密關係受暴個案社區追蹤及自立宿舍服務，期藉由個別化的計畫，包含具性別平等意識的心理諮商、法律諮詢及自立宿舍環境，讓多元性別被害人得到友善支持的資源。

　　另外，具身心障礙身分之女性被害人，倘生活能自理且無急迫醫療照護需求，原本即可入住新北市庇護處所，然服務發現，脫離受暴後往往因與家人關係破裂、缺乏家屬支持致無法返家亦難以直接進入社區獨立生活，需要更多循序漸進的培力以自立生活，故家庭暴力暨性侵害防治中心於 111 年委託民間團體提供身心障礙女性被害人自立宿舍服務，藉由專業人員的高密度支持及個別化服務計畫，培養受暴的女性身心障礙青年社會適應與培力經濟，發展自立與自給自足的生活能力。

四、多元的服務內涵

（一）結合住宅與照顧，發展自立服務

　　對於脫離原本生活環境的家暴被害人而言，適應新的環境是需要時間的，且仍需面對內在過去暴力創傷導致的身心症狀，可能有失眠、焦慮不安的感受，以及一肩扛起經濟負擔的壓力與面臨離婚訴訟衍生的監護權、撫養費等司法議題，藉由短、中、長期的庇護到社區住宅服務，除提供安全、穩定居住環境，助人工作者得以有較多時間以個案、團體及社區工作方式挹注各項處遇服務，增進家暴被害人問題解決及資源運用能力。

（二）培養經濟自主，發展就業服務

1. 提供不同階段的就業服務及相關就業資源

　　結合新北市就業服務中心提供有就業意願及就業能力之家庭暴力被害人，由就服員依個案身心狀況擬定處遇計畫，包含就業前的身心輔導與準備、就業輔導與媒合、就業後的職場關懷，並提供相關就業諮詢、推介就業、提供支持性就業服務、短期就業安置、就業促進工具、研習課程、團體輔導活動、職業訓練及職訓生活津貼等資源協助。

2. 結合民間團體開辦就業服務，提供準備性職場就業培力

　　依個別需求，除了可連結勞工局就業服務，亦再針對預備就業但因受暴致身心受創或長期封閉家中而需培力準備之被害人，提供一個準職場的工作環境，如咖啡館、早餐店，讓家暴被害人可安心於安全的工作場所及氛圍中，藉由職場見習、職

場體驗安排，使婦女能逐步適應生理及心理準備，解決內外在就業阻礙、增進職場人際互動及提升就業信心，而更能進入一般就業職場就業。

（三）關注兒少安全，發展照顧服務

1. 目睹暴力兒少輔導

　　兒少目睹家庭暴力的影響是多面向的，不僅有情緒困擾、錯誤的暴力及親密關係認知、低落自我概念與人我社會關係發展以及外向／內隱的行為問題，也會破壞和照顧者的依附關係，透過助人工作者長期且穩定的諮商輔導陪伴、創傷知情的環境，得以協助兒少處理內在壓力與創傷，學習適當情緒表達方式，減低暴力的傷害。

2. 依兒少發展階段需求，引入就學托育資源

　　家暴被害人庇護後可能仍需面臨家暴事件衍生的司法纏訟、醫療需要，又要準備求職就業等，卻多缺乏親屬托育資源，故針對學齡前幼兒，藉由教育單位合作以安置入學處理或運用保母資源中心取得托育服務；學齡期兒童，則視危機程度安排保密轉學或與學校討論安全計畫，增進兒童在校生活適應；青少年階段，因自主性高及目睹暴力創傷影響，與照顧者間易有親子衝突，故以個別或團體工作方式，促進照顧者親職教養功能。另高中職的學期費用偏高，家暴被害人大多難以負擔，為協助子女就學穩定度，已納入新北市家暴被害人補助，並可再依需求透過社會福利資源提供就學費用補助。

參、方案特色說明「以社區為基礎－打造共好住宅」

　　為了確保家暴被害人安全，緊急救援階段的庇護家園位置需保密，被害人需要離開原先的生活環境和人際關係，然準備獨立生活後生活重建的需要，「打破孤立」是社區式庇護的重要目標。因此，新北市首創走進社區、親近社區的庇護服務，於107年與勵馨基金會合作，在林口社會住宅協助移居在此的受暴者重建生活，找回與社會連結，建置一系列對外服務的據點：

一、「好好時光－社區咖啡館」－婦女就業之準備性職場

　　打造溫馨的社區咖啡館，提供友善安全的工作環境，學習門市經營及餐食製作，滿足收入需求，並透過就業培力課程，協助及早適應職場、重返職場。同時，透過社區咖啡館的空間設計和辦理主題性活動，邀請有興趣的社區住戶共同參與，分享交流與自己和諧共處的生活模式，將「共好」非暴力的生活概念傳遞出去。

二、「向日葵食堂」－兒少共餐基地

透過社工、輔導員及志工提供兒少課後陪伴服務，讓兒少放學後在社區中有個去處，有一空間可以好好吃飯、探索和玩樂，同時讓照顧者有喘息的時間，亦於假日或節慶時辦理親子活動、成長課程及親職講座，除提升照顧者教養能力，亦將創傷復元的操作和知能共融至兒少生活領域。

三、創建社區交流平台－住戶大會

開放自立宿舍服務對象與一般社會住宅居民共同參與，建立社區成員間的支持體系，如辦理常態式住戶大會提供支持、對話的交流平台空間，或因應節日與時事結合辦理性別平等議題、多元文化觀點的座談，引領住民思辨，進而促進社區融合，讓家暴被害人及其子女真正安居。

肆、方案成果與效益

新北市自 105 年開始積極結合民間力量，整合跨局處資源，首創三階段庇護模式，至 111 年年底共服務 810 名受暴者及 461 名隨行子女使用本市庇護資源，並有 392 名婦女結束庇護後重返社區自立生活，以下說明達成面向：

一、以危險分級的住宅服務

本方案區分三種服務型態庇護資源，皆以「安全」為措施設計，視服務對象所遭遇的危險處境進行評估，提供合適的庇護／住宅服務，資源間得相互銜接使用。

（一）暴力危機期：有高度生命安全危險者，新北市設置 2 處封閉且隱密的庇護家園，能有效隔絕暴力威脅，並提供服務對象喘息、生活照顧及身心安全維護，以 3 個月為原則的服務，期間挹注受暴家庭所需內外資源和復原能力，並持續關注再受暴風險，增加充裕的庇護時間。

（二）暴力趨緩期：暴力風險屬中低危險程度者，新北市設置 1 處中長期社區庇護家園，提供服務對象 1 年的穩定居住環境，除了扶助因暴力衍生的相關議題，亦可視其想望協調家庭關係或為脫離受暴環境進行具體準備，包含逐步準備就業穩定、子女托育就學等。

（三）自立準備期：暴力危險程度低或暴力已終止，服務對象有明確獨立生活目標，但尚有多元議題待解決，透過社區住宅自立宿舍服務，獲得充足資源準備自立。

從服務開展至今看見，接受庇護服務者每人平均安置日數從過去平均 53 天，

到現在平均入住 3 個月以上增長情形，成功促使受暴婦女願意留在安全的環境中為脫離暴力而漸進準備，相應提高結束庇護後獨立生活比例，離開緊急庇護處所後自立生活達 63%、中長期社區庇護處所有 92%，而接受社區住宅自立宿舍者為 100%。由此可見，新北市成功打造受暴者安心安穩的庇護服務。

二、關照暴力中的「人」

基於對人、對性別的尊重，新北市庇護服務設置類型多元，含括不同年齡層族群、性別傾向與身心障礙等弱勢處境者，不排除特定對象，同時以家暴被害人自尊、自主的建立為工作核心價值，針對不同階段、不同處境需求考量，發展從保密庇護到社區共融生活型態的居住設置、不同空間及服務型態，著眼於經濟、就業、個人心理準備、子女照顧、社會人際等支持性服務，好讓受暴者及下一代能更勇健地走過家暴的幽谷。

三、政府跨機關的整合

透過多年暴力防治的推動及進行網絡間的倡議，社會局綜整受暴者的需要發展服務方案，各局處間已有共識且動員，為零暴力願景而合作，特別在居住資源部分，城鄉發展局施政計畫重點之一落實「居住正義」，在社會住宅規劃與開發評估時會進行社福需求調查，保留一定社福空間，以保障弱勢族群在都會地區之居住權利；在就業服務部分，勞工局辦理支持婦女再就業服務計畫，透過就業個管員評估，提供不同階段的就業服務，包含職前輔導與準備、就業媒合及就業後職場媒合等協助，以幫助婦女排除就業障礙，順利投入職場；在子女照顧部分，教育局及各級學校提供或轉介有需要之目睹暴力兒少相關輔導介入和就學安置，並增加在地社區弱勢兒少關注，連結兒少社區服務據點資源，發展由教育和社政分別從校園到社區的三級預防機制，減少傷害和暴力帶來的影響以及代間傳遞現象；在身心安全維護部分，警察局和衛生局除共通之基本安全維護服務介

新北市爭取社宅提供受暴婦女自立宿舍

入外，亦隨時關注庇護處所和自立宿舍的環境安全及入住者的身心健康發展，如Covid-19 的疫苗接種、篩檢及隔離等多項措施；另外，運用區公所對在地特色與發展的瞭解，營造對社福團體友善且良好互動的平台，並將政府部門間各項社福措施進行串聯，使得社福網絡更加地綿密。

四、實踐私公協力與跨界合作新模式

家暴防治服務網由政府部門推動法定業務，保護人身安全之外，民間團體的專業與資源投入一直扮演著不可或缺的角色，鑒於服務對象脫離暴力情境復元時程長且面臨多重需求，有賴公私協力合作開展多元服務模式，以新北市推動「婦女增能三合一計畫」在林口社會住宅方案為例，結合內政部、民間企業和 NGO 組織勵馨社會福利事業基金會，成立家暴被害人自立宿舍據點，同時提供居住、就業和子女托顧等整合性服務，成為國內首座大規模結合公益三合一的社會住宅。

五、重視社區防暴意識與擴大社會參與

為協助家暴被害人在社區順利重建生活，新北市翻轉傳統庇護思維將服務融入社區裡，透過非暴力社區的倡導、社區住民共融活動，提升所有居住者的安全意識、增進對性別暴力的認識及對防治的責任，建立正確回應暴力的態度，為營造零暴力社區一同努力，此良善的互動經驗亦能滋潤服務對象個人內心，成為後續自立生活的心理支持，而融入社區中扎根的暴力零容忍理念，才能創造友善安居的城市。

參考資料：江婉綾、張瑞茵、薛曲庭（2018）。〈支持受暴婦女生活重建－以新北市婦女增能三合一計畫為例〉。《社區發展季刊》，164，154-165。

內政部（2013）。《荷蘭性別暴力防治體系與被害人保護服務工作考察報告》。行政院性別平等會。取自 https://gec.ey.gov.tw/Page/FA82C6392A3914ED

衛生福利部保護服務司（2022）。家庭暴力事件通報被害及相對人概況。取自 https://dep.mohw.gov.tw/DOPS/lp-1303-105-xCat-cat01.html

黃珉蓉（2017 年 10 月 26 日）。【女人想想】受暴婦女需要多元庇護，取自 http://www.thinkingtaiwan.com/content/6559

廖明鈺、游美貴（2017 年 8 月 28、29 日）。臺灣中長期庇護服務之規劃與展望。財團法人勵馨社會福利事業基金會－「理念升級，服務進化－亞洲婦女安置國際研討會」。臺北市，臺灣。

走出婚暴 開啟好好時光
—小蜜的故事

陳清貴（專員）

今年38歲的小蜜，因5年前發現先生劈腿，繼而發生爭吵，甚至受到暴力對待，她在絕望之餘，毅然帶著兩名年幼的姐弟離家，幸好在新北市家防中心的協助下，住進林口社宅多元庇護所，接受婦女增能三合一服務，逐步展開獨立生活，迎接新的人生。

拎著兒女書包
逃離家暴

小蜜說她當年幾乎只拎著小二女兒和幼兒園大班兒子的兩個書包便逃離家，人海茫茫中，不知何去何從？所幸家防中心安排住進庇護家園，先保護她們母子女的人身安全。第一年在社工及法扶律師的協助下，花了8個月打贏官司，取得兩名孩子的監護權。

由於小蜜的前夫在離婚後，並沒有負擔子女的扶養費，她必須要有經濟收入，才能支應生活開銷，因此她利用第二階段住進自立宿舍

小蜜期待社區居民、路人、情侶進來喝杯咖啡，享用特製起司蛋糕

小蜜透過「婦女增能三合一庇護服務計畫」，在好好時光咖啡館踏實的工作

1 年的時光，把握住各項學習的機會，只要勵馨基金會有開設就業培力相關課程，她一定參加。

在培訓中，社工發現小蜜對餐飲、烘焙很感興趣，於是轉介到林口服務中心的準備性職場——好好時光公益咖啡館工作；此外，她還應徵到一家壽司早餐店，以兩份兼職努力存錢，期許早日邁出獨立生活之路。

擔任好好時光精品咖啡師

另方面，社工幫兩名幼兒申請到弱勢兒少的生活補助，也安排到庇護家園的向日葵小屋做課後照顧及輔導諮商，因為擔心目睹暴力場景，會造成幼小心靈的創傷，透過「SMART ROOM」感官律動的多元刺激系統設備，如跳跳床、瑜伽球、平衡木、懸吊繩索等，和緩調節兩名幼兒的情緒和壓力。

小蜜全家省吃儉用，存款 2 年後，她搬到新莊租屋，以便孩子下課後可以接送，逐漸脫離婚暴陰影，展開新的生活。每天早上先到早餐店兼差，10 點趕緊騎車到林口，繫上圍裙，搖身一變為精品咖啡師。

潔淨、透明、綠葉扶疏的落地窗外紅看板寫著「好好時光」，內部裝潢採高腳椅和復古原木，頗有時下文青風。這是勵馨基金會所成立的公益咖啡館，外表與一般咖啡館無異，但成立的動機及服務人員卻有更深層的意義，因為這是社會局用來增能受暴婦女三合一的計畫方案。

「好好時光」融入社區與未來

時任社會局長張錦麗表示，臺灣每年有超過 15 萬件家庭暴力通報，平均每 3-4 分鐘就發生 1 起，受暴的婦女，平均要花上 7 年的時間才能下定決心離開暴力環境，究其原因主要是卡在孩子照顧、經濟能力和居住等三大問題。新北市家防中心在實務中發現，有 83% 接受緊急庇護的受暴婦女需要獨自照顧 12 歲以下的子女，因此推動「婦女增能三合一庇護服務計畫」，希望幫助受暴婦女能自立起來，重新開創人生。

「與自己和好、與他人和好、與自然和好」是好好時光的精神，小蜜在這裡不僅修復婚姻、家庭，也融入社區，與社區和好，與未來共好。

打破受暴婦女的困境

吳淑芳（副局長）

　　「打破孤立重回社區連結－新北市婦女增能三合一」是全國首創為家暴被害婦女在就業、子女就學就托及居住三項困境所需資源一次到位，由政府單位整合公私部門、盤點現有資源，結合租屋補助、托育費用補助及職業媒合等多項協助的綜整服務策略，讓家暴被害婦女得打破面臨的結構環境及生活、經濟、居住困境，面對人生，再次啟航！

　　辦理之初，以試辦模式推動，各項預算資源未到位，先連結民間資源取得經費挹注，並透過跨局處合作。就業服務部分，結合新北市就服中心、民間準備性職場。兒童生活照顧部分，除與教育局合作安置入學及目睹暴力兒少輔導、危機個案安全計畫，亦提供托育補助及服務。居住部分，除短中、長、期庇護服務，又提供租屋補助，讓生活居住安排更有彈性及支持。另外，透過社宅的建置，不但提供家暴被害人租屋優惠，更結合社宅提供方案服務。結合居住、就業與兒童照顧需求，打造全國首創「共好住宅」，透過共好住宅設置，由社宅提供若干戶數，結合「好好時光咖啡館」、「向日葵食堂」，讓居住、兒少課後照顧、準備性就業職場等服務串聯，也讓家暴被害人及其子女獲得真正安居及生活重新起步的支持。

　　本方案的推動，讓被服務者獲致實際有效的支持，也讓公部門更多不同單位更有家庭暴力防治的概念，發現家暴防治不僅在家暴防治中心或警政，在自己服務的領域也能盡一份心力，家暴防治工作因而連結更多單位投入及支持。

　　家暴防治的推動，需要共同的認知、共識與合作，家暴被害人的服務，更應站在被害人服務需求面上全盤考量，臺灣在家暴防治及被害人服務一直走在亞洲之先，在未來推動上，希望有更多更貼近個案需求的創新服務出現，使生命受尊重、人權得展現，讓家庭滿溢愛與溫馨！

長出堅強的雙翼 飛向自立的人生

王珮玲（國立暨南國際大學社會政策與社會工作學系特聘教授）

家庭暴力是一個普遍存在各個社會的問題，根據 WHO 的調查資料顯示，全球 15-69 歲曾有親密伴侶的婦女，一生中遭遇親密關係暴力的平均盛行率是 30%；而國內的調查也指出，18-74 歲婦女遭遇家庭暴力的終生盛行率接近 2 成（19.64%）。雖然如此，真正出來求助的案件僅是其中的少數，因為當考量居住、經濟與小孩照顧問題時，許多婦女就被困住了，跳脫受暴關係為自己與家人找出另一條路顯得如此遙不可及。

我因為研究的關係，有機會接觸到遭遇親密關係暴力倖存的姐妹，記錄下她們許多類似的經驗，暴力關係是一段血淚史，而離開後開啟自立生活，則是另一段不足為外人道的艱辛歷程。從租屋、找房子、找工作、安排小孩上學、照顧、接送、自己與小孩的身心健康復原、融入社區、建構支持系統……，無一不是挑戰；但現今實務上相關服務方案大都係以行政部門的分工為主體，切割服務項目，而非以「人」為中心，因此有服務需求的當事人必須透過各種轉介，分別與不同單位、不同服務方案接觸，雖然最終可能獲得相關服務資源，但對一位獨力尋求自立生活的倖存者而言，這過程耗費她們太多的精神與力氣，中間礙於現實的困難，即可能打退堂鼓，自立之路布滿荊棘。

居住是站穩生活的第一步，但實務上家暴被害人居住服務政策大都僅提供短期的緊急庇護，或是透過經濟補助短暫數月的部分租屋費，回應短期應變所需，但對遭遇家庭暴力勇敢尋求自立生活的婦女而言，如何安頓自己與家人的居住，在安全、支持的環境中有尊嚴地展開新生活，一直是婦女心中最大的渴望。97 年年底有個機會，我協助聯繫並偕同國內實務工作者到英國威爾斯首府卡地夫市（Cardiff City）參訪跨網絡危險評估會議（Multi-Agency Risk Assessment Conference, MARAC）的進行，實地觀摩英國家暴防治網絡如何進行高危機案件會議討論。我記得當天我們坐在南威爾斯警察局會議室內，聆聽他們的討論，發現除了我們熟悉的社政、警政、衛生醫療、教育、觀護等部門及 NGO 團體外，還有住宅部門代表負責說明並討論個案的居住服務與安全策略。當時國內對於住宅單位在家庭暴力防治網絡的角色相當陌生，英國之行給了我很大的啟發。

新北市利用林口世大運社宅作為婦女增能三合一計畫的基地，內有專供兒少的遊戲場所

這幾年從中央到地方透過社會住宅政策，將家庭暴力被害者的住宅服務納入考量，這是一個進步策略；但對於關係暴力的倖存者，除了居住是不夠的，社會住宅還必須成為以居住為核心的社會安全網，結合居住並導入支持性服務，建構從家庭到社區的支持網絡。「新北市婦女增能三合一」方案無疑是此理念的實踐，本方案很重要的突破是從庇護與居住環境需求開始，思考婦女與家人的需求，貼心考量每個人的生活習慣與隱私，提供以戶為單位的多元房型住宅的選擇。同時在支持性服務規劃上，採用以人為本的整合服務，包含婦女就業、生活照顧以及兒少服務三個服務項目，協助婦女解決居住、經濟與孩子照顧問題，讓生活得以站穩前進。

除此之外，以人為本的服務理念必須看到個別的處境與需求，但長期以來，多元族群被害人的住宅服務一直是被忽略無視的。令人肯定的是，本方案在 110 年開始委託民間機構提供多元性別親密關係暴力被害人的自立服務宿舍；111 年提供身心障礙受暴婦女自立宿舍服務，雖然這些因不同需求而開展出來的住宅服務方案在先進國家已相當普遍，但在我國只是剛開始，新北市是少數率先開展的縣市，希望類似更為精緻考量個別需求的住宅服務政策可以在臺灣各地遍地開花。

本方案目標係協助婦女自立生活，然「生活」看似簡單，但要符合每個家庭的需求，安排起來卻又顯得複雜，舉凡食衣住行育樂方方面面，都需關照，縮時到每日，就是婦女與家人每天的活動、作息與動線，服務方案的設計者必須能換位思考，站在服務使用者的角度考量，貼近日常作息方式，方能用在婦女身上、也被婦女所用。在本方案我們看到這樣的政策思維，增能婦女，打破孤立處境，建立社區連結，也因此，姐妹們得以長出強而有力的雙翼，振翅而上，飛向自立的人生。

參考資料：潘淑滿、林東龍、林雅容、劉一龍（2021）。《109 年度臺灣婦女遭受親密關係暴力統計調查計畫研究報告》。衛生福利部委託研究。

新北市
輔具超音速

簡政便民好安心

新北市輔具超音速
―簡政便民好安心

王致予（身心障礙福利科助理員）
楊忠一（新北市立輔具資源中心主任）
鄭明學（身心障礙福利科專員）
楊貴閔（身心障礙福利科科長）

壹、方案緣起

在服務身心障礙者、長照使用者的輔具需求的過程，我們一直聽到民眾的聲音，總覺得輔具補助申請太慢、太難，短期需求者只想短期借用輔具，礙於閒置輔具流通困難，因此時常借不到。

一、昔日輔具從申請到可以購買要等 27 天，太慢了！

自 101 年 7 月身心障礙輔具補助新制規定「未經評估及核定即先行購買者不予補助」，且自提出輔具評估起 7 日內應完成評估，完成評估後 10 日內完成評估報告書並送交戶籍所在地主管機關，主管機關於收到評估報告書後 10 日內需完成審核，民眾在收到核定結果通知函後才能購買輔具。依此流程，民眾自提出申請到收到核定通知最長耗時 27 日，才能購買及申請輔具補助。

經驗上若是個案出院返家時急需輔具，依照上述流程勢必來不及，而上有政策，下有對策，導致許多民眾先買輔具，之後再找輔具中心評估，完成核定後再請廠商開發票核銷。這樣的做法因為沒有事前專業人員客觀的評估建議，導致許多錯誤購買、錯誤使用的案例，浪費了推動專業評估服務的美意。

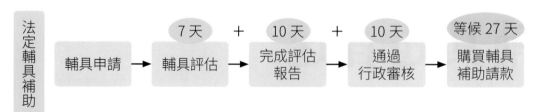

輔具從申請到可以購買要等 27 天

因此，如何在現有法規之下，加速此一過程，正是輔具資源中心（以下簡稱中心）刻不容緩的工作。

二、昔日輔具補助請款好複雜，太難了！

大部分民眾一生只會申請 1-2 次的輔具，即使長期使用輔具的身心障礙者雖多次申請也間隔每 3-5 年才申請一次，自然對申請流程不熟悉。

因為民眾不清楚請款流程、申請方式、文件填寫方式，政府端更是需有大量人力來提供諮詢、協助文件書寫、來回退補件，有的家屬嫌麻煩，乾脆不申請，使得政府雖有補助資源，民眾卻不一定用得到；更有些低收入戶民眾，即使有補助，但是要先拿出全額價金購買輔具有困難，因此即使之後有補助，還是買不起！這部分也是市民常反映的問題。

三、只是短期需求輔具，哪裡借？

有些像受傷骨折，或癌末安寧個案，僅需短期使用輔具，個案及家屬常在即將出院時，若是醫院可短期借用最好（一般醫院也很缺），否則只能到處向親友商借輔具。輔具大多為醫療器材，礙於醫材法規的限制，並沒有二手輔具交流的管道資訊，民眾常因此勞心費時又著急。

中心常在想，要如何簡單化請款流程，還是可以乾脆委託專業的人代辦呢？如何在不違反醫療法規下，能夠大量回收並整理媒合閒置不用的輔具與需求者，快速滿足輔具需求者，正是中心努力的方向。

貳、方案策略規劃

為突破前揭困境，106 年 2 月開始，社會局與衛生局攜手擬定輔具超音速、廠商代墊付及二手輔具免費送，運用雲端科技，並針對二手輔具加強二手回收、整理效率，並訂定二手輔具排隊優先順序，期待讓符合輔具補助的新北市民能最快速、最簡單取得補助，短期需求者或無補助資格的市民則都能順利媒合到二手輔具，具體策略分述如下：

一、輔具超音速－即將出院者 24 小時內床邊評估輔具需求

為了讓即將出院的民眾，獲得即時且滿足需求的輔具，新北市募集一批最具機動力的輔具評估專業人員，推出超急案件 24 小時內至醫院病床邊評估，極獲好評。許多同仁屢屢獲民眾來電、市民信箱留言表揚，除了讓市民得到更好的服務以外，同仁更是受到強烈的鼓舞，服務士氣大大提升。

二、輔具超音速核定電腦化、雲端化，免傳統公文

　　一直以來全國各縣市輔具補助核定皆以公文格式呈現，民眾不易理解補助項目及補助金額是多少？請款時要附哪些文件及要填寫哪些表格？填寫請款表更是累人，要從一份空白表格開始填寫基本資料、補助項目，而補助金額須自己查詢、加總，請款應備佐證文件（如發票、保固書、存簿影本、相片……），各項輔具多不相同，也都要個案自行一一查詢法規確認。除了不便民以外，更是耗費第一線服務人員協助，若有錯誤還要退件重送，十分沒有效率。

　　中心思考補助核定有規則，何不讓電腦來幫忙，呈現方式表格化更好理解，核定內容不再以傳統公文格式，而是寫入原本個案要填寫的請款表中，只剩下勾選補助項目以及確認簽章，大大降低市民輔具補助的請款難度。

　　電腦化更減少同仁行政錯誤，迅速提高核定速度，讓核定時程從 10 天變成只是按下鍵盤滑鼠的彈指之間，甚至將核定結果雲端化，民眾可以隨時下載，免等候郵寄時間。

　　簡政便民不僅只是口號，而是行動。新北市政府立馬著手調整行政流程與法規，就是要讓民眾免去填寫紙本文件及奔波往返浪費的時間。

三、輔具補助只需付差額，特約廠商代墊付

　　過往以來補助都是撥付至個案的金融帳戶，因此都是個案自行請款，即使部分輔具廠商積極協助，也只僅於協助準備文件、送件至窗口。

　　107 年長照 2.0 服務迎來契機，開啟了「輔具特約廠商」概念，藉由審核合格的輔具特約廠商，新北市政府與輔具特約廠商簽約，輔具補助款直接撥付提供服務的特約廠商，民眾就可以只負擔差額，不須付全額即可購買輔具，更不需要跑後續請款送件的流程。

　　此便民之舉大獲民眾好評，輔具特約廠商更願意提供優質的服務，換取更多的消費者好評，形成善的循環；由專業廠商送件，良率大大提升，提升新北市政府請款效率，此舉可謂產、官、民三贏。

　　107 年開始由長照輔具特約廠商請款，進入新北市輔具超音速 2.0 時代，108 年累績更多經驗之後，將身心障礙輔具補助、醫療輔具補助也都可以由特約廠商請款，自此進入新北市輔具超音速 3.0 的整合時代。

　　新北市的輔具特約廠商不只在新北市，而是遍布全國各縣市，至 112 年 2 月底共有 1,280 家，購買、租賃、爬梯機上下樓服務……都可以幫新北市民服務。新北市民即使在外縣市醫院、或是暫住外縣市，都可以就近找當地的特約廠商購

買，非常方便。

四、二手輔具免費送－快速回收、更新耗材、確實消毒

新北市民極富愛心，民眾多半很願意捐出已不需使用的輔具，但苦於搬運困難，如：病床、輪椅、便盆椅……等中大型物品。因此必須建立到府回收的物流運輸系統。

回收後的輔具必須經過消毒清潔整理，更換必需的耗材，才不會造成交叉感染，讓看起來至少七八成新的二手輔具，領用者也才會更放心、更有意願使用。

中心直接服務障礙者，因此所在地點必須盡量於人口聚集、生活交通便利之地點，故不適合做大規模的二手輔具清潔消毒。爰中心以委外廠商載運物流與清潔消毒、耗材更換的方式，並逐年提升委外廠商的設施設備等級：必須有大型熱風烘乾、紫外線及臭氧殺菌櫃，足夠放入輪椅、電動輪椅、洗澡椅及電動床等較大型輔具；必須有自有或租用的存放場地，以存放回收輔具及清潔、消毒、維修，場地須距離中心 20 公里以內之各處場地面積合計須達 150 坪以上，以便就近管理；必須有 4 輛 2.7 噸以上貨車（皆需具備油壓起重之配件）以利載送電動輪椅、電動代步車及病床，並於載運捐贈回收的輔具及載送媒合後委辦貨運的輔具有所分別，以免有交叉感染之虞。

新北市近年來每年回收約 1.6 萬件，媒合轉贈 1.4 萬件二手輔具，數量全國之冠，所委託之二手輔具物流、整理的廠商也是當時全國二手輔具載運量能最高、輔具消毒清潔設備最佳、服務流程最完善的二手輔具處理廠商，實際投入之設施設備也都明顯超過標案設定標準，全國同業都有目共睹，市民當然有信心。

為了鼓勵市民捐贈家中用不到的二手輔具，團隊還創意設計捐贈集點卡，每捐贈一件二手輔具集 1 張貼紙，集滿 5 張貼紙便獲得 VIP 卡，使用 VIP 卡二手輔具免排隊，且可轉贈有需要的人，把愛傳下去，此舉亦深獲市民好評。

參、方案特色說明

新北市輔具超音速方案自 106 年開始，經跨局處整合，多方面突破，推展了許多與其他縣市不同，甚至全國首創的輔具服務，其特色說明如下：

二手輔具捐贈集點卡

一、將紙本公文核定，改為雲端核定表

在其他縣市都是請個案「收到核定公文，才能購買輔具」的時候，新北市團隊運用科技雲端系統之協助，產出更易於操作理解的請款表格，且可雲端下載、甚至可運用 APP 讓個案無紙化，直接線上確認特約廠商購買，評估立即核定無時差，縮短等候時間。

二、將民眾自行請款，改為廠商協助請款

在全國其他縣市都是請個案「自行臨櫃紙本送件請款」的時候，新北市團隊著手設計廠商請款之雲端資訊系統與廠商請款流程。更高效的流程，增加廠商協助民眾請款的意願。因此新北市一直是全國最多家輔具特約廠商、廠商協助請款比例最高、付款最即時的縣市。

三、將只能現場服務，改為可遠距評估

Covid-19 疫情最嚴重三級警戒時，全國各縣市輔具服務只能暫停，本市團隊因先前許多流程已可雲端服務，相關專業衛教內容也已建構於 YouTube「瞭輔具」頻道，因此只要運用資訊系統之簡訊發送功能，便可及時與民眾 LINE 連結視訊服務。此舉讓疫情時新北市民輔具服務幾乎不受影響，且即使疫情趨緩，部分適合遠距之服務項目亦可持續便民。

四、將被動等候捐贈，改為主動到府回收

團隊理解市民之所以將不用之輔具閒置家中，其主要原因在於載運困難，而非僅是宣導不夠。因此建立二手輔具運送物流、清潔消毒、維修與耗材替換，按件計資委外之一貫化流程。以高效之到府收送搬運物流，將市民回收捐贈意願推至高峰，以最優良之輔具整新機制，提高市民二手輔具捐贈及使用意願。

肆、方案成果與效益

一、在新北市，輔具服務超音速、超簡單

106 年輔具超音速 1.0 開辦，出院者 24 小時內快速服務，評估即核定，讓新北市民更有感。

部分較為簡單的免評估輔具，甚至只要一通電話，專業的輔具評估人員在電話另一頭快速確認需求後，立馬核定完成，一掛上電話，馬上可以利用單號下載核定單號，立即購買輔具。

　　107 年長照輔具可以特約廠商請款；108 年則身心障礙、醫療整合，所有輔具皆可特約廠商請款。現在新北市民買輔具只需付差額簽章確認，之後不必再煩惱補助怎麼請款，低收入戶更不用擔心經費不足。正因如此，許多媒體都報導新北市的輔具申請像去通訊行辦手機一樣方便。

二、二手輔具 1.5 萬件 / 年等你用 短期需求、沒補助的新北市民超放心

　　新北市近年來每年回收約 1.6 萬件，媒合轉贈 1.4 萬件二手輔具，所產生的輔具市值每年約 8,600 萬。在新北市輔具短期需求者可以不需購買，尚未取得補助資格者亦可優先領用，此制度可以說是補福利制度之不足。有補助資格者優先申請補助，無補助資格者優先提供二手輔具。因為積極主動的回收配合集點卡，每年創造可媒合輔具量已高達 1.4 萬件全國之冠，占每年新北市總輔具量四分之一（補助 5.9 萬件＋二手 1.4 萬件），數量充裕，嚴格把關品質，讓二手輔具需求者超放心。

三、遠距評估，輔具福利不停擺

　　正因為 106 年開始，輔具超音速在電腦化、雲端化打下的基礎，109 年開始爆發 Covid-19 疫情後團隊馬上研擬「輔具遠距服務」的可能與流程，110 年 5 月開始疫情升為三級，已完善規劃好的輔具遠距服務立即銜接，市民可藉由雲端資訊系統發出加 LINE 好友的簡訊，市民點開簡訊連結，立即可與輔具專業人員視訊評估，後續核定表單、衛教使用教學也都可由雲端提供，是疫情三級時全國唯一輔具服務完全不間斷的縣市。

　　特約廠商協助請款也讓民眾免出門，特約廠商化零為整，請款也只需郵寄憑證等相關資料至新北市政府，大大減少出門的染疫風險，推估 110 年 5 月 18 日至 7 月 27 日疫情三級最嚴峻時期，此策略減少了 1 萬 9,783 人次的外出感染風險（109 年施行至 111 年年底計 24 萬 1,982 人次）。

四、YouTube「瞭輔具」頻道使用衛教全靠它

　　因為輔具超音速計畫，開啟了電腦化、雲端化的觀念，專業人員、服務使用者都越來越習慣於網路雲端的服務，電話諮詢時，常常需要衛教輔具使用方法，如床上翻身坐起技巧、便盆椅怎過浴室門檻、輪椅怎麼上下樓梯……，這些牽涉動作的教學實在很難在電話中講明白。

　　因此中心的專業團隊開設了 YouTube「瞭輔具」頻道，藉由精心製作的影片說明，以資訊系統簡訊推播連結，提供電話諮詢者、二手輔具領用者等有需求的個案，

甚至之後即使專業人員面對面評估時，限於場地、設備等無法說明清楚，也時常提供給個案協助說明，或是日後記憶提醒。

　　YouTube「瞭輔具」頻道在疫情時遠距評估服務更是幫了大忙，在無法面對面評估時，提供個案精心錄製的教學影片正是最好的解決策略。

　　現今新北市的 YouTube「瞭輔具」頻道已是全國輔具使用衛教流量最高的 YouTube 頻道，至 112 年 2 月已有 230 萬的觀看流量，除一般民眾衛教外，更是許多相關專業輔具教學的教材首選影片頻道。每個影片皆用心的加入 Google 內建字幕，因此可以利用 Google 內建自動翻譯功能，翻譯成各國語言，如此不僅服務新北市民，還能普及至全世界用戶，此功能更是便利於外籍看護的學習。

五、輔具 Easy Go APP—輔具服務更升級

　　經統計，每年約 12 萬件的諮詢、申請案件主要都是先以電話進線，再經由專業人員啟動相關服務，如輔具超音速評估、二手輔具領用、回收捐贈輔具、補助文件流程……。

　　近年來服務量大增，即使蘆洲輔具中心有 10 線諮詢電話，新店輔具中心有 5 線諮詢電話，在每天熱門時段仍略顯服務量能不足，時有民眾電話打不進來之情事。

　　中心分析並篩選出較不需要專業即時互動、諮詢的項目，期能精進輔具超音速的電腦化、雲端化，以更高效率自動處理民眾問題，盤點項目有：再次索取核定函／單號、回收二手輔具、已有功能等級之簡易輔具核定、臥床／無障礙／爬梯機派案到府評估等。若能將上述功能，設計於供市民使用的 APP 中，預估每年可以減少 3-5 萬通的電話服務量。112 年 9 月社會局啟用「輔具 EASY GO」APP，在這個資訊化的時代，人手一機已是生活常態，民眾可以透過 APP 線上申請輔具補助，免去通話及公文往返的時間，可以大幅縮短民眾等待的時間，亦可以提高中心的行政效率。

　　市民在「輔具 EASY GO」APP 雲端可以完全掌控自己的輔具服務進度、下載核定函、下載評估報告、直接免紙本向特約廠商購買……。APP 也規劃人工智能建議輔具功能，藉由中心專業團隊研製的功能 5 分級專家系統公式，由人工智能建議市民可能的輔具需求項目。

六、新北市輔具超音速獲中央表揚獎勵，受各界專業肯定

　　新北市政府規劃的「新北市輔具超音速」，以及後續延伸的疫情下的「輔具遠距服務」不但深獲市民好評，也獲得各界專業肯定，陸續獲得 108 年國家發展委員

新北市輔具超音速榮獲 108 年「台灣健康城市暨高齡友善城市獎－健康平等獎」

會「第二屆政府服務獎」、108 年衛生福利部國民健康署「台灣健康城市暨高齡友善城市獎－健康平等獎」、110 年衛生福利部國民健康署「台灣健康城市暨高齡友善城市獎－無礙獎」、111 年「GO SMART Award 特別獎－智慧城市人本獎」國際獎項，並獲邀 111 年世界物理治療亞澳區年會之 Webinar 中遠距分享。

再現如紅桃般的生命力
—新莊廟街堅固鈕扣店葉紅桃

陳清貴（專員）

　　今年 70 多歲的葉紅桃，因罹患脊髓腔腫瘤，經手術切除，原本雙腿軟趴趴，以為這輩子再也無法走路，幸好新北市輔具中心貼心地提供各項輔具，以及職能治療師林彥貝 4 年來細心、耐心的鼓勵和協助，加上葉紅桃堅毅的復健，終於能藉助各項助行器走路，不僅重回鈕扣店工作，還能運用爬梯機上下四樓老公寓的住家，對於這一切生命中的逆轉勝，葉紅桃和先生許宗昌表示無限的感恩！

「阿桃姐」與先生白手起家

　　人稱「阿桃姐」的葉紅桃，與先生許宗昌白手起家，88 年在新莊廟街頂下「堅固鈕扣店」，店內有各式各樣的鈕扣，高達上千種，顏色、大小、式樣均不同，分別用各式盒子分裝，遇有客人來挑選，阿桃姐能迅速地找到客人所要的鈕扣；另外也能幫客人修改服飾，一身好手藝，讓阿桃姐遠近馳名。

　　或許是長期的站立顧店，以及枯坐裁縫，阿桃姐因脊椎不適造成下半身幾乎癱瘓就醫，被診斷出在脊髓腔內長有 7 公分的腫瘤，醫生說再不開刀，這輩子再也無法走路；但手術也無法保證完全成功，阿桃姐面臨人生的抉擇。

　　一向不服輸的阿桃姐，選擇向命運挑戰，她決定接受手術，醫師小

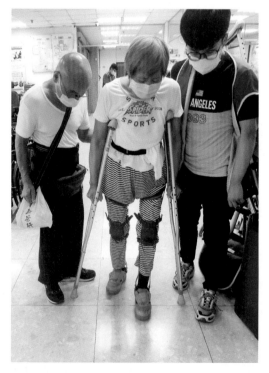

葉紅桃出院後，由輔具資源中心職能治療師林彥貝服務，提供輔具並訓練走路

心翼翼地摘除腫瘤，但囑咐必須耐心加毅力地進行復健。在出院前，醫院透過長照2.0，除提供居家復能等專業團隊的整合服務外，並連結新北市輔具中心，接手後續的輔具提供和使用教學。

「想到要出院，天就黑一爿！」

新北市輔具中心在職能治療師林彥貝主責下，為阿桃姐提供一系列的輔具服務，包含助行器、長腿支架、副木、輪椅、洗澡椅等，並教導阿桃姐及家屬如何使用及訓練，讓阿桃姐能逐步藉由自身力量，重新站立起來，甚至重新學習走路。

「想到要出院，天就黑一爿！」阿桃姐回憶醫院要她出院時的心境，因為她的住家在板橋，是一棟舊式的四樓公寓厝，要怎麼爬上去呢？所幸院方幫忙啟動長照2.0，新北市輔具中心在獲報接案後，立即由林彥貝到宅評估爬梯機的使用，經丈量迴旋半徑，確定樓梯可以使用爬梯機上下樓，而且每趟次新北市政府都有補助。

此外，林彥貝還到新莊廟街「堅固鈕扣店」丈量，因為店門口有幾階，輔具中心媒合了二手收折式斜坡板，方便阿桃姐乘坐輪椅時進出店裡。其他有需要改善為無障礙空間的地方，輔具中心同仁也都全力協助。

老夫妻好感情令老鄰居羨慕

老街老店不乏老鄰居來串門子。一位在新莊豐年國小擔任志工的好友阿巧姨說，阿桃姐在復健的時候，她的先生顧頭顧尾，扶她走路、幫她推輪椅，老夫老妻感情這麼好，令人好生羨慕！

「唉呦，阿巧您就別笑我老來學走路了！不過，說真的，這都要感謝新北市輔具中心，還有那位林老師的幫忙。」阿桃姐有點不好意思地說。

「我現在都到處在群組 PO 文，家裡有不要用的輔具趕快捐出來，有需要的人也可以聯絡輔具中心……」阿巧姨不改熱心助人的本性。

阿桃姐經過 4 年的復健終於可以重新回到鈕扣店幫忙，她說先生也 70 好幾了，怕他一個人忙不過來，因此自我要求，一定要努力復健，早日好起來。

「老闆，有沒有這種三個孔的鈕扣？」

「好，我看一下……沒問題，我找給你！」

午後，在新莊廟街「堅固鈕扣店」傳來阿桃姐熟悉的招呼聲，她拄著助行器，鐙鐙鐙，很快地找到客人要的特殊鈕扣，堅固鈕扣店一如其名，還會服務下去；阿桃姐在輔具的鼎助下，也會再現如紅桃般的生命力。

智能城市的落實

黃逢明（主任祕書）

從市民的需求出發

　　時序拉回到 106 年，當我們剛開始推動「新北市輔具超音速服務」，記者會中來分享的一位市民提到，輔具現場評估、二手輔具載運這些比較困難的實體服務都很快，但為什麼收到輔具後，核定公文卻等很久？這個問題讓市府團隊思考，原來從市民的視角看市府行政運作是那麼的不一樣，也讓我們反思應該正視且回應市民的需求。

讓市民有感的服務

　　市民真正需要的是實際接受到的服務，而良好的服務背後需要行政流程控管，如何調整二者的資源分配正是我們面臨的課題，因此我們當下立刻集結行政團隊（包括社會局障福科、老福科與衛生局高齡及長期照顧科）與第一線專業服務團隊（輔具資源中心），構思如何能更加速輔具補助核定的行政流程。正是因為市民的回饋提醒，這才讓團隊創造出「評估立即核定」此一便民流程。

　　然而真正能簡政便民的流程並不容易，當時各縣市都需要約 1 個月才能進行輔具核定，要突破並不容易，我們從以下策略著手進行，包括：一、從法規層面將制式化公文格式修改為市民更好用的申請表格格式；二、採購電腦資訊雲端軟體，將繁雜的補助規範查核從人工變為電腦；三、召集有意願的輔具廠商，一起訂定特約合約，開始協助民眾請款……。這些策略都是為了達成行政流程高效還能嚴謹，提供市民更好服務。

落實「簡政便民、智能城市、行動治理」的施政方向

　　簡政便民、智能城市、行動治理是新北市的施政三大方向，超級感佩新北市輔具中心楊忠一主任及團隊所規劃的「輔具超音速服務」運用此三大方向，可說是有效解決市民問題及提高行政效率的最佳服務，進一步說明如下：

一、簡政便民

- ‧ 確認法規從公文格式核定，轉換為核定表格。
- ‧ 輔具補助款從必須撥款給個案，轉換為可撥款給特約廠商。
- ‧ 核定文件從民眾必須檢附正本，轉換為可雲端隨時列印影本。
- ‧ 請款文件從必須個案簽名／蓋章，轉換為可雲端數位認證。

二、智能城市

- ‧ 設計社政輔具資訊系統，讓複雜補助規則由電腦規則查核。
- ‧ 設計雲端核定系統，讓補助核定單能夠雲端認證列印。
- ‧ 設計廠商端協助市民請款程式，讓輔具特約廠商更高效、正確協助市民請款。
- ‧ 運用 YouTube 頻道、LINE 功能推廣輔具使用衛教，並於疫情期間順利推動「輔具遠距服務」，讓輔具服務幾乎不受疫情影響。
- ‧ 設計市民端使用之新北市輔具 Easy Go APP 更進一步把行政端優質的資訊系統，運用 API 串接給市民使用介面。

三、行動治理

- ‧ 輔具服務不再只是補助申請，而是到宅、到機構，從輔具專業評估、二手輔具到府回收、二手輔具贈送到府，讓行動不便市民真正有感。
- ‧ 補助申請不再只是去公家單位窗口，更進一步瞭解輔具廠商的服務流程，研製表單、資訊系統讓請款更高效，提高輔具廠商協助意願。

未來展望

106 年至今，「新北市輔具超音速服務」一路走來，在行政端簡政便民，並善用資訊系統提高效率，並將服務能量擴展至遍布全國 1 千多家的新北市輔具特約廠商。

此外 109 年 Covid-19 疫情爆發後，我們再次感受到遠距雲端服務的重要，因此著手開發民眾端使用的「新北市輔具 Easy Go APP」，再進一步讓服務使用者的資訊更即時、更便利，服務端行政更高效，並在 112 年 9 月正式實施。

「新北市輔具超音速服務」的成功經驗，不僅在於創新的行政流程與技術應用，更能夠從市民的需求出發，提供符合市民期待的實際服務。114 年我國將進入超高齡社會，長照、輔具需求將大增，如何更便利、更高效地推動更好的服務，是我們

新北市輔具超音速計畫獲得行政院第二屆政府服務獎

刻不容緩的課題。

　　市民回饋是我們的老師，只有不斷地聆聽市民聲音、調整政策，才能真正回應市民的真正需求，未來希望藉由市府團隊、民間團體及市民的共同參與，私公協力，讓更多有需求的市民，可以運用社會福利服務，解決生活遭遇的困難，找到幸福的動力。

輔具便利通 市民好生活

王如玄（社團法人中華民國華夏社會公益協會理事長）

　　臺灣114年將成為超高齡社會，需要長期照顧者人數也快速增加。在自己身邊的親友常遇到失能之後缺少生活上的工具輔助，以致難以走出家門，久了之後也出現社交、人際關係萎縮情形，漸漸導致心理健康問題。另一方面即使政府有提供輔具資源，但申請及評估程序複雜，卻不見得為有需要的市民所知悉，政府美意也打了折扣。

　　隨著醫療科技發達，輔具產業需求在超高齡社會必倍增。從新北市高齡圖像看，65歲以上人口將近70萬人，占新北市人口17.36%；身心障礙者17萬5,011人。依行政院主計總處109年「人口及住宅調查」，新北市需要長期照顧人口8萬8,521人，65歲以上需要長期照顧人口6萬6,729人。這些需要長期照顧人口遍布在新北鄰山近海，光是專人評估往返的路途遙遠便是一個難題。

　　具機動力的輔具評估專業人員，就成了新北市輔具資源首要突破的重要工作。尤其是對即將出院的民眾，能在出院24小時內獲得床邊評估輔具需求的即時滿足，如此的行動服務，不僅是站在市民考量的便利服務，也能即時安頓住院市民和家屬的心情，出院後可以安心照顧。

　　善用雲端科技，讓輔具申請程序更簡化，讓符合輔具補助的新北市民能最快速、最簡單取得；短期需求者或無補助資格的市民則都能順利媒合到二手輔具，是新北市輔具資源中心突破傳統公務員墨守成規的重要核心價值。

　　一直以來全國各縣市輔具補助核定皆以公文格式呈現，民眾不易理解補助項目及補助金額是多少？請款時要附哪些文件及要填寫哪些表格？表格內容繁瑣，各項輔具也都要個案自行查詢法規確認。運用雲端科技不但讓表格更好理解，紙本公文改為雲端核定表，縮短民眾等待的時間。而且減少同仁行政錯誤，迅速提高核定速度。

　　正因為電腦化、雲端化打下的基礎，109年開始爆發Covid-19疫情後，「輔具遠距服務」立即銜接，而在全國只能現場服務的輔具申請停擺下，新北市只要運用資訊系統之簡訊發送功能，便可及時與民眾LINE連結視訊服務。此舉讓疫情時新北市民輔具服務幾乎不受影響，輔具服務不間斷，特別有感。

　　簡政便民不僅只是口號，而是行動。新北市輔具資源中心不陷在既有框架思維內，發揮行動服務的精神，而且願意嘗試各種新科技的可能，再研擬開發手機 APP 模式，將輔具服務升級再升級，相當難得。不過，好的市政必須讓更多市民知道，例如：短期需求的輔具租借、二手輔具特別有對品質把關等，仍然要加強宣導。另一方面輔具的使用教導，也要考慮到不會使用 YouTube 頻道及數位網路的市民，強化社區宣導及到宅教學服務，讓輔具便利通，都能讓有需要的市民家庭受惠。

送子鳥學堂

視覺障礙者育兒指導方案

送子鳥學堂
―視覺障礙者育兒指導方案

劉賢遠（身心障礙福利科約聘社工員）
鄭明學（身心障礙福利科專員）
楊貴閔（身心障礙福利科科長）

壹、方案緣起

　　性別與身心障礙的交織歧視，可能剝奪女性身心障礙者在生孕、育兒的天倫之樂。究其原因：一方面是社會刻板印象，主觀認為女性身心障礙者可能無法勝任生育、養兒能力，進而排斥其在家庭婚姻及親子的權利；另一方面是傳統社會觀念認為家庭照顧是女性責任，讓女性身心障礙者在育兒及工作家庭平衡路上更是困難重重。必須積極以突破性別與身心障礙歧視環境的政策工具以支持女性身心障礙者育兒需求與權利。

　　社會局自 95 年起成立新北市愛明發展中心開始提供視覺障礙者服務，在 10 多年的服務經驗中，曾陪伴許多 0-6 歲視覺障礙者及其家長共同學習並銜接入國小義務教育，更在 104 年調整為家庭資源中心後，運用社政系統分級並提供服務，從中發現許多經由生活重建成功進入就業市場的視覺障礙者開始有成家的打算，對於養育自己的孩子也開始有所期待。

　　至 112 年 2 月底止，新北市計有 7,798 位視覺障礙者，其中男性 4,031 位，女性 3,767 位，男女比例約為 1.07：1。另根據內政部 105 年統計資料顯示視障者有 53.41％為有配偶或同居人，育有子女數以 3 至 5 人為最多（占 46.91％），其次為 2 人（占 18.74％），可見視障者有教養經驗是普遍現象。而在更細部的數據中，可以看到視障者有視障親屬者達 26.41％，其中其配偶或同居人為身障者計 34.4％，子女占 26.87％，由此可以得知夫妻皆為身障者且教養身障子女者並非少數，並在實務上發現大部分的視覺障礙者多與同為視覺障礙之伴侶婚配。

　　面對新生寶寶的吃喝拉撒睡，新手爸媽一定會手忙腳亂，更何況是視力有限制的視障父母，無法透過文字、圖像及影片等方式學習育兒知能及照顧技巧，只能透過其他感官知覺來回應寶寶的需求，困難度倍增。傳統認為婦女應承擔子女的育兒

透過送子鳥學堂，增進視障父母育兒知能

照顧責任，為倡導男性亦同樣應承擔家庭照顧責任的性別平權，且育兒不因身心障礙而有差別，故社會局經瞭解身心障礙家庭面臨的困難後，本著弱勢優先及性別平等之精神，並具體回應視覺障礙者養兒育女的需求，107 年全國首創「新北市送子鳥計畫－視障者育兒指導方案」服務，針對設籍或居住新北市的適婚年齡的未婚視障朋友及已經組成家庭的視障夫妻，提供為視障朋友量身打造的育兒指導，協助視覺障礙男性有更多參與育兒照顧的學習機會，降低育兒焦慮與無助，讓視障朋友育兒不再盲茫忙！

貳、方案策略規劃

一、結合護理師、生活自理老師及育兒指導員共同到宅指導及輔具製作運用

為了解決視障父母無法透過文字、圖像及影片等方式學習育兒知能及照顧技巧，只能透過其他感官知覺回應寶寶需求的限制，社會局邀請專業的生活自理老師、資深育兒指導員及具備多年嬰幼兒服務經驗的護理師擔任講師，以淺顯易懂的方式，並透過製作放大字體講義跟點字版本等輔具及實體教具，辦理一系列的「孕前準備課程」，藉由小班制形式，將參與人數控制在 15 人以下，讓每位參與的視障父母有更多講師互動時間，充分培力視障父母育兒知能。

二、育兒情境化實習及到宅育兒指導

　　「育兒情境化」更是社會局在協助視障父母育兒的重要策略，以專業合作的模式，連結育兒指導員及定向師組成的團隊，且為提升性別敏感度，特別針對提升男性視覺障礙者之參與意願及方式進行培訓後，再一同至視覺障礙者家中進行，針對實際遇到的困難及家中擺設動線等情境提供建議，落實到宅育兒指導精神，希冀產後之視覺障礙者及配偶在育兒方面能以更短的時間習得技能，進而降低挫折感，有效養育子女；亦讓處於適婚年齡之視覺障礙者及配偶可以增加知能，降低恐懼感，進而增加生育意願，瞭解育兒當中可能遇到的困難，並學習解決的方法，提升育兒知能及照顧技巧。

三、規劃親子教養主題及服務滿意度調查

　　自 108 年起，每年亦針對服務使用者進行滿意度調查，確認育兒過程中遇到的困難及需求，並透過私公協力連結各式資源，辦理各項「親子教養主題課程」，期能讓視障朋友人生與家庭軸線因愛更無礙，資源連結情形如下：

（一）108 年結合新北市玩具銀行開設玩具及遊戲指導課程，並免費贈送二手玩具。

（二）109 年結合新北市立圖書館辦理親子共讀課程，提供雙視圖書借閱。

（三）110 年結合台灣口腔照護協會開設親子潔牙課程。

（四）111 年結合新北市家庭教育中心開設親師溝通及親子教養課程。

（五）109 年起連結經濟弱勢家庭使用社會局辦理「新北市弱勢家庭坐月子到宅服務方案」，服務項目有新生兒照顧、產婦照顧、月子餐製作及家務協助。

參、方案特色說明

一、個別化到宅育兒指導

　　針對視覺障礙者提供個別化育兒指導服務是全國首創，透過密集式及小班制的孕前準備課程，搭配到宅育兒指導服務，提升視障家庭照顧育兒知能及照顧技巧，增進親子溝通，並減輕照顧負擔。

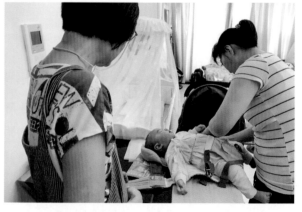

到宅育兒指導能讓視障父母更有效率習得育兒技能

二、依個別需求規劃婦幼衛教、親子課程

依服務對象需求，持續開設孕前準備、親子教養及嬰幼兒疾病等主題課程。

三、強化性別平等、家務共同承擔

鼓勵男性視障者共同參與，強化家庭內性別平等價值，減緩女性承擔家庭照顧角色。

肆、方案成果與效益

一、量化成果

（一）共有 81 名視障者及伴侶參與主題課程。

（二）提供 9 對視障父母到宅育兒指導服務。

（三）連結 3 位經濟弱勢的視障家庭使用新北市弱勢家庭坐月子到宅服務方案。

二、質化成果

（一）獲得 109 年行政院辦理直轄市與縣市政府推動性別平等業務輔導獎勵計畫－性別平等故事獎。

（二）結合亞東醫院完成「生產安心，家倍幸福」視覺障礙者產後衛教指導手冊。

（三）促使新北市性平分工小組跨局處會議推動促進身心障礙家庭性平服務方案。

（四）新竹縣市及桃園市身心障礙福利中心前來新北市進行交流觀摩。

（五）結合亞東醫院完成「視障家庭兒童確診 Covid-19 照顧指引」。

（六）成立育兒指導通訊軟體群組，隨時進行資訊經驗分享。

三、服務效益

（一）克服視障者教養嬰幼兒的困擾。

（二）共同承擔家務教養工作，增加夫妻親子關係幸福生活。

同林鳥中迎雛鳥
—視障者憲哥及純純的故事

陳清貴（專員）

　　憲哥及純純是新北市第一屆送子鳥學堂的學員，夫妻倆皆是視覺障礙者，純純在參加課程前已有 6 個月身孕，對於育兒知識懵懵懂懂，亦不知從何取得資源，加上雙方父母或在南部，或另有工作，讓小倆口對於未來如何養兒育女忐忑不安。

參加送子鳥學堂學習如何育兒

　　憲哥詢問了幾位同儕，發現多半是由雙方父母協助，加上自己摸索；兩人也嘗試上網加入孕媽咪社團，但文字敘述的再多，靠著兩人僅剩微弱光覺的視力，仍是難以吸收；想報名參加新手爸媽教室，發現授課的均以正常視力為對象，令兩人相當氣餒。

　　正當兩人發愁之際，手機突然傳來新北市愛明發展中心的訊息：「新北市送子鳥學堂開辦囉！」純純毫不猶豫報名，並仔細詢問課程，發現內容相當完整，包含了新生兒照顧技巧、幼兒發展評估、意外事件處理及如何運用剩餘視覺照顧幼兒

純純媽媽說噴火龍的故事，小金剛拉著憲哥爸爸的手點字閱讀

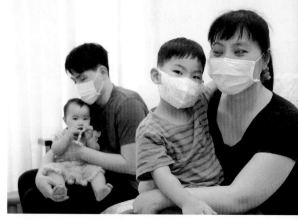

視障家庭憲哥和純純在新北市送子鳥學堂的協助下喜得 2 寶

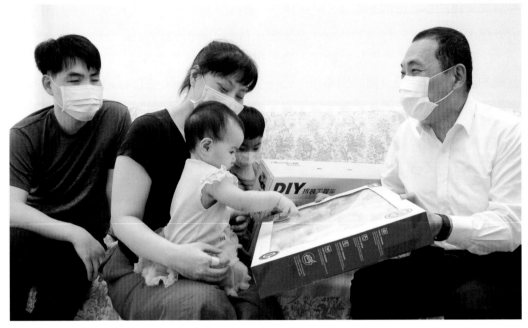

侯友宜市長攜帶育兒寶貝袋和玩具禮盒關懷憲哥和純純一家，純純繼小金剛之後又生下二寶妍妍

等，正是符合視障者的需求。

　　在 2 個月的學習過程中，兩人認真地上課，一開始用矽膠娃娃練習包尿片和洗澡，為了增加學員的實際觸感，愛明發展中心主任莊琇吟將自己年僅 4 個月大的寶貝，借給大家練習，以增加實際的觸感和互動反應。

　　隨著預產期接近，憲哥及純純從憂慮轉為期待，因為他們已做過各式胎兒篩檢，醫生根據各項檢驗指標，保證會是個健康寶寶，兩人對於新生命的即將來臨，充滿著期待。

喜迎小金剛 專業保母到宅指導

　　小寶貝果然長得頭好壯壯，重達 3,700 公克，夫妻取名為「金剛」，但照顧初生寶寶，對於新手父母已是個挑戰，何況對於視障者，因此只要金剛一哭，憲哥馬上手足無措，將孩子推向純純，甚至擔心晚上睡覺時會壓到寶寶，獨自睡在客廳的沙發上。

　　愛明中心在知道兩人的困境後，結合新北市育兒到宅指導的資源，由育兒指導員吳玉美每週到憲哥、純純家裡育兒指導，從如何抱孩子、泡奶、換尿片、洗澡……，全都再教導演練。吳玉美教兩人必須利用聽覺、觸覺、嗅覺甚至本體覺，

像是尿片摸起來軟軟的像果凍，就該換了；泡奶時看不見奶瓶的刻度，可以用量杯；另外運用視障者定向訓練的基礎，在照顧上找到正確的相對位置。

在吳玉美反覆的教導及鼓勵下，憲哥幫忙照顧小金剛越來越順手，他可以用小金剛的肢體語言和聲音猜測出需求，而小金剛也非常聰明，在純純要餵副食品時，金剛的小手會抓著她的手將食物送進自己的嘴巴裡，親子間也更加的連心。

阿嬤 您看我的新褲子耶！

隨著小金剛開始學步，兩人思考要怎麼在家中找到他？靈光乍閃：「買雙會發出啾啾啾的小鞋子，或是在他小腳上掛副小鈴鐺？」聰明的小金剛或許慢慢理解父母在視覺上的障礙，比起同齡的幼兒成熟。兩人幫小金剛添購了一件新褲子，外婆來家裡時，小金剛說：「阿嬤，您看我的新褲子耶！」轉身面向憲哥時，卻只拉著他的手觸摸，讓憲哥頓覺窩心。

在 Covid-19 疫情期間，以按摩為業的憲哥收入銳減，經與純純討論後，暫由憲哥在家充當全職奶爸，純純則因從事企業晉用的按摩師，工作較不受影響，也打破「男主外、女主內」的傳統家務分工思維，兩人更在 110 年迎來二寶芋妍。

侯友宜市長兩度到家探視，第一次送給小金剛一個包含兒童餐具和玩具的禮盒，小金剛迫不及待地打開，隨即組合了自己的汽車玩具說要送市長，讓侯友宜大讚太可愛了。第二次則是送給芋妍育兒寶貝袋等禮物和全家福的合照，祝福憲哥和純純在新北市送子鳥學堂等友善政策下，讓兩隻幼雛快樂的成長，展翅飛翔！

扶視障新手爸媽一把

許秀能（副局長）

　　身心障礙者「組織家庭、生養孩子」的權利，明訂在《身心障礙者權利公約》中，包括國家應保障障礙者身體自主、生育規劃權、提供適切資源，讓障礙者能順利的生育和照顧。另根據衛福部「105 年身心障礙者生活狀況及需求調查報告」，15 歲以上的障礙者有配偶或同居者占 48.59%，18 歲以上的障礙者超過 7 成都有生育子女。子女人數以 3-5 人為最多，占 40.69%。足見身心障礙者有親職、婚前與婚姻之教育及生產、育兒支持服務的需求。

　　108 年監察院曾提出調查報告指出，臺灣提供障礙者婚姻及生育輔導的各項服務付之闕如，也因此衛福部於 110 與 111 年陸續委託中華民國身心障礙者聯盟製作障礙者的懷孕手冊／育兒手冊等，但這些進展還遠遠不足回應障礙者的需求。

　　社會局在服務視障者的過程中發現，許多年輕視障者進到職場後，開始有結婚及生兒育女的想望。也看到視障夫妻在育兒路上比一般人更加辛苦，特別在 107 年開辦全國首創「新北市送子鳥學堂」，專為視障者量身打造育兒學習課程，提供新北市視障者有婚育規劃或育有 0-6 歲嬰幼兒者相關服務，包括孕前準備課程、育兒指導主題課程、到宅育兒指導。除了透過產前課程安排，提供新手爸媽學習專業育兒知識；生產後生活技能老師亦會前往家中協助視障父母瞭解新生兒照顧需求及提升育兒技巧。透過個別化的貼心服務，讓視障者得以安心並放心養育子女，因此「送子鳥學堂」可說是視障新手爸媽在育兒路上的好幫手。

　　109 年 3 月社會局開辦弱勢家庭坐月子方案，也將視障者納入服務對象，提供月嫂到宅坐月子服務。隨著視障家庭的嬰幼兒逐漸成長，與市立圖書館合作，每月提供 30 本有聲書籍和觸摸繪本給視障父母申請外借，並透過專業的講師教導視障父母親子共讀方法，增進視障家庭互動。112 年則與保母協會合作發展托育人員到宅陪伴視障父母 6 歲以下小孩進行體能活動、簡易認知活動及外出活動之加值服務方案，讓視障家庭的孩子也能快樂學習，健康成長。

　　在疫情期間，視障父母對於小孩確診相當緊張且不知如何照顧，為此，社會局與愛明發展中心及亞東醫院小兒部合作編製《視障家庭兒童確診 Covid-19 照護指引》提供給視障家庭使用。

　　視障家庭從孕前到養育孩子的過程都有社會局一路的陪伴，服務中看見視障家庭於小孩成長階段有不同的需求，將持續開發客製化的方案，陪伴視障家庭茁壯成長，社會局是視障家庭就甘心的好夥伴。

　　112 年除了視障送子鳥方案持續擴展相關服務外，也會研議開辦視障及肢障、聽障育兒輔具，希望提供各類障礙者客製化的育兒服務，讓障礙家庭「願意生，歡喜養」，也為少子化社會盡一份力。

溫暖的支持 有力的後盾：
身障女性與家庭育兒支持

顏玉如（實踐大學社會工作學系助理教授）

　　「性別政策看不見障礙，障福政策遺忘性別」，障礙女性長年被婦女與社運雙重邊緣化。「交織性」（intersectionality）是瞭解多重壓迫的主要分析視角，已成為人權與性別平等重要的關注焦點。《消除對婦女一切形式歧視公約》（Convention on the Elimination of All Forms of Discrimination against Women, CEDAW）第 18 號一般性建議（80 年通過）指出，國家必須特別針對障礙女性的教育、就業與社會保障採取措施，以及第 24 號一般性建議提及障礙女性在健康狀況的不利處境。《身心障礙者權利公約》（The Convention on the Rights of Persons with Disabilities, CRPD）第 6 條針對障礙女性，強調「發展方案和行動予以充權／培力障礙女性」，各國需制定適當措施，確保障礙女性全面發展、地位得以提高、能力得到增權／培力。這意謂著障礙女性擁有權利的主體，應充分享有其人權，且國家對障礙女性有達成「轉化式平等」（transformative equality）的義務，亦即國家須立即採取積極措施，包括保障女性障礙者享有無障礙的性健康與生殖健康服務、設施與設備並顧及障礙女性的母職需求。

　　新生兒的誕生是父母最喜悅的事，但同時也是父母照顧責任的開始；視障者父母無法視覺辨識寶寶訊息，在育兒知能與照顧技巧相對面臨更多挑戰與困難。「新北市送子鳥學堂－視覺障礙者育兒指導方案」目的一方面提供身心障礙女性育兒支持，包括以小團體作為支持媒介的孕前準備課程，以及到宅育兒指導服務；同時也促進男性視障家長共同參與育兒學習，強化家庭內性別平等與家務共享的價值，以回應 CEDAW、CRPD 對於障礙女性權益保障，改變現存對女性障礙者歧視性的結構與制度。

　　此方案可貴之處在於「培力」，發展回應視覺障礙者特殊照顧需求之策略：育兒情境化實習；育兒指導員及定向師進行聯合處遇，協助視覺障礙者透過定向行動訓練，並且成立通訊軟體群組，提供育兒經驗交流與問題建議，此外該方案還結合亞東醫院編撰因應 Covid-19 兒童確診照顧指引，讓視障家庭有所依循。

可見，方案將障礙女性視為培力對象，而非同情的服務對象，真正落實社會工作「empowerment」、「do with」的精神與價值。未來，也期待能持續強化方案的深度與廣度，即深化朝向引導培力視障家長發展自發行動，如自助團體，以交流孩子成長過程問題與經驗；另擴大服務對象至其他障礙別，讓其他障礙女性及其家庭能獲得適當支持與協助。

里里銀髮俱樂部

牽起綿密的高齡照顧網絡

里里銀髮俱樂部
──牽起綿密的高齡照顧網絡

江惠如（老人福利科社會工作師）
吳佳明（老人福利科股長）
張艾寧（老人福利科專員）
林妏燕（老人福利科科長）

壹、方案緣起

　　新北市 65 歲以上老年人口於 94 年達 7.1%，進入高齡化社會，至 108 年年底進入 14% 的高齡社會，預估至 114 年將達 20% 的超高齡社會。

　　面對老年人口急速增長及平均餘命上升，政府如何因應銀浪來襲已是刻不容緩的課題。倘若長者失依、失群、失能、失智的風險提高，將會使得社會成本大幅增加；因此讓長者願意走出家門、融入社區，在熟悉的社區環境內維持健康體能、社會人際互動，是最為重視且迫切解決的問題。

一、老後易有失能，造成失依、失群

　　根據衛生福利部統計指出，主要家庭照顧者平均照顧臥床長者年數為 7.8 年，每日平均照顧時間為 11.06 小時，且因長時間的照顧致其承擔「工作收入頓失」、「與人接觸減少」與「照顧負荷增加」，使照顧者的健康成為另一個需要被支持的社會問題。因此如何積極維護長者的健康狀態、降低後續照顧的成本，是新北市迫切的需求。

二、地廣人多，據點式服務布建困難

　　社區內的可近性據點式服務是現在主流，但適合服務輸送的場所難以尋覓，且營運成本高。同時亦有對據點式服務營運知能不足、服務成員多為中高齡，因此，如何提供容易複製且快速上手的服務模組，是新北市於社區推展據點式服務的另一挑戰。

貳、方案策略規劃

　　為及早因應高齡化趨勢，促進社區長者身心健康，從根本解決長者失依、失用、失群、失能、失智的風險，落實在地老化及社區營造精神，符合長者既有的生活需

求，自 101 年起即著
手推行老人共餐、銀
髮俱樂部 1.0，增加長
者停留在社區活動的
時間，規劃適合於社
區推行的服務模式，
視長者的健康情形提
供適切的照顧服務項
目，落實在地安養、
健康樂活之目標。

新北市完成里里銀髮俱樂部目標

　　社會局運用 PDCA
循環式品質管理規劃「銀髮俱樂部 1.0-4.0」階梯式量能升級政策，在計畫、執行、
檢核與行動間評估方案的可行性，以確保方案目標之達成，透過循環式管理，發現
並處理各式問題。

一、目標擬定

　　為積極維護社區長者身心健康，發揮初級預防照顧功能，規劃以「里里都有，
在地樂活」的策略，將新北市獨有的銀髮俱樂部與衛生福利部推行的社區照顧關懷
據點，整合民眾易懂、團體易行的方案，規劃成「銀髮俱樂部 1.0-4.0」階梯式量
能升級，希望透過整體面連續性照顧體系的建立，因應長者各階段健康狀況（健康、
衰弱、亞健康）及服務特性不同的需求，發揮長者自助、互助、共助的功能，落實
在地老化及社區營造精神，建立完善循環福利運作模式。

二、分別執行

　　銀髮俱樂部 1.0-4.0 設置情形：101 至 111 年年底累計設置 1,179 處銀髮俱樂
部 1.0，512 處銀髮俱樂部 2.0-4.0。

（一）基礎發展期：老人共餐與健康促進活動

　　新北市於 101 年時在市府層級成立「高齡人口對策小組」，以時任副市長侯友
宜為召集人、擬定「在地就養、健康樂活」五安服務方案，並自 101 年 8 月啟動
老人共餐，以關懷陪伴長者，鼓勵透過共餐活動吸引長者走出家門，增加長者停留
在社區活動的時間，並藉由以里為單位設置銀髮俱樂部提供休閒娛樂、益智文康等
健康促進服務，讓長者們可以泡茶聯誼、進行社交互動，還能促進身體健康。

（二）進階升級：銀髮俱樂部 1.0-4.0

迄 108 年新北市長者、民眾對該服務已具有一定的效益及認同度，乃接續規劃「當我們老在一起」的老人福利政策，並將衛生福利部的長照 2.0 社區整體照顧模式之長照 C 級據點，整合照顧資源、推動社區式照顧，統一名稱、分級以利辨別服務功能，規劃「銀髮俱樂部 1.0-4.0」階梯式量能升級，輔導辦理單位依照服務量能逐步升級，提供更多元的福利服務與措施，讓各階段的長者都能夠得到適切的照顧。

表 8-1　「銀髮俱樂部 1.0-4.0」階梯式量能升級

項目	銀髮俱樂部 1.0 （原銀髮俱樂部）	銀髮俱樂部 2.0 （原社區照顧關懷據點）	銀髮俱樂部 3.0 （原社區照顧關懷據點並設置巷弄長照站）	銀髮俱樂部 4.0 （原社區照顧關懷據點並設置巷弄長照站辦理喘息特約、智慧照顧）
服務對象	健康長者	亞健康、衰老長者	亞健康、衰老、輕度失能長者	亞健康、衰老、輕度失能長者
服務項目	1. 餐飲服務（共餐運動） 2. 休閒娛樂、健康促進	1. 餐飲服務（共餐、送餐） 2. 休閒娛樂、健康促進 3. 關懷訪視、電話問安等相關服務	1. 餐飲服務（共餐、送餐） 2. 休閒娛樂、健康促進 3. 關懷訪視、電話問安等相關服務 4. 社會參與、預防及延緩失能照護 5. 照顧者支持服務	1. 餐飲服務（共餐、送餐） 2. 休閒娛樂、健康促進 3. 關懷訪視、電話問安等相關服務 4. 社會參與、預防及延緩失能照護 5. 照顧者支持服務 6. 智慧照顧 7. 喘息服務

備註：畫底線處服務係依辦理單位量能與在地長者、民眾需求提供。

1. 各行政區依年度規劃設置銀髮俱樂部 1.0-4.0 處數目標值。
2. 成立「新北市公共托育、老人福利設施及健身中心推動小組」，每月召開會議及會前會各 1 次，積極解決服務據點場地取得問題。
3. 各行政區培力與訪視輔導及稽查：每年辦理聯繫會議 4 次、不定期辦理訪視輔導及檢核，並依行政區需求辦理培力工作坊，確保服務品質。

（三）多元擴散期：導入專業服務、營造社區共榮

評估辦理單位具有充足量能後，社會局會偕同各局處導入多元方案、結合各項

資源，協助單位因地制宜推展適合當地的辦理模式，使服務範圍擴展多元方式，如公寓大廈（銀髮俱樂部先修班）、咖啡廳等，使銀髮俱樂部就近可行；未來可擴及到整個社區、完善整個社區照顧網絡。

因應都會區大樓林立，利用社區一樓公共空間開辦銀髮先修班，像林口幸福市的長輩一下樓就能參加平甩功等活動

參、方案特色說明

一、豐富社區老人生活的銀髮俱樂部

依據 101 年的老人健康狀況調查結果顯示，新北市健康長者約占 90%，健康不佳與失能長者占 10%。為能鼓勵這群健康、亞健康的長者走出家門，增加與街坊鄰里互動的機會，社會局規劃銀髮俱樂部 1.0-4.0 服務，導入量能充足的服務單位投入設置，在社區內以據點式服務提供共餐運動、休閒娛樂活動，並依照服務量能依序提供多元方案、專業輔導等，讓其增加電話問安、關懷訪視、健康促進活動等服務，擴展服務廣度、並能依在地特色發展特有課程，促進長者健康、共同在社區樂活。

二、翻轉老化新觀念，建立高齡有為社會

為使長者能就地活躍老化，透過布建據點式服務、提供休閒娛樂、健康促進等活動，以豐富其生活面向，偕同各局處、各區公所提供各式專業培訓，激發長者潛能。並逐步倡導、翻轉長者的傳統觀念，鼓勵長者再次有所作為。迄今已規劃完善的專業師資培育制度，採模組化課程方式，開發單位專業人力安排教育訓練，強化整體服務量能。例如：動健康種子師資、幸福創造師、路老師、認知悠能指導員、生命繪本種子師資等。

以新店區下城社區發展協會的程燕鳳總幹事來說，她原本是陪伴母親至銀髮俱樂部參與活動，因緣際會成為協會幹部，後來接受社會局社區動健康種子教師培訓，自己獨當一面四處至各銀髮俱樂部授課，豐富社區長者生活。

長者在銀髮俱樂部參與活動，擔任志工、投入志願服務，透過專業團隊輔導、課程導入，充能後，從被動的服務使用者轉換成主動的服務提供者，藉由不同角色轉換，提升參與感及自我價值，間接促進中高齡再就業，促進善的循環、重新定義老年人生，活出自我統整生命經驗。

三、私公協力，跨域整合，添增青銀共榮

（一）跨機關整合，突破本位主義

市長運用各區行動治理會議期間，關心各區辦理情形；由副市長主持的每月府層級推動小組會議，社會局偕同民政局、教育局、農業局等 10 個局處，就銀髮俱樂部的場地開發、設置困難、業務執行等議題進行討論與合作。社會局亦透過區政會議、社政會議與局務會議，多方溝通管道加速設置銀髮俱樂部。

1. 財政局盤點各局處現有餘裕空間及公益回饋空間進行使用效益評估，再組成查核小組辦理會勘，待完成溝通協調及障礙排除後，由社會局鼓勵在地單位加以運用，減少辦理單位場地持有成本。

2. 消防局與工務局協助就場地合宜性問題研商，並釐清設置要件：建物合法性事宜及消防安全規劃，以確保銀髮俱樂部場地安全性。

（二）簡化申辦流程

銀髮俱樂部 1.0 於階梯式升級服務中定位為「據點先修班」，社會局運用實地輔導、電話、新媒體、會議等方式，讓單位確實瞭解申辦流程，進而降低補正次數，增進立案團體投入服務之自信，亦能簡化行政往來的繁瑣工作。

（三）培力各類團體，結合異業加入服務行列

社會局與各局處、各區公所合作辦理公開說明會，向有意願之單位說明申辦流程，並提供一對一輔導以降低服務門檻難度，並持續研擬、媒合量能充足的服務單位，結合藥局、醫療診所、咖啡店贍餘場地辦理，以增加服務的異質性，讓長者具有多元選擇、可便利就近使用。

為讓居住於公寓大廈中的長者可便利使用服務，社會局於 111 年起推動銀髮俱樂部先修班：運用公寓大廈內的公共空間，結合住戶等共同推動，讓社區內的長者下樓即可參加健康促進活動，希望透過此類活動的辦理、發掘社區的潛力，讓住戶及管委會看到社區長者的需求，降低對行政流程的距離感，進而提升意願申請設置銀髮俱樂部。

四、自助互助、分級服務，促進健康延緩失能

（一）結合逾千處公私單位合力推廣

社會局結合公私單位進行銀髮俱樂部的布建與輔導，並依照銀髮俱樂部的服務量能逐次導入相應之所需資源，使資源真正到位，落實執行與後續服務延伸。

（二）量能分級：4 級模組，導入多元方案

「銀髮俱樂部 1.0-4.0」階梯式量能升級是將新北市的老人共餐、銀髮俱樂部服務，與衛生福利部的社區照顧關懷據點結合為模組予以推廣，並依照服務量能逐步輔導升級，持續導入多元方案與服務。

（三）異業團隊加入，導入專業服務

結合優質單位、專家學者組成 3 處輔導團隊，辦理交流工作坊、觀摩交流以傳承經驗，針對基礎服務、業務執行等提供具體化之建議及協助，讓銀髮俱樂部不只是純粹休閒娛樂活動的功能，而更能全方位提供長者、家庭照顧者、社區民眾所需服務。

1. 辦理培力工作坊：依單位需求提供承辦人、志工專業培訓及交流，強化據點行政能力，如補助案核銷、系統運用等。
2. 撰寫營運手冊：將行政流程簡單化、清楚化，進而減少重複提問、說明的次數。
3. 結合專家學者成立輔導團隊，提供據點諮詢及交流的機會；透過團隊引導，將自身情形提出後，與專家學者個案性的討論出解決方案。

五、結合智慧照顧、強化關懷陪伴及健康管理

為推動智慧照顧，節省人力及減少辦理單位行政負擔，自 111 年起，社會局持續透過增強基礎資訊設備（電腦、刷卡機及網路）、生理量測設備，並透過優化銀髮俱樂部資訊管理系統，建立服務資源地圖、長者聯絡簿及報到刷卡、健康數據量測管理等功能，以期爾後可運用系統管理，達到智慧照顧的效益，並藉由數據報表分析，供後續政策推動的管理。

除運用社會局局網、Facebook 粉絲專頁，亦建立 LINE 群組與辦理單位保持緊密聯繫、分享新知或衛教資訊等活動資訊。辦理單位亦會於群組內分享辦理情形與系統使用提問，與社會局建立良好互動關係。

六、偏區都會都有銀髮俱樂部，綿密服務網絡，豐富活動

新北市幅員遼闊、里別數與老年人口眾多，透過導入行動式服務、偏區服務為優先，整合社區資源、導入多元方案、高齡道安宣導、護耳宣導等策略推動，結合生理量測設備、視訊問安等科技元素予以輔助。現行銀髮俱樂部已導入各項多元方案，如：社區動健康、數位課程、認知悠能蒙特梭利方案、生命繪本、手機互動課程、3C 動動腦、晚美人生系列課程、高齡者道路安全、獨老五福樂活計畫等，提升服務效益。

肆、方案成果與效益

　　新北市自推動「銀髮俱樂部 1.0-4.0」階梯式量能升級後，成果斐然，除布建處數與投入辦理單位數達到歷年來最高峰，建立成功完善模組外，亦發展充足配套方案、可依照辦理單位量能依續導入，並依此促進長者再就業、投入勞動市場。亦同時讓家庭照顧者、社區民眾都有所感，增進對社區認同，讓民間團體於社區內站穩腳步，扎根發展，促使社區照顧網絡架構發展的完整。

一、翻轉老化社會，創造新價值

　　透過專業團隊培力，發掘長者、志工的潛能，培訓其從服務使用者轉換為服務提供者，鼓勵成為種子講師，在經過市府授證後成為動健康種子教師、路老師、幸福創造師、生命繪本種子老師、蒙特梭利指導員、晚美人生倡導員等等。如新北市汐止區全人社區關懷發展協會中的謝慧芝老師，原本在銀髮俱樂部擔任志工，後續接受課程培養後，轉變為種子講師，現在仍繼續在實務中活躍。已有 1,337 名認證後前進到各銀髮俱樂部授課，進而創造中高齡再就業。

表 8-2　種子師資培育情形

類別	項目	培育人數
動健康種子教師	培訓之肌耐力、自癒力、智慧力、護身力、甩活力、心創力等六力種子教師至社區帶領長者進行銀髮族體適能及強化認知運動，並協助其建立正確飲食、運動、習慣及建立人際關係觀念，達成預防及反轉衰弱、減緩失能之目標。	1,186
路老師	運用道安簡易相關教材、傳達道安知識，以提升自我照顧能力。培訓後之社區道安推廣員至本市各地進行宣導，藉以促進降低長者交通安全事故率。	204
幸福創造師	以永續發展目標（SDGs）為基礎，以強化社區暴力預防的觀念，培育幸福創造師共同推廣老人保護、家庭暴力、性別暴力防治與友善社區環境建置等工作。	125
生命繪本種子老師	協助整合長者一生的經歷，依童年篇、少年篇、青年篇、求學篇、情感篇、貴人篇及圓夢感恩篇等階段，將回憶親手製作成繪本，種子老師透過肯定生命歷程，引導長者更正面的看待人生、面對過往。	231

類別	項目	培育人數
蒙特梭利指導員	引進加拿大認知悠能－蒙特梭利失智症照護模式，指導員於新北市示範場域習得活動規劃與場域布置等知能後，將所學回饋到社區，讓社區進而成長為更友善的環境，進而融入活動、優化長者功能。	22
晚美人生倡導員	晚年時會面臨的議題，包含幸福生涯、財務管理、財產防護、健康養生、生活法律、心靈支持、臨終醫療及人生終章等八大主題，培訓後之倡導員協助提升社區內民眾與長者增進其認識，並進而鼓勵開啟與家人對生前、身後事的議題討論。	87

二、里里全市布建，樂活新天地

自 101 年起至 111 年年底，社會局結合有意願且自有場地之民間團體，運用府層級會議盤點餘裕空間，其中近 7 成為公有場地，節省辦理單位找尋適宜場地時間。至 111 年年底，銀髮俱樂部 1.0 累計設置 1,179 處、銀髮俱樂部 2.0-4.0 累計設置 512 處。社會局持續積極輔導中，希望在密集布建下，讓長者走過轉角就可以找到樂活新天地。

表 8-3　銀髮俱樂部 1.0-4.0 每年設置情形

設置項目（處）　年度	銀髮俱樂部 1.0（據點先修班）	銀髮俱樂部 2.0（社區照顧關懷據點）	銀髮俱樂部 3.0（社區照顧關懷據點並設置巷弄長照站）	銀髮俱樂部 4.0（社區照顧關懷據點並設置巷弄長照站辦理喘息特約、智慧照顧）
101 年	3	211		
102 年	48	209		
103 年	235	214		
104 年	303	215		
105 年	355	241		
106 年	398	246	30	
107 年	440	288	50	
108 年	678	122	159	34
109 年	904	244	169	34

設置項目（處）年度	銀髮俱樂部 1.0（據點先修班）	銀髮俱樂部 2.0（社區照顧關懷據點）	銀髮俱樂部 3.0（社區照顧關懷據點並設置巷弄長照站）	銀髮俱樂部 4.0（社區照顧關懷據點並設置巷弄長照站辦理喘息特約、智慧照顧）
110 年	1,109	236	217	34
111 年	1,179	218	33	261

三、關注不同族群，發揮影響力

在推展銀髮俱樂部的過程中，考量新北市各區人口組成、特色文化與資源皆落差甚大，且銀髮俱樂部性質適合作為福利服務的串聯及導入，可有效地輸送相關資源、貼近社區需求，並能夠發展因應地域特性的在地服務，促進文化融合與共榮又能夠減緩世代衝突。社會局鼓勵辦理單位因應地域特性，發展多元化服務，如：中和區新住民協會成立銀髮俱樂部結合故鄉文化特色可促進文化融合與共榮之外，亦能發揮新住民彼此互相照顧，增進族群的融合。至 111 年年底，已有逾 20 處銀髮俱樂部擴展服務對象到兒少、婦女等，持續積極輔導中。

四、吸納各界資源，完備善循環

鑑於政府資源有限，銀髮俱樂部除了與社福團體合作外，亦結合新北市獨有的好日子愛心大平台，跟公司行號、地方產業合作，透過專案規劃、挹注資源推展服務，提升服務深度與廣度，並偕同各局處輔導產業、開發可行的商品企劃，培力長者、走出社區，讓其脫離服務使用者的頭銜。

除鼓勵青年學子提供志願服務，另推動「佈老時間銀行－高齡照顧存本專案」，建立長者與長者共助互助平台，攜手營造友善高齡的社會。迄今在銀髮俱樂部 1.0-4.0 服務之佈老志工、一般志工累計逾 3,500 人，持續增加中。

五、減少社會成本，再創銀髮新人生

透過推展銀髮俱樂部、挹注外界資源、多元活動辦理，減緩長者失群、失能、失智等風險，降低可能的家庭照顧負荷。從 101 年老人健康狀況調查結果，到 109 年老人生活狀況報告，新北市長者仍維持近 9 成的健康。足以驗證新北市長年推行政策後的成果，可讓長者在地安老、在地就養，實現健康樂活的目標，挖掘出長者潛能、培養第二專長，再次進入職場，成就人生第二春。

下城故事多 請您來作客
—新店下城社區理事長程燕鳳

陳清貴 (專員)

「從我 18 歲嫁來下城到現在 100 歲,發現下城好像沒什麼改變耶!」住在新店下城社區的人瑞陳緞葉曾發出這樣的感嘆!最主要原因是下城位於新店安坑地區,在日據時代曾有療養院,國民政府來臺後又因軍事管制,區內被劃定為禁建區,長此下來影響下城發展,社區幾乎清一色為傳統平房和農耕地,青壯人口外流,老年人口比例高達 20.3%,在這樣的環境下,社區發展協會理事長程燕鳳如何成立照顧關懷據點,帶領一群平均 75 歲的長者走出城牆,從下城慢慢蛻變為「會贏」。

嫁來下城 蹲點服務 20 年

今年 67 歲的程燕鳳原是淡水人,71 年嫁來下城,在孩子逐漸長大獨立後,她開始參與社區活動。先是擔任會計,後來在時任理事長賴素珍的邀請下,於 92 年起擔任協會總幹事。她開始盤點社區資源,網羅人才,96 年成立社區照顧關懷據點,在社會局的挹注下,結合鄰近里辦公處、新店區公所、文山社福中心、景文科大和新店耕莘醫院等服務網絡,慢慢將長輩帶入據點。初期辦理老人共餐和動健康等活動,有些長輩也身兼志工,形成互助網。

為了培訓志工,程燕鳳以身作則,並揪團報名參與志工訓練。為了教長輩健康促進,自己也率先參加肌耐力等種子講師培訓。學會十八般武藝,程燕鳳為長輩開辦松年大學歌唱班、旅遊班、南胡班、

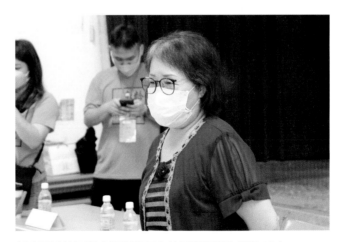

新店下城社區理事長程燕鳳在社區蹲點服務超過 20 年

禪繞畫班和社區烘焙班等。她鼓勵長輩多方學習，不管是環保手作 DIY、可食地景、開心農場或是千歲劇團，希望長輩透過體驗開拓視野。尤其是千歲劇團，由長輩自編自演自我解嘲下城故事，讓長輩在地認同，油然而起榮譽感。

下城社區入口巷弄由居民以磚雕鋪成藝術牆

磚雕藝術形成下城特色文化

外人進入下城社區，一定會先穿越有下城意象的磚雕牆藝術巷弄，這是程燕鳳禮聘在地毫芒雕刻藝術家陳逢顯，教導社區居民共同創作而成，從入口處逐步蜿蜒進入社區每條巷弄和牆面，甚至家戶也會用磚雕藝術妝點門面。這些磚雕呈現新店溪特產香魚、臺灣藍鵲、柚子園、荷花等美麗圖案；另有里辦也增加彩繪牆描繪柑仔店、布袋戲、漫畫人物等，偶有花草點綴其間，形成下城特殊風貌，吸引外人參觀。

下城社區在 105 年接連獲得衛福部社區發展評鑑甲等獎、新北市社區發展評鑑優等獎，社區照顧關懷據點也在 110 年獲得衛福部社區金點獎金點之星團體獎；而程燕鳳本人則在 109 年就獲得金點英雄個人獎。她謙稱這些都是從服務學習中汲取長輩的語言、智慧和經驗所獲致。她用閩南語開玩笑說：「老人會漸漸老去，擱無服務就無機會！」以此自我惕厲。

翻轉「下城」成「會贏」

程燕鳳總結 20 年服務心得，她說下城雖然先天地理環境受限，所幸近年來在新北市前後任市長朱立倫、侯友宜的建設下，捷運三環三線、安坑輕軌陸續完工通車，捷運可達安和路站，再經轉車即到下城，交通非常便利，許多遊客也會慕名到陳逢顯毫芒雕刻博物館參觀，順道參訪下城磚雕文化，她自信能帶著社區長輩和居民眾志成城，「下城」會翻轉成「會贏」。

階梯式量能升級 銜接長照體系

吳惠玲（祕書）

　　為回應高齡化的社會趨勢，廣布社區照顧關懷據點是中央、直轄市及各地方政府全國性的目標。然而新北市發展出自己獨有的特色，採用階梯式量能提升的策略來推動，本文從公部門推動的角度出發，彙整布建的過程與採取策略，呈現本方案的五大特色及成果效益，值得參採。

　　要解決問題首先需充分掌握人口量化趨勢，依據統計新北市未來進入超高齡社會的老化指數較全國來得高（吳玟溓，2019），依據定期的調查研究發現，健康長者人數百分比達 90%，顯示大多數長者有促進健康延緩老化的需求；從福利社區化的角度觀察或從臺灣社區照顧關懷據點發展歷史（卓春英，2009）探討，各據點最主要的服務內容仍以健康促進休閒類最多，因而盤點整合既存社區中的老人休閒文康設施，命名為「銀髮俱樂部 1.0-4.0」闡明這是一個提供長者健康快樂的

中和碧湖社區銀髮俱樂部開設在古色古香的紅磚厝裡

地方非常貼切，同時具有去標籤化的效果，畢竟失去生活自理能力，需要被照顧時，不論由家人照顧或購買服務，都是用生命換取生命，時間換取時間的專業服務，需要訓練證照甚至給付對價購買服務、簽立同意書釐清責任歸屬等，都是沉重的負擔不加贅述。在銀髮俱樂部的架構下，依據各據點的服務量能分級 4 模組，逐步輔導升級與長期照顧服務體系銜接。

　　就公部門而言，社會問題的解決與社會福利政策的推動是社政機關的當然權責，但是在場地取得運用的過程，往往牽涉多個目的事業主管機關，極需最高層級的行政機關首長擔任召集人，指揮協調落實跨機關整合，定期列管追蹤辦理情形，始能順利推動，所以在新北市行政區 1,032 個里中達到 1,179 個據點，達成率114%，成效卓著非常不容易。

　　未來建議可從服務提供者及服務使用者的角度加以分析，例如據點負責人承擔行政規劃課程等重責，也是據點成敗的關鍵人物，據點的志工人力仍需要充實照顧方面的專業知能，重新檢視據點的各項服務內容，關懷訪視、電話問安諮詢及轉介服務、餐飲服務或辦理健康促進活動等，其中有些項目有執行上的風險與限制，例如：電話問安需先經長者同意提供個資，但因為近年詐騙電話猖獗，使電話接聽率不高，或是長者聽力不佳行動遲緩經常漏接電話（孫智辰，2017）或是短期的關懷訪視對長者無法有具體的改變等。另外整體分析，找出有特色的服務據點及優秀的據點負責人，定期評鑑擇優表揚，讓銀髮俱樂部從 1.0-4.0 延伸出綿密的高齡照顧網絡。

參考資料：吳汝瀞（2019）。《高齡化趨勢對新北市政府財政負擔之影響評估。新北市政府 108 年度自行研究報告》，未出版。

　　　　　卓春英（2009，3 月）。《社會品質與社區照顧關懷據點之研究—以高雄縣為例》。97 學年度第二學期長榮大學人文社會學院教師研究化及論文討論會發表，臺南。

　　　　　孫志辰（2017）。〈社區照顧關懷據點轉型設置巷弄長照站的可能與限制—以臺南市資源不足區為例〉。《台灣社區工作與社區研究學刊》，7(2)，97-148。

老吾老以及人之老

石泱（實踐大學社會工作學系副教授兼系主任）

　　新北市的「銀髮俱樂部」是一個立基於社區照顧關懷據點的基礎外，所提供的升級服務方案。「銀髮俱樂部」服務方案是從 1.0 到 4.0，不同版本的服務方案中提供各種不一樣的服務內容，也讓社區照顧關懷據點的服務量能更加提升，而社會局在這方案當中不僅僅只是給予經費的補助，還協助師資人力的培育，所以在這個方案當中我們看到有許多種子教師的出現，包括動健康、路老師、幸福創造師、生命繪本種子老師、蒙特梭利指導員、人生倡導員等，在不同層次的社區據點當中發揮不一樣的照顧功能。除此之外，這個方案還拓展了輔導團隊，協助銀髮俱樂部的經營和運作，特別是在志工人力方面，增加了一般志工、佈老志工，讓社區據點更加活躍，也讓更多人加入服務的行列。

　　「社區照顧、就近關懷」是近年來在地老化政策具體的落實，但社區照顧關懷據點的服務項目及服務品質如何不斷提升和進步則是需要努力的，從最基本的噓寒問暖到提供長照喘息服務、智慧照顧等，我們相信只要給據點足夠的協助和支持，動員在地的人力、物力，就能發揮許多照顧的功能。新北市的銀髮俱樂部不僅僅讓長者得到照顧，更讓他們感受到幸福的感覺、家的溫暖，許多家庭更因此而減輕了照顧的壓力，我們相信透過這一個綿密社會安全網的布建，讓新北市的長者都能快樂安享晚年的生活。

　　新北市銀髮俱樂部的 1.0 版中，主要是成立據點先修班；2.0 版中則是成立社區照顧關懷據點；3.0 版中除了成立社區照顧關懷據點外，還設置了巷弄長照站，已經將長照服務納入據點當中；4.0 版中在巷弄長照站的基礎上

中和世紀皇家銀髮俱樂部長輩運動以提升肌耐力

又加了喘息特約、智慧照顧服務。由新北市銀髮俱樂部的演變過程可知，這是配合社區人口老化而成立的服務方案，也隨著老年人口的需求改變而做服務上的轉型和提升，從銀髮俱樂部的轉型過程中我們瞭解到，任何一個方案的發展都要配合社會需求、與時俱進，同時更要去瞭解社會脈動、發掘使用者的需求，及早做規劃和因應。

除此之外，從 111 年開始新北市所推出的智慧照顧中，我們發現提供服務除了要滿足使用者的需求外，更應該要與最新的資訊科技相結合，例如：AI 人工智慧、大數據、資料庫等科技，同時還要透過跨局處的方式協力合作才能完成，例如社會局要與民政局、衛生局、消防局、工務局、財政局等單位通力合作，雖然銀髮俱樂是屬於社會福利政策，但卻是許多單位一起合作才能共同完成的服務方案，所以從這個方案當中我們深刻體會到，一個好的方案是許多局處共同協力完成的，而且一個好的方案也是要不斷修正和調整，才能滿足民眾多樣的需求，也才能在變動的環境中被保留下來。

我們期待未來各縣市的老人福利政策都能像新北市政府一樣，結合資訊科技、透過跨局處的合作，讓老人的需求不但被看見，而且還能被照顧到，這也才是落實「老吾老以及人之老」的最終目標。

多力齊發

創造高齡者的有為人生

多力齊發
—創造高齡者的有為人生

蔡壽億（老人福利科暫僱人員）
林宜萱（老人福利科暫僱人員）
吳佳明（老人福利科股長）
張艾寧（老人福利科專員）
林妏燕（老人福利科科長）

壹、方案緣起

一、高齡老化加速，導入「動健康」預防延緩失能刻不容緩

　　高齡社會伴隨老化病症候群盛行，新北市以每年老人人口成長至少超過 3 萬多人，估計將於 114 年達 20%，即為超高齡社會。又依據新北市 106 年進行的老人居住、健康與服務需求調查數據顯示，有 90% 的老人自認為健康狀況良好，10%的老人自認為健康狀況不佳。

　　從初老、中老到老老；從健康、失能到臨終缺乏妥善規劃，隨著年歲增長，生理退化、行動不便、認知功能下降、慢性疾病多，發生意外增加，易導致失能、重病、安寧、臨終時，就醫頻率增加，故提前預防延緩失能及健康資訊掌握需求也不斷提升。

　　現在的老人對家人最好貢獻是能維持健康身心自立自主生活，減輕家人照顧壓力，規劃自己樂活的晚年生活。在新北市推動「新北動健康」政策，培訓長者成為種子教師，深入各社區辦理「銀色奇肌班」教其他長者運動，並積極鼓勵老人走入人群，共同運動一起學習且自助互助持續關懷服務社會，以減少失能、失智、失群的風險。同時讓長者有自我實踐的價值，且有「老有所為的銀色人生」。

二、實踐聯合國 SDGs 目標

　　新北市依據聯合國提出的永續經營發展 SDGs 目標包含「目標 3 健康與福祉」、「目標 4 優質教育」、「目標 5 性別平等」、「目標 8 合適的工作及經濟成長」及「目標 11 永續城鄉」等，首創「新北動健康」政策，除了促進高齡者健康外，更能延伸出高齡者再就業及人才再利用，以減緩現行高齡社會的相關問題，成為永續的健康高齡友善城市。

貳、方案策略規劃

一、新北市老人問題與分析

依據 109 年新北市老人生活狀況調查報告顯示，17.4% 長者屬於衰弱前期，以精力降低為主要症狀，並約 4 成老人有多重慢性共病情形，加速身體機能退化的速度。

新北市面對全國老人人口最多，長者需求多，為推動高齡友善城市，建構高齡友善策略目標，率先把動健康列為重要政策，結合跨局處、區公所、松年大學、銀髮俱樂部、社區照顧關懷據點、社福機構、人民團體、專業團體、鄰里長、社區發展協會等單位共同瞭解在地實務狀況，並與各專家學者、民間團體等召開會議討論，收集相關問題與資訊，運用 SWOT 分析，充分瞭解內部優勢與劣勢，並分析外部機會與威脅，藉由分析結果歸納相關之影響因素，發展出架構。

（一）優勢（Strengths）

1. 高齡人口增加，預防延緩失能意識提升。
2. 以在地志工服務在地長者，使長者達成在地老化之目的。
3. 人口快速且大量老化是當前共同面臨的問題與趨勢。

（二）劣勢（Weaknesses）

1. 長者退休後，再投入職場的機會降低，社會參與減少。
2. 男性長者對於社團性活動參與率意願較低。
3. 議題新穎，說服長者不易。

（三）機會（Opportunities）

1. 政府投入資源，提供經費補助、連結專業資源，充實服務內容。
2. 結合創新方案，擁有眾多資源，是最佳高齡社會跨域研究。
3. 私公協力單位增加，提高辦理健康促進活動及課程的多元性。

（四）威脅（Threats）

1. 人口老化問題日益嚴重，服務供不應求。
2. 一般民眾對於人口高齡化產生的全面社會問題缺乏認知與關注。
3. 一般民眾對於高齡人口的就業歧視。

二、政策制定過程

TOWS 策略分析：

（一）SO 策略

1. 因應老年人口增加，推動長者社區動健康相關議題的課程及活動，以提升長者自我作主與覺察的能力。
2. 依長者及子女的需求，進行課程與活動的設計。
3. 市府團隊跨域合作機制完備，可結合各自外部資源相互支援。

（二）WO 策略

1. 運用活潑生動的授課等方式，強化長者對於運動的興趣和理解。
2. 依長者實際需求，融入多元課程設計，提升社區長者參與率，提升其身心靈健康。
3. 民間資源對於運動議題高度興趣，有充足資源支持政策推動。

（三）ST 策略

1. 政府透過私公協力，以回應大量長者的服務需求。
2. 透過各類新媒體行銷措施，可快速擴散倡導新觀念。

（四）WT 策略

1. 市府與民間跨域合作，共同解決社會高齡議題。
2. 翻轉守舊觀念，倡導運動風氣，促進長者健康。

　　針對 TOWS 分析並從四個面向提出 SO、ST、WO、WT，以新北動健康師資人力培訓、訂立銀色奇肌班補助、拍攝線上動健康，並導入歐爸肌力班男性專班等改善策略，建立預防延緩長者失能為策略主軸，新北市政府動健康政策規劃及各項重點方案的推展，於多層級的會議中訂定實施方向，並結合各局處科室一同為政策推動努力。

三、發揮影響貢獻需求，廣訓種子教師，創造老有所為種子教師培訓

　　美國教育老年學的學者 McClusky（1971）強調人類潛能的發展是終身的歷程，教育對老人的增能是主要的力量，提出需求幅度理論（a margin theory of needs），揭示高齡者參與學習的五類需求：（一）應付的需求（coping needs）；（二）表達的需求（expressive needs）；（三）貢獻的需求（contributive needs）；（四）影響的需求（influence needs）；（五）超越的需求（transcendence needs）。

　　其中第三點及第四點，長者可藉由從事有利他人服務社會事務的需求，希望對社會有所貢獻，並由貢獻中自我實現，如此使他們覺得自己是有用的和有被需要的感

覺。並以自身的力量影響社會，對社會做有意義的事，高齡者仍願意參與公共事務，藉由政治活動、社區團體、服務組織等參與，來滿足其影響他人及社會的需求。

新北動健康政策藉由跨部門、跨局處、跨專業及私公協力的共同努力研發之銀髮族身心成長及專業運動課

社會局與揚生基金會辦理自癒力種子老師培訓

程，並搭配多年來社區照顧關懷據點、銀髮俱樂部、松年大學累積的能量，預防及延緩老人失能、活化社區，同時也創造了高齡者再就業及人才再運用的價值，活出自信創造長者自我價值及自信展現，讓新北市長者都能有為老化。

▶「越活躍越健康－推動新北動健康，多力齊發」

105 年從肌耐力及自癒力二力發展迄今已達七力，包含護身力、智慧力、甩活力、心創力及 111 年新增之愛笑力。提供新北市民間單位等工作人員及志願服務人力報名參與培訓課程，有實際操練的機會，並讓學員於培訓後帶領社區長者實習，由專業團隊指導，培訓學員們建立正確健康觀念、引導正向生活規劃、建立人際關係網絡，進而凝聚社區運動風氣、培養種子教師深入社區服務，創造高齡再就業，實現「老有所為」及「活躍老化」。

（一）肌耐力

於 105 年與菲特邦健康管理工作室結合辦理肌耐力種子教師培訓，針對中高齡運動課程規劃、體適能檢測、運動師資培訓等專業運動訓練相關課程。

學員須完成 3 日培訓課程，通過初試後，將收到授課教材包，包含課程用音樂、動作說明影音檔及手冊等，至社區實地實習授課，共計 12 小時之實習帶領，實習期間將由菲特邦健康管理工作室專業教練進行 2 次訪視考核，通過實習考核者，始可獲頒「肌耐力種子教師證書」。

（二）自癒力

於 105 年與財團法人揚生慈善基金會結合辦理自癒力種子教師培訓，強調每個人身體裡的醫生，若能吃對的食物、常運動、養成好的生活習慣、保持良好人際關

社會局與菲特邦合作，培訓肌耐力運動指導員

係的生活方式，能啟動人體的自癒能力。

　　學員須完成 4 天培訓，共計 31 小時之課程，培訓後須至社區實地實習授課，每次 2 小時，共計 12 小時，每班預計安排 1-2 次個督。學員最終須通過培訓出席要求、筆試成績標準與術科實習檢核，始可獲頒「自癒力種子教師證書」。

（三）護身力

　　於 107 年與財團法人福智文教基金會結合辦理護身力推廣，期待長者可在最精簡的時間內，透過立身中正、平心靜氣、凝神專注，提升身心靈健康。

　　其為簡易氣功，適合匆忙的當代人練習的養身功法，取太極拳功法扼要，簡單易學，每招只要 3 分鐘，簡易版氣功九式課程，提升長者身心靈成長。

（四）智慧力

　　於 107 年與中華民國高智爾運動協會結合辦理智慧力種子教師培訓，規劃高智爾球運動課程，使學員強身體健、活躍精神、增加免疫力、延緩體能衰老、開發腦力智慧、團結友愛及提升道德品質。

　　學員須完成 5 天培訓課程，培訓後至社區實地實習授課，每人須完成 10 場高智爾球運動。實習期間將由中華民國高智爾運動協會專業教練進行實地輔導，並一對一指導修正，通過實習考核者，始可獲頒「智慧力種子教師證書」及「中華民國高智爾運動協會教師研習時數證書」，若完成 10 場實習（擔任裁判員），將頒發「世界 Wiser 球第四級裁判證書」。

（五）甩活力

於 108 年與社團法人中華民國梅門一氣流行養生學會結合辦理甩活力種子教師培訓，使學員透過其簡易的平甩功與養生方法，於社區鄰里推行「平甩傳愛」健康促進活動。

學員須完成 1 天初階培訓及 4 天進階培訓，共計 30 小時課程，培訓後須至社區實地實習授課，共計 12 小時實習，期間將由社團法人中華民國梅門一氣流行養生學會專業教練進行三次訪視考核，並一對一指導修正，通過實習考核者，始可獲頒「甩活力種子教師證書」。

社會局與梅門合作進行甩活力種子老師培訓

（六）心創力

於 110 年與社團法人碩觀健康促進協會結合辦理心創力種子教師培訓，透過國內環保志工團體日常實作的社會參與活動加入健康促進元素，核心概念為四大模組，包含樂活動健康模組、記憶保養模組、正念感恩好習慣模組及身心靈環保模組，以周全評估，及早介入與預防衰弱發生，提升生活品質。

學員須完成 3 日培訓課程，並至社區實地實習授課，共計 12 小時之實習帶領，實習期間將由社團法人碩觀健康促進協會進行訪視考核，通過實習考核者，始可獲頒「心創力種子教師證書」。

（七）愛笑力

於 111 年與新北市愛笑瑜伽協會結合辦理愛笑力種子教師培訓，提倡大笑當運動，透過愛笑運動系列課程的團練，激活腦內快樂因子，幫助身心靈放鬆與壓力舒緩，增進人際互動、減輕孤寂感，進而預防、延緩老人失智、失能，促進社會祥和。

學員須完成 3 日培訓課程，並至社區實地實習授課，共計 12 小時之實習帶領，實習期間將由新北市愛笑瑜伽協會進行訪視考核，通過實習考核者，始可獲頒「愛

笑力種子教師證書」。

四、創造高齡就業－推廣銀色奇肌班

藉由鼓勵民間團體共同推廣銀髮族「社區動健康」課程，透過新北市銀髮大學、社區照顧關懷據點、銀髮俱樂部、公共托老中心及民間團體等，由培訓之種子教師至社區帶領長輩進行體適能運動，協助其建立正確運動習慣與飲食觀念，提供長者多元化的健康促進服務，達成預防及反轉衰弱、減緩失能之目標，以延長新北市民健康壽命。

透過本計畫實踐社區動健康政策，種子教師深入社區服務長者，提供社區辦理多元化的課程，讓長者們思緒更靈活，四肢更靈活運用，更能預防或減少慢性病，減緩失能的發生，也創造高齡再就業，提升經濟收入，實現「老有所為」及「活躍老化」。

五、防疫的新生活－拍攝線上動健康，疫起動動

受 Covid-19 疫情影響，新北市銀髮俱樂部、社區照顧關懷據點暫停運作，還有松年大學、銀色奇肌班和樂齡學習中心等暫停開課，為讓長者在家仍能持續運動，以保持身體健康，提升免疫力，市府透過 13 家有線電視業者拍攝《防疫動健康、大家一起來》教學影片，包含揚生自癒力、菲特邦肌耐力、梅門甩活力和福智護身力等，市長還帶頭一起運動，希望長者在家也能勤勞運動。

從 109 年 4 月 1 日起正式上線，每天上午 8 點和下午 3 點，在各台第 3 頻道（CH3）播出 20 分鐘，讓長者在家中也能跟著一起運動。與 13 家有線電視業者合作，拍攝《防疫動健康、大家一起來》教學影片。

此計畫結合好日子愛心大平台辦理記者會，影片開頭為 2 至 3 分鐘共通性防疫宣導措施，後以社區動健康為主軸，撥放自癒力、肌耐力、甩活力及護身力教學，使全民皆可觀看，並提升全民防疫知識。

六、人才再利用－建置專業人才資料庫，創造有為老化

針對新北市各社區據點及銀髮俱樂部，培訓常年深耕於在地的中高齡志願服務人力成為動健康種子師資（退休人員、志工、銀髮族長者）達 1,186 位，由「在地志工，服務在地老人」、「中高齡志工服務高齡長者」，更能創造高齡再就業，帶動在地化運動人力發展。為活化人才師資的運用，建立屬於新北市銀髮俱樂部的師資庫，期待具有特殊技藝或專才的長者、志工加入課程活動中，發揮所長將生命故事與技能分享傳承。

　　新北市為了讓各社區照顧關懷據點、銀髮俱樂部、社區發展協會、立案團體、機構、農會、社會福利慈善事業基金會、里辦公處容易尋找師資，建立師資庫，並結合銀髮資訊系統，以便即時查詢與媒合。

參、方案特色說明

一、PDCAB 循環模式

　　以 Plan（計畫）、Do（實施）、Check（檢核）、Act（行動）及 Benchmark（學術）的循環模式，使社會局能持續推動「社區動健康種子教師培訓計畫」，將社區長者人力資源運用妥適發展。

　　老化的過程不是人生的結束，而是另一階段的開始，如何健康老化，使長者生活更加充實，再次找回人生新目標，同時也為地方盡一份力，重拾「被需要」的生命價值感。

二、翻轉服務模式

　　新北市各社區據點及銀髮俱樂部退休人員、志工、銀髮族長者參與種子教師培訓，闡揚互助、關懷、相互支持之社區人情味，從原本的被服務者轉為主動服務者，翻轉老後生活，創造自助、助人、共助。

　　將社區動健康種子教師的運用導入各項活動中，並藉由新聞媒體報導及行銷，展現高齡者服務價值，越活越健康，讓更多市民看見高齡者老有所為，達到「永續經營、終身學習」的效果。

三、公私合作關係

　　透過公部門結合專業的私部門團隊，一同設計及創新對於高齡長者強健身體、延緩老化的課程，促進本市長者健康生活。

肆、方案成果與效益

一、系列培訓

　　新北市自推動社區動健康後，成果斐然，除為全國首創，建立完善模組，讓長者挖掘出潛能、培養第二專長，並能從中運用、再次進入職場，變成閃閃發光的銀色奇肌。110 年已培訓「社區動健康」種子教師累計達 918 名，111 年年底增加 268 名，累積培力種子講師達 1,186 名，112 年預計增加培訓 300 位種子教師，預

計培力種子講師達 1,486 名。

二、服務狀況

動健康種子教師透過銀色奇肌班導入社區帶領正確運動的重要性，112 年預計開辦 728 班、預計受益 2 萬 9,120 人、預計受益達 17 萬 4,720 人次，預計累積開班數 4,273 班、累計 41 萬 9,420 人、累計受益達 104 萬 6,160 人次。

三、方案效益

（一）內部效益

1. 私公合作

公部門人力及財源有限情形下，透過跨專業跨部門合作找尋具共同理念之私部門，進行對話與溝通，形成在地網絡機制，建立良好的生活環境。

2. 形成模組

長者規劃健康的生活需要被引導，透過動健康種子教師培訓，讓長者獲得事業第二春，打破老後無用的社會框架，可作為行政部門政策設計之參考。

3. 政策行銷

因應地域特性發展的在地服務，促進社區共融，同時能夠減緩世代衝突，豐富長者的生活面向，讓長者再次有所作為。

4. 社會成本

我國國人失能後平均臥床 7.8 年，照顧者承受的壓力極大，亦影響其健康，將使社會成本大幅增加，因此建立減少社會照顧的福利資源，以解決問題。

（二）外部效益

1. 個人效益

鼓勵年長者參與戶外活動並與同儕交流，創造長者再次就業機會，提供種子教師講師費，實惠予長者，提升其生活品質，達成自我實踐。

2. 子女效益

長者如能持續保持運動習慣，將能有效延緩其落入失能、失智與失群，間接減緩子女照顧壓力。

3. 社區效益

讓參與的種子教師具有榮譽感，並協助後續本市相關社區動健康政策的推廣帶領員，並使其深入社區開設銀髮族體適能運動課程，促進本市長者健康。

4. 全國效益

引領社會風潮，成為行銷亮點及健康運動風氣倡議，公部門先發起結合民間參與共同關注動健康，帶動全國關注議題，市民廣為受益，成就高齡友善城市。

（三）質性回饋

1. 講師表示：「因為我個性比較害羞，加上老婆管很嚴，以往只有男女混班的動健康培訓，這次的歐爸肌力班，讓我在同學面前勇於展現，也增加許多自信心。」

2. 講師分享：「家中子女平日皆須外出工作，大多時間獨自一人在家，因年齡不適合外出工作，在家中地位不如從前，甚至認為自己老而無用，成為家中負擔，因參加動健康種子教師培訓，成為一位老師，讓自己增加不少自信心，也與家人更能和樂相處。」

▶ 結語

面對未來高齡社會的挑戰，新北市提出「新北動健康」政策，培訓種子教師深入社區全民參與，希望藉由市府結合民間專業團隊私公協力，以「走動式深入社區服務」讓每位長者用最簡便的方式接觸動健康，共同協助長者預防延緩失能。

充分培力在地初老者，投入健康相關課程，既助人也利己形成參與式循環福利，也建構完整的社區照顧網絡，使長者樂活、家屬安心，「老化」不代表必須倚賴他人過活，強調對長者的「生活自主權」及「尊重」，並讓長者都能活出自信、創造自我價值，邁向「老有所為的銀色新人生」。

參考資料：McClusky, H. Y. (1971). *Education: Background Issues.* White House Conference on Aging, Washington, D.C.

有為老化的璀璨人生
—多力種子講師林玉燕

陳清貴（專員）

　　「整個空間忽然安靜下來／靜得似乎聽得到自己的呼吸聲／想做什麼事情呢／腦中一片空白／起身走向廚房／打開冰箱／早上買的菜／整齊排列在冰箱中／看著看著／肚子一點也不餓……」

　　今年 76 歲的林玉燕，有天在臉書上寫下自己的心情，這也是許多退休老人的共同經驗，如果是獨居，這樣的心境可能更加明顯。

年輕時事業創高峰

　　事實上，林玉燕在年輕時曾是知名品牌雅芳的區域經理，她的業績每年都是公司排名前 10 名，年薪以數百萬計，受到外國老闆高度的肯定。但她在 60 歲那年急流勇退，公司覺得惋惜，倒是兒子非常開心：「全家就是您最愛賺錢！」殊不知她一切都是為家庭的付出。如今子女皆已成家立業，兒子因爲工作移居加拿大，大女兒隨著在臺南藝術大學教書的女婿住在臺南，小女兒在法國修完演奏家文憑之後，留在法國當外籍新娘。她心想肩上擔子總算可以卸下，好好追尋自己的人生。

　　林玉燕表示，在 50 多歲出國旅遊時，發現自己「蹲得下去卻爬不起來」，首

林玉燕（背對者）到新莊中港社區關懷據點教導銀髮長輩自癒力動健康

林玉燕向長輩說 ：「我不是宋七力，是要送大家動健康七力！」

度驚覺自己肌耐力不足；在退休後又因常窩在家裡追劇，生活習慣不良導致自律神經失調，健康開始亮起紅燈。

原籍臺中的林玉燕曾是位幼教老師，歷經 10 年教育，後來北上開服裝店，由於她待人親切誠懇，總是笑臉迎人，客人絡繹不絕，在 37 歲那年再轉入雅芳服務。林玉燕說，蒙老天爺眷顧，她每一段事業都很順利。

為教育子女走入慈濟行善

在打拚事業之際，林玉燕兼顧家庭和子女的教育。為了兒子首度大學聯考成績不理想，她南北奔波各宮廟點光明燈，因緣際會遇上一位慈濟師姐，帶領她開啟行善之路。第二年兒子以第一志願，考上北藝大音樂系，除了兒子的努力之外，她覺得是菩薩冥冥中庇佑，自此行善之心更加堅定。82 年授證為慈濟委員，參與慈濟的慈善、醫療、教育、人文、國濟賑災、骨髓移植、社區環保等服務，得空時並參加各項成長課程。

新北市 104 年開始推動「動健康」，透過揚生基金會、菲特邦、福智基金會等，培訓自癒力、肌耐力、護身力種子教師。林玉燕 107 年首度報名參加自癒力種子教師培訓，由於之前在慈濟就有參加瑜伽課程的基礎，經過專業老師的指導，她更加精進，開始和同組同學到新莊中港社區等據點服務，帶領許多銀髮長輩把自己的健康找回來。

「我不是宋七力，是送七力！」

此後，林玉燕更陸續參加肌耐力、心創力、甩活力、認知悠能、桌遊等培訓，並取得各式種子老師的證照，成為多力齊發的「燕子老師」。她說：「我不是宋七力，是送七力！」要將動健康七力送給長輩，讓每個長輩身心靈更加健康。

於是林玉燕受邀到各據點去授課，像是五股區五股里、中和世紀皇家、各慈濟 C 據點，甚至臺北市的據點也慕名而來。林玉燕對於每堂課程都用心準備，為了讓長輩易學易記，她甚至藉由自己苦學 4 年的歌仔戲七字調編寫運動歌舞，或是利用大家耳熟能詳的流行歌曲如〈18 姑娘一朵花〉，改編成〈68 婆婆一朵花〉，不僅吸引長輩練習，也讓上課充滿趣味和笑聲。

除了身體的運動，林玉燕更重視心靈的健康。她說身心靈是一體的，會相互牽引，一個人心情開朗了，自然影響內分泌和自律神經，因此她也從慈濟學習到的心靈環保融入課程中，並不吝分享自己的人生。她將 PPT 簡報取名為「璀璨人生」，鼓勵銀髮長輩在卸下職場或家庭重擔後，仍能實現自我、奉獻自我，創造活躍老化、有為老化的第三人生。

提倡成功老化 減輕長照負擔

吳惠玲（祕書）

　　運動是保持健康的不二法門之一，養成持續的運動習慣，可降低各種疾病的罹患率，有效延緩失能、失智、失群，及減輕家人照顧壓力。所以也有學者研議，將運動作為高齡者照顧的社會處方（劉宜君，2022），認為運動處方需是客製化與一對一的設計與執行，且在執行前瞭解長者的用藥史與運動史，檢測長者的身體功能，建議政府扮演初級照顧宣導角色，先擇地區試辦方式推行；另一方面培養運動習慣不光是政府的責任，更是個人的責任，但是政府可以從多元化的面向來協助營造健康的活力城市。

　　新北市為了倡導長者運動風氣，促進健康，打造永續的健康高齡友善城市，以「新北動健康」政策目標，結合民間團體開發 7 種適合銀髮族的運動課程，培訓種子教師加以認證，建立專業人才庫，開設銀色奇肌班，去社區照顧關懷據點、銀髮

新北市鼓勵銀髮長輩一起動健康

俱樂部、銀髮大學等地點，帶領長輩進行體適能運動，教導正確運動習慣與飲食，實現在地樂活。

　　此方案的特色在於結合民間單位所推廣的各種適合年長者的運動，對社區中健康、亞健康或衰弱老人進行結合肌力、肌耐力、柔軟度、平衡及心肺功能的運動，改善行動自理能力，加強認知功能、生活品質、情緒及社交參與等。在新北動健康的政策目標之下，還有專屬網頁提供各種獎勵措施、影音短片與核心肌力訓練運動等線上課程，開發新北動健康APP 3.0供下載使用，讓長者跨越數位落差，得到正確的資訊，培養運動好習慣。

　　值得探討的是健康老化，活躍老化、成功老化的概念近年很流行，而提倡這些概念的一種常見理由，就是可以減少需長照人數與時間，並以臺灣長者臨終前臥床時間平均7.8年，相較北歐老人臨終前臥床只有2週，認為北歐國家老人老了以後，依然可以獨立生活許多年，然後砰的一聲突然倒下，臥床2週走完人生旅程，不給別人添太多麻煩，事實上並非如此，醫界人士沈政男醫師（2017）質疑這樣的看法，北歐的老人家需要被照顧的平均時間11年，跟全球老人需被照顧時間一樣，平均大約都在8-12年之間，北歐老人甚至比臺灣老人接受更多、更久的長期照顧服務。所以認為活得比較久、活得比較健康只是把需長照時間延後罷了，並不等於需要長照時間比較短，提倡成功老化的概念並不能減少長照需求，所以在老人家還沒有到幾乎無意識存活的狀態之前，仍然需要用盡各種方法滿足長照需求。

參考資料：劉宜君（2022）。〈運動作為高齡者照顧的社會處方之可行性研究〉。《福祉科技與服務管理學刊》，10(1)，54-71。

沈政男醫師（2017）。〈芬蘭、瑞典老人家臥床比台灣還久〉。取自 https://www.ilong-termcare.com/Article/Detail/1176

自助助人 健康城市

石泱（實踐大學社會工作學系副教授兼系主任）

　　新北市的「多力齊發、創造高齡者的有為人生（動健康）」方案主要是立基於活動理論（activity theory）的觀點，相信長者只要多活動、有能力就去服務他人，當長者對社會越多貢獻時，就能從服務的過程中找到自我的尊嚴和價值。因而在這個方案中，我們看到了新北市政府培育了多樣的種子教師，並讓這些種子教師回歸到社區中去影響更多的長輩，這可說是一個自助助人的最佳典範。

　　從新北市「動健康」方案的介紹中，我們不僅看到方案在規劃前有先做問題需求分析，在執行後也有針對服務成效做質化和量化的評估，尤其是「動健康」方案從 110 年開始執行，培訓了 1,486 名種子教師，讓 104 萬多人次受益，顯見方案的執行成效卓著。除此之外，任何一個方案的執行除了可以得到預期的成果外，也可能出現許多外溢的效果，同樣的在此方案中，我們看到了新北市推廣出健康城市的

運用高智爾球培力長輩智慧力

形象，也成為其他縣市競相模仿的方案。除此之外，更深入瞭解參與者的心路歷程，透過他們的分享，讓我們瞭解到這個方案不僅讓長輩身體變得健康，也讓他們感受到人生存在的意義和價值感，所以「動健康」是一個非常成功且值得推廣的方案。

在動健康的方案中，我們看到有許多民間團體的加入，例如菲特邦健康管理工作室、財團法人揚生慈善基金會、福智文教基金會、中華民國高智爾運動協會、梅門一氣流行養生學會、碩觀健康促進協會、愛笑瑜伽協會等，要整合這麼多民間單位是一件非常不容易的工程，因為每個民間單位都有他們自己的特色，如何能善用民間單位的特色，同時將其整合培訓出不同專業的種子教師，最後還能讓這些受訓的教師獲頒專業教師證書，此整合方式可以讓參與者更有榮譽感，也更願意致力於推廣自己所習得的專業服務。

從 109 年開始，由於受到 Covid-19 疫情的衝擊，社區裡的許多活動都被迫暫停或中斷，人與人之間的實體互動也跟著減少，但對「動健康」方案而言，危機就是轉機，新北市政府透過與 13 家有線電視業者合作，拍攝了許多動健康的教學影片，而且市長還親自帶頭一起運動，讓長者不出門也能在家運動，達到健康的目標，這證明了一個好的方案除了要有好的規劃外，如何做行銷也是非常重要的一環，讓更多人知道這個方案的內容，也可以幫忙推廣和宣傳。

新北市的「多力齊發、創造高齡者的有為人生（動健康）」方案從疫情前就已經開始推動，期間挺過了疫情的衝擊，而且還發展出不同的宣傳模式，是一個非常成功的方案推動模式，期待未來的方案執行都能像此方案一樣，因應社會的變動而做調整和修正，並且適時行銷和推廣。

生命之美

看見生命的獨特與美麗

活躍老化

銀光健身房

生命之美
─看見生命的獨特與美麗

楊舜丞（新北市立八里愛心教養院社工組助理員）
郭林瑋（新北市立八里愛心教養院社工組組長）

壹、方案緣起

　　為賦予服務對象展現才藝的舞臺，向社會大眾宣導身心障礙者特質與推行生命教育，營造多元友善的社會環境，新北市立八里愛心教養院在 96 年開辦「生命之美─服務對象美術陶藝作品巡迴展」方案，並在新北市政府（原臺北縣政府）的支持下，於縣政大樓一樓大廳辦理美術陶藝作品展覽及體驗活動。

　　「生命之美」方案開辦迄今已 17 個年頭，回顧這些年來四處巡迴分享，起步於機構內凝聚共識，逐年向外開拓資源，更持續不斷地精進與創新，以期方案得以永續，有如身心障礙者堅毅不拔的特質一般；至於服務對象的成長，從完全依賴工作人員照顧（total care）的受助角色，自邁入校園、社區及各大小展場起便逐漸蛻變，不但開始懂得自助，甚至能夠扮演起助人者的角色，儼然替「生命之美」做了最好的詮釋。

　　本方案於 105 年度分別獲得新北市政府及教育部頒發「社教貢獻團體獎」，這雙重的肯定，對全體工作人員來說，可謂是一顆大力丸，讓大家更有幹勁地邁向下一個 10 年；對院內服務對象而言，除了開心自己的努力被看見，更是促使他們繼續創作的一劑強心針。

貳、方案策略規劃

一、方案沿革

　　「生命之美」方案活動迄今已辦理了 17 年，回顧方案的構思與執行，從最初期望得到社會大眾認識，在不斷耕耘下歷經了萌芽、灌溉、深耕、茁壯四個時期，而今已能讓社會大眾在與教養院服務對象的互動相處中，更加具體地瞭解身心障礙者，彼此學習與成長。

八里愛心教養院生命之美前進淡水國小表演輪標舞，院生超開心

（一）萌芽：96 年至 99 年

　　「生命之美」方案的萌生，緣起於讓教養院陶藝社團成員所創作的作品有一正式對外的展示空間，故自 96 年從臺北縣政府大廳、板橋火車站等定點開始，開辦服務對象美術陶藝成果展，廣邀社會大眾、社團與學校來到縣政府欣賞身心障礙者的創意與能力，展示期間也由服務對象親自講述作品內涵、創作歷程，達成與社會大眾接觸之目標，並藉由邀請縣政府長官、藝人及媒體參與，增加活動能見度。

（二）灌溉：100 年至 103 年

　　為了提升社會大眾對身心障礙者更多元的認識與尊重，教養院在方案的執行上繼續推陳出新，除了定點展覽外，亦嘗試主動提案予新北市境內各國民小學，辦理校園巡展體驗活動，初次辦理校園巡迴展係與泰山區明志國小合作，不僅在校園裡延續辦理美術陶藝作品展覽，亦設計了輔具體驗、輕黏土及園藝課程教學，從中結合生命教育課程，讓莘莘學子透過接觸身心障礙者，從心培育尊重生命、關懷社會之種子。而活動的轉型一來讓服務對象有機會走訪校園，二來也收到了學校老師的肯定與回饋：「『生命之美』是一個讓學生最有感的活動。」

（三）深耕：104 年至 107 年

　　「生命之美」方案的辦理，在新北市政府、各大媒體與學校的支持與回饋下逐年成熟，在歷經一番耕耘灌溉而望見綠芽蔓生後，新北市境內的國民小學對於教養院與身心障礙者不再感到陌生，而服務對象對於每一次的活動與演出皆是全心全意地參與籌備，一回生二回熟，三回便能融會貫通再創新。在 105 年校園巡迴展的輕黏土捏塑活動裡，負責教學的服務對象不再只是想著自己擅長什麼，更開始設想學生喜歡什麼，於是當年流行的「黃色小鴨」、「小小兵」便成了手中捏塑的主題，成功吸引了學生們興趣，亦感受到「教學相長」的喜悅。同年「生命之美」分別獲得新北市政府及教育部頒發之「社教貢獻團體獎」，此等殊榮對服務對象而言意義非凡，原來自己「有服務他人、回饋社會的能力」不再只是期許，不再只是教養院單方面的肯定，終於進一步榮獲外界正式的認可，隆重而盛大的表揚給了他們莫大的鼓舞。翌年（106 年）彷彿分享喜悅般，教養院首次在單一年度裡接洽三所學校辦理方案活動，且響應學校的熱烈要求，前所未有地在校園裡連辦二日活動，不遺餘力地持續深耕。

（四）茁壯：107 年迄今

　　主動到學校、社區辦理活動，受到社會各界關懷與重視之餘，教養院開始進一步思考此方案是否能更具創新與全面性的發展，因此，自 107 年起，開始在每年辦理的校園巡迴展融入了性平教育元素，由服務對象教導學生以手作襪子精靈或捏塑輕黏土的形式創作新北性平代表動物「企鵝暖爸」，來宣導性別平權，提升性別平等意識。而為了讓服務對象在院內參與各式社團的優異表現與成果展示在更多社會大眾面前，在時任社會局長張錦麗的引介下，同年亦在新北市藝文中心開辦首場「陶藝‧淘意」特展，展現服務對象質樸又別具個人巧思的陶藝作品，其後分別於109 年及 111 年於八里區公所及滬尾藝文休閒園區再辦理第二、三場的陶藝特展，與滬尾藝文休閒園區的合作亦是首次私公協力的里程碑。

二、策略規劃

　　從方案的萌生，到緩步地鞏固方案宗旨，再到催化所有參與者共同完成方案的目標，除了要凝聚機構內外共識，整合專業團隊力量、社區中的教育系統、鄰里社區發展協會、老人機構及展示場域等各式資源的開拓外，更重要的是培育出方案參與者堅韌不放棄的動力與持續創作的潛力。

（一）1+1 大於 2

教養院一向秉持以服務對象為本，整合治療師、教保員、社工師、護理師、行政人員等跨領域專業，不只提供照護服務，亦集思廣益活用於活動裡，發揮 1+1 大於 2 的團隊精神。為了提升參與者之興趣，讓參與者實際設身處地瞭解身障者，順利將「尊重差異，和諧

生命之美前進校園，院生教小朋友紙黏土小動物

共處」的理念深入校園、社區、機構等活動場域，團隊成員共同設計了障礙體驗、輔具體驗、創作體驗，且各個活動均納入服務對象共同參與執行，亦安排服務對象分享創作過程，擔任講師，教導參與者學習如何與身障者相處。

（二）相遇自是有緣

每一次的活動合作都是一種緣分，為了讓這份得來不易的緣分繼續譜出美麗的樂章，在每一次的活動結束後，均會召開團隊會議進行活動檢討與分析所合作單位之利弊，如場地交通、參與人數、合作方式、質性回饋等，並詳細記錄每一次的活動成效與合作經驗，以作為日後策進改善之參考。

（三）淬鍊身心潛能

為讓參與者在每一次的活動中都能感受到團隊的用心，與服務對象的努力，院內除安排各式社團老師於每週教導服務對象練習外，工作人員亦會額外與服務對象進行彩排演練，以增加熟練度，提升上場之信心，並鼓勵服務對象自行發想創意、主動發言討論、以及在力求完美的練習裡激發出意想不到的身心潛能，讓服務對象有所體會與學習：「原來我做得到！」

（四）多元創意共融

生命之美方案，從市府大廳、板橋車站的定點展到巡迴小學校園，到社區活動中心與老人共餐，再到商場辦理陶藝特展，我們不僅僅與公部門合作，更與私部門協力，多元的辦理形式加上性平、關懷等元素的融合，讓方案的推動更具豐富性。

參、方案特色說明

　　作為新北市向社會大眾宣導身心障礙者特質與推行生命教育，營造多元友善社會環境的代表活動之一，「生命之美」方案特色如下：

一、自我實踐

　　一如教養院教養宗旨：「我們尊重每個生命的價值，不論院生障礙程度為何，我們皆願盡力啟發其潛能，滿足其身心需求，並豐富其生活內涵，以保障最佳的生活品質。」我們深信每位服務對象皆具無窮的潛能與想像力，透過環境的支持、舞臺的搭建及人員的協力，讓服務對象盡情揮灑創意，勇於追夢，在眾人的掌聲中感受與世界的連結，也建立起自我價值與認同。

二、角色反轉

　　服務對象藉由活動籌備的練習與參與，培養自發性的責任感及參與感，進而在活動裡展現自我以及與他人互動的同時，瞭解自己雖是身心障礙者，看似為需要依賴旁人照顧的受助者角色，卻依然能以自我奮發的經驗故事，一躍成為助人者，體現出每個個體間獨特、友善、平等之生命價值，讓活動參與的所有成員都認識到：「每個人都是大環境裡的受助者和助人者。」

三、科際整合

　　方案的推動與執行集結教養院內各專業，含保健、復健、社工、教保、藝術等領域，突破科際藩籬，跨域合作，一同攜手帶著服務對象為成就「生命之美」而努

生命之美前進碧華國小校園，讓學生體驗身障者的不便，培養同理心

八里愛心教養院舉行六大社團成果發表會

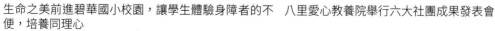

力，以期方案內容更趨完整，如在輪標體驗活動裡，融合了舞姿遒勁俐落的動態美，以及服務對象每個連貫動作背後所需的復健支持；又在上下床擺位的體驗裡，除了有生服員的溫柔，更有治療師的效率，可謂合璧輝映，相得益彰。

四、共創共融

教養院不遺餘力以「生命之美」為場域，將服務對象與在校學子、社區民眾，匯聚在一地，藉由活動遊戲相互破冰認識，切磋成長，每個人因此看見彼此獨一無二的一面，也瞭解各自不同的需求，卻共同有著一樣的微笑、一樣的友善、一樣的真誠，儘管方案的推行在廣大的社會裡僅屬小小一角，但我們始終相信只要持之以恆，堅持不懈，終有一天將連同所有人的努力，在共創共融的遠景裡發光發熱。

肆、方案成果與效益

成長向來始於動機，透過方案走入人群正是促使服務對象成長進步的一大動機，因為，唯有先超越自我，成為更好的自己，才能將那最篤實、最溫柔的正能量傳遞至沿途走過的每一片風景，100 年由國內知名紀錄片導演李惠仁在院內半年多的拍攝下，執導了《寄居蟹的諾亞方舟》，該片榮獲 101 年第七屆亞洲電視大獎，詳實記錄了教養院服務對象孜維、麗雪、聖傑、蕙君在院生活的點點滴滴，在這點點滴滴中反映了許多身心障礙者超乎一般人所能想像的逆境，而我們也在他們身上看見了逆風飛翔的韌性，就如孜維在紀錄片中所言：「因為我們的勇氣就像頭髮、指甲不斷長出來。」

接納真實的自己並與之豁達共處的胸襟，是一種歷經無數掙扎與錘鍊後而昇華的生命之美。開乘著這艘「方案方舟」，帶著這群自立自強努力的生命勇士一起到社會、學校分享激勵人生的正能量，不知不覺間已邁入第 17 個年頭，共計辦理了近 920 場次的活動，活動足跡從城市到偏鄉，跨足 14 個行政區，合作的學校、社團、社區發展協會、老人機構將近 170 個單位，感動了 3 萬 5,991 人次。在每一次的分享互動中，參加者所投以的熱烈掌聲和驚豔眼神，以及課程結束後，從回饋單上所看到的各式繽紛圖像彩繪與隻字片語，對服務對象們來說都是最直接與真誠的鼓勵及讚美，也讓服務對象更加珍愛自己並勇於突破人生限制，不只充實生活也讓生命意義價值再昇華。而團隊成員在與多方單位相互合作與激盪下，所碰撞出的許許多多富具人性關懷、性別平等的活動內容更呼應了社會局「豐富社區」、「性別平等」與「跨代共榮」的社福願景。

夢起時分 盼望愛的滋潤
─綻放生命之美的小雪

陳清貴（專員）

「繁華的夜都市，燈光閃閃爍，迷人的音樂又響起，引阮想到你……」這首陳小雲的〈愛情恰恰〉曾紅透半邊天，也是小雪的最愛之一，藉由歌詞，她隱隱向心所愛的人訴衷曲，愛情的恰恰，糖甘蜜甜，她曾有滿腹的感情，無限的憧憬，但小雪說：「這些都過去了……」

小年夜到貴蘭姨家圍爐

小年夜，當八里愛心教養院的院生都回家團圓時，有少部分院生由生活服務員帶回家過年，小雪正是其中一個；她和孜維及宗霖被貴蘭姨帶回八里中山路住處。貴蘭姨特地做了蜜汁豬肋排、清蒸鮮蝦、佛跳牆和炒高麗菜，一家四口，加上隔鄰、也是教養院陶藝社美術總監蕭月惠，開開心心地圍起爐來。

貴蘭姨和月惠老師忙著剝鮮蝦，小雪一口咬下，瞇起大大的眼球，嘴角盡是滿足的笑靨；孜維則較斯文，一隻鮮蝦分幾口吃；剛染過金黃色頭髮的宗霖也是一隻

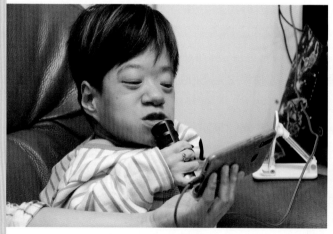

小雪透過歌聲傳達對親人的思念

小雪在小年夜吃著最愛的鮮蝦。左為教養院陶藝社美術總監蕭月惠

接著一隻。對三位院生來說，到貴蘭姨家圍爐，是每年最盼望的事。

三人餐飽飯足之後，有人起鬨要唱卡拉 OK，貴蘭姨忙不迭去準備連接手機的小音響，「歡迎亞洲愛心小天后－YUKI！」YUKI 是小雪的日本名字，愛搞怪的小雪說：「老囉，唱不動了！」孜維馬上吐槽：「噎，是不是又移情別戀了？從陳小雲、棠娜、賈靜雯、韓瑜，聽說最近又喜歡上畢書盡。」孜維對小雪的歌史可謂瞭若指掌。

「好吧！就從〈感恩的心〉開始，這首是獻給貴蘭姨！」緊接著，〈讀你千遍也不厭倦〉，歌詞意有所指，隱約小天后回來了；〈愛情恰恰〉掀起高潮，這曾是她對愛情的夢想和渴望。

小雪今年 32 歲，孜維比她大 3 歲，宗霖則較年輕，只有 19 歲。小雪一出生就被遺棄，被當時的臺北縣社會局送來教養院；孜維則是 5 歲到院，兩人可謂青梅竹馬。

小雪罹患成骨不全症，俗稱「玻璃娃娃」，和另一位玻璃娃娃蕙君情同姐妹；孜維則是罹患肌肉萎縮症，三人終身要倚靠輪椅行動，因此在院裡相互扶持、彼此照顧。

不要讓孩子只能看著天花板

小雪在教養院歷經林清港、楊素端、郭美雀和現任謝鑫敏等四位院長，當時小雪和蕙君每天只能躺在娃娃車上，無法坐起來，楊素端院長一句：「不要讓我的孩子只能眼睜睜看著天花板！」隨後，包含教保員、護士和物理治療師等，擬定一系列的復健計畫，終於讓兩人得以坐起來，不僅可以平視看人，還能出去看到立體的花花世界。

在院生活 30 多年，小雪展現無比的學習力和才華，不論生聲樂團、輪標舞、陶藝、歌唱、主持、導覽都難不倒她。她是原社工組長陳麗雲輪標舞的最佳拍檔；也是「生命之美」巡迴展的專屬導覽員。在教養院 107 年於新北市藝文中心舉辦「陶藝、淘意」特展時，她全程為時任社會局長張錦麗及與會者詳細解說，令人驚艷。尤其她的一雙纖細巧手，不僅可以搓揉陶土，捏出黃色小鴨，也能搓出海芋花鐘，每株細細的海芋花梗開出大朵的海芋花海，宛如她不服輸的個性，終要從幽微中燦爛開來。

對於自己身世，小雪有過胡思亂想，體恤父母是不是家窮？還是母親未婚生子？曾有過的怨懟，於今都過去了，如果有機會遇見，她還是會謝謝父母將她生下來。她說：「我現在過得很好，不用擔心我。」對於世人的眼光，她認為不要同情或憐憫，但可以同理，就把她當作一般的朋友，她會很開心。

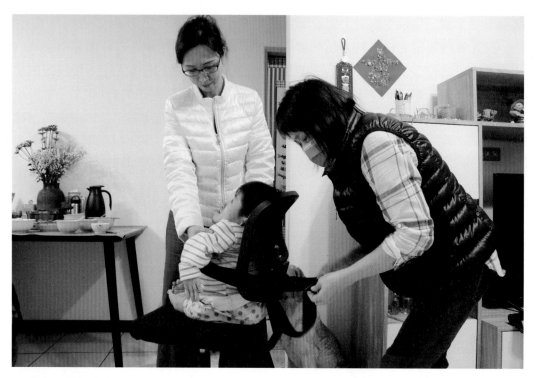

小雪在過年期間，住進生活服務員貴蘭姨（右）家

夢見父母微笑招手

儘管嘴巴硬，不輕易吐露心事，但小雪坦承近年來夢過幾次父母。夢中的父親圍著絲巾，母親穿著貂皮大衣，在向她微笑招手；她想撲向前去，但感覺母親只叮嚀後便趕著離開，「好像是公婆在催」，小雪不禁為母親體諒起來。

111 年與她從小一起長大的蕙君突然走了，院方本來瞞著她，怕她難過，但心有靈犀的小雪還是得悉了，她趕到基隆殯儀館為蕙君拈香送行，心中默念祝禱：「我會連妳的份一起活下去！」

「愛情的恰恰，糖甘蜜甜，可惜身邊的人，不是不是不是你！」YUKI 甜美的嗓音，依舊迴盪繞梁在貴蘭姨的家中，她明白心中的他，雖然一路幫忙打拍子，卻始終將她當作妹妹。當愛情恰恰不成，轉換成親情的永恆，「感恩的心，感謝有你，伴我一生，讓我有勇氣做我自己！」、「感謝命運，花開花落，我一樣會珍惜。」

活躍老化
─銀光健身房

陳俊達（新北市立仁愛之家保健組物理治療師）
余家榮（新北市立仁愛之家社工組組長）

壹、方案緣起

　　世界各國均面臨人口老化問題，根據國家發展委員會的統計資料顯示，我國自 82 年老年人口占總人口比率逾 7%，正式邁入高齡化社會，並於 105 年 3 月底邁入 65 歲以上老年人口占總人口比率達到 14.05%，即我國從高齡化社會進入高齡社會只歷時 23 年。另預估至 114 年 65 歲以上的老人將占總人口數的 20%，可見我國人口老化的快速，必須趁早採取相關積極因應措施。

　　依據 Erikson 在老年期中人格發展上經歷「統整」或「絕望」期，老年人在生命回顧裡，會對自己的過去一生下一個看法與評價，可能會覺得「一事無成」或覺得「一生有意義」，這種對自己一生的看法，會影響現在老年的生活與心情，此階段老人若能接納自己生命中的種種遭遇，則能感到生活是有意義滿足的；若不能接納，則會對人生絕望感到生活沒有意義。所以目前除了延長老年人的壽命外，活得

在專業教練指導下，長輩進行甩繩，以訓練上肢肌力

有品質、有尊嚴，成為當前最重要的課題。

　　新北市政府推動多元的老人福利與服務措施，例如「新北社區動健康」自 105 年 9 月開始結合民間團體共同推動，讓社區長者用最簡單、最便利的方式接觸動健康，因此透過種子講師的培訓，將「肌耐力」、「自癒力」、「護身力」、「智慧力」、「甩活力」、「心創力」及「愛笑力」的課程，帶給每位銀髮長輩，讓新北市的長輩皆能再造「銀色奇肌」，至 112 年 1 月底累計培訓獲認證之種子老師共計 1,186 人。而新北市立仁愛之家為了促進院民之身心靈健康，運用「活躍老化」理論基礎，進行銀光健身房方案，以「健康生活化，生活健康化」為目標，推動機構老人健康優質生活。仁愛之家依據院民健康調查發現以下的問題與需求：

一、**「肌少症」是導致年長者失能的兇手之一**：是一種自然老化現象，身體器官在我們的外觀產生變化之前，就開始漸漸退化，且容易出現在 40 歲之後的身體機能裡。若是與過去相比，覺得現在提不動菜籃、打不開瓶罐等等，那就是肌少症的前兆。肌少症不只是肌肉質量減少，還包括肌肉力氣減退、活動表現變差，特徵是持續且全身普遍的骨骼肌重量及功能減少，伴隨可能造成失能、生活品質下降，甚至是生活無法自理以及死亡風險增加。而最直接的保養方式就是增加長者的肌肉量，由重訓來增加肌肉量，建立肌力，維持身體的平衡力，可以延緩肌少症的發生，甚至提升身體的基礎代謝率，讓長者在預防跌倒之外還可以順便修飾身形，氣色更好。依照亞洲肌少症診斷共識標準，臺灣 65 歲

仁愛之家 109 年開辦銀光健身房，提供住民長輩運動健身

以上長者罹患肌少症的盛行率約達 6.8%，相當於全臺約有超過 20 萬名老年人正面臨肌少症威脅，肌肉量少肌力下降，直接影響日常生活，如上下床、如廁不穩、爬樓梯等，進而因為下肢無力跌倒，引發髖部骨折、顱內出血，導致失能、臥床，提高失能及死亡的風險，也增加照顧及醫療成本。

二、**Covid-19 疫情使長者生活日常需做新的調整**：疫情期間，院民日常休閒活動從團體活動改為個人休閒活動形式，旅遊活動改為社區小型旅遊活動，長者需要自我調適包括常規作息、安全防疫、身心靈健康、親屬聯繫、醫療、維持生活機能、心理支持關懷等，其中最重要的是保持身心活躍。在 Covid-19 疫情期間，機構的防疫措施只是為了守護長者的一種方式，工作人員及家屬傳遞源源不絕的溫暖在疫情期間很重要，因此讓長者深信著，沒有人會在這場病毒戰爭中被離棄，增添安定人心的力量。然許多文獻顯示，長者缺乏活動力的生活，可能影響其人際關係與社會互動。

三、**生理狀態改變**：老人身心功能會隨著年齡的增加而逐漸低落，視力、聽力的退化，會出現任性、頑固等自我中心的一面，也會因為對外界感知的能力降低，而產生猜疑、彆扭、嫉妒的增加。記憶、學習力的減退，會使人趨於保守，固執過去習慣，逃避學習新觀念；另老人之生理逐漸老化，如牙齒掉落、皺紋和白髮增加、禿頭、社會參與之活動力減低、容易疲勞、性慾減低、步行困難等身體特徵的改變，會讓人感覺自己的老化，老化的自覺可能使人變得消極、喪失失望（劉焜輝，2010）。

四、**老年生活及休閒娛樂之重要性**：在國人平均餘命延後致老人退休之後的生活安排，顯得格外重要。除了部分老人投入再就業市場之外，隨著年齡的增長，適合老人的休閒娛樂、文康活動也與年輕時不同，而老人對於提升精神生活的需求及重視度也日益增加，所以對於老人精神生活之充實將會著重於益智性、教育性、欣賞性、運動性並兼顧動靜態性質活動，以增進老人生活適應及生命豐富性。

貳、方案策略與規劃

主要運用的策略與規劃為活躍老化理論，以下說明其內容：

一、以活躍老化理論為核心

如果老人積極地參與社會活動，他們的老年生活會過得更滿足。因為老年生活可能失去健康而引起身心障礙，導致任何社會互動減少，促使老人放棄自我、減少

社會互動機會。理論認為應該鼓勵老人積極參與他們能力所及的一切社會活動，主要包括自我實現、精神寄託、人際接觸、心理補償、老化延緩等。而且，有許多研究數據顯示，若老人繼續社會交際活動、保持良好的興趣及習慣，有助於老人的心理健康與生活滿足。所以我們設計有意義的傳統技能表演活動來讓老人找回自我價值，並更助於長者延緩老化。

二、方案的規劃與設計

（一）確認適當的健身時間、場地及器材。

（二）邀請經驗豐富的臨床物理治療師及專業健身教練指導。

（三）邀請有興趣的長者參與，並且實施運動前測、中測、後測及營養品補充。

三、檢測資料建立

（一）測驗項目：血壓、徒手深蹲、開眼單腳站、分腿蹲及拿 0.6 公斤上肢推及上肢水平開合。

（二）每週召集銀光健身房長者練習各項健身項目，啞鈴增重重量訓練 10kg 推舉＋ 20kg 硬舉及負重深蹲。

（三）健身時間以半小時為原則。

（四）為保護健身者避免受傷，請專業健身教練指導正確方法與姿勢，並且慢慢增加重量，以不受傷為原則。

四、方案的效益評估

（一）健身過程做成果紀錄，並且感謝成員用心參與。

（二）請照顧服務員觀察參與者日常生活情形，例如走路姿勢是否較穩、腳是否比較有力及關節活動度是否更好。

參、方案特色說明

一、身心靈全人照顧

　　新北市立仁愛之家提供給新北市低收入戶、孤苦無依及特殊境遇之 65 歲以上長者一個安享晚年處所，分為安養區及養護區，提供長者食衣住行育樂等身心靈全人照顧。除提供基本食衣住行生活照顧、醫療保健，也提倡多元化休閒娛樂活動、提升老人價值之服務團體（長青志願服務隊、老玩童俱樂部、銀光健身房），更重視「身心靈」照護，提供長者優質照護服務品質。

二、發現肌少症衰弱前期住民

仁愛之家自 109 年 11 月起開辦銀光健身房初階班，由 16 位長者參與，平時以戰繩、槓鈴、划船機及彈力帶等項目進行課程練習，並加入體適能及肌少症檢測，從中找出肌少症前期和衰弱症前期的院民。

三、成立銀光健身房導入專業整合、延緩老化

由仁愛之家物理治療師鼓勵與協助，進行健身運動搭配充分的營養保健介入以改善長者健康，透過正確運動技巧及安全運動課程，並邀請專業健身教練蒞家講座，並自 112 年起規劃 6 位長輩個別訓練計畫進階班，記錄成效以利後續推展全院健身方案。

肆、方案成果與效益

一、方案參與及受益人數：本方案自 109 年執行至今，參與長者 16 人，受益人次 384 人次，參與長者肌力增加、肌耐力較持久，上下樓梯也較靈活而不容易喘。

二、參與長者前後測變化：徒手深蹲次數平均增加 22.7%、上肢肩推次數平均增加 14.3%、上肢水平開展次數平均增加 9%、開眼單腳站次數平均增加 4.85%、分腿蹲次數平均增加 15%。

三、健身項目求新求變：除了戰繩、槓鈴、划船機及彈力帶項目，112 年起，特別設計以日常生活為基礎，研發創意多元健身操，例如隨手可得的毛巾、衣物及礦泉水就能成為一套個人專屬的健身操。

四、促進社區共融：增進銀光健身房長者與社區居民的互動經驗，達到社區互動；提升長者生命尊嚴及社會價值，讓機構與社區居民相處和諧之目的。對機構而言，具行銷之效，對社區居民則可達到社區共融之功效。

五、持續注入新血：因方案執行中有些長者離開仁愛之家或過世，接續加入新血，後續將從新入家的成員中去挖掘不同的人才，陸續增加本方案新成員。

參考資料：劉焜輝（2010）。〈老年期的臨床心理講座（一）〉。《諮商與輔導》，289，56-60。

陳清貴（專員）

案例分享

夕陽無限好 彩霞正滿天
—仁愛之家銀光健身房關振偉

　　位於萬里龜吼半山腰的新北市立仁愛之家，為知名建築師漢寶德的代表作，與《聯合報》南園同為中國庭園式風格，紅瓦白牆、迴廊蜿蜒，依山傍海、風景秀麗，這也是新北市提供銀髮長輩公費安置的社福機構。

　　為讓家內安養的長輩養成運動的好習慣，以維持健康的體力，仁愛之家於 109 年開辦銀光健身房運動計畫，由物理治療師陳俊達主持。陳俊達為中山醫學大學復健醫學系物理治療組畢業，曾在羅東聖母醫院、金山醫院復健科服務過，在他帶領下，有 6 位長輩持續參與健身房運動，其中成效最好的為 81 歲的關振偉。

從香港來臺 原為手飾師傅

　　關振偉原為香港人，在香港學手飾加工，76 年因家庭因素隻身來臺，在臺北東區銀樓工作 20 餘載，但因缺乏生涯規劃，老來孑然一身，於 100 年年底入住仁愛之家。

　　關振偉在 106 年經醫師檢查發現有高血糖及青光眼問題，體認到運動與健康的關係，因此在 109 年 7 月加入銀光健身房運動計畫，在陳俊達教練的指導下，按表操課，全程參與，即使在沒有課程時，也會到復健室使用運動器材練習。

　　在健身房持續運動踏步機、拉筋、臥推槓鈴、挺舉啞鈴 5 個月後，他發現舒張壓從 135 降為 123，收縮壓也有稍降，下肢單腳持續蹲力從 3 秒進步到 12 秒，上肢肩推也從 12 次攀升到 18 次，臥推可以到

81 歲的關振偉舉起啞鈴頗為帥氣

40KG 3 次，他自覺身體更有力，走路更平穩，因此鼓勵其他長輩一起運動。

持續健身運動擊退各種病毒

物理治療師陳俊達指導關振偉進行重訓

110 年 10 月關振偉又發現罹患慢性淋巴性白血病，翌年 2 月置入人工血管，進行一連串的化療；不料 5 月還確診 Covid-19，一般高齡者恐怕難以抵擋一連串的病毒侵襲，但關振偉卻一一挺過，他表示這與他長期持續運動有絕對的關係，因為有好體力及免疫力才能對抗各種疾患。自此他對於上健身房更加勤奮，每天進行自主重量訓練，舉啞鈴、臥推、手臂曲屈及肩推等，自我嚴格要求，從不懈怠。

果然，在 111 年 9 月的健檢報告中，無論是血小板、白血球或淋巴球數據都恢復正常。這項驚人的成果，也鼓勵著陳鳳梅、曾月雲、林錦忠、范發展和謝金助等同學，大家相互鼓勵約定，從二頭肌、三頭肌，到背肌、大腿肌、腿後肌群等相互較量。

其中高齡 90 多歲的林錦忠，原本有個像米其林輪胎的肚子，在持續訓練 1 年後，他的肚子竟然消了一圈。另外曾月雲爬樓梯容易喘，經過大腿肌群訓練後，現在爬起樓梯來變輕鬆許多，肌耐力也更持久。所有參加銀光健身房訓練的長輩，都自覺身體變得更輕盈、更健康。

將拍攝銀光健身房系列影片

銀光健身房成立屆滿 3 週年，期間適逢 Covid-19 疫情嚴峻，而暫停一段時間，112 年起再為仁家的長輩提供服務，希望促進長輩的身體健康和社會參與。同時，主持人陳俊達正規劃拍攝銀光健身房系列影片，以提供家內長輩或社區照顧關懷長輩參考，健身不僅可以訓練體力和平衡感，也是「保密防跌」（促進骨質密度和防止意外跌倒）的重要方法，希望每位銀髮長輩都能擁有「夕陽無限好、彩霞正滿天」的晚美人生。

翻轉生命格局
共造多元友善社會環境

徐綺櫻（專門委員）

　　新北市立八里愛心教養院（以下簡稱八愛）係新北市唯一公立身心障礙住宿型機構，收托領有重度、極重度之身心障礙證明且不具行動能力及生活不能自理者；新北市立仁愛之家（以下簡稱仁家）則為提供給新北市低收入戶、孤苦無依及特殊境遇之 65 歲以上長者一個安享晚年處所。這兩家機構共同之特色是位處偏區、收托弱勢，過去給人的印象是需要大家關懷救助的地方。過去 10 多年來透過社會局政策引導及支持，機構以服務使用者（user）角度規劃適合其走出機構社會參與並發揮特殊貢獻的方案，不僅豐富提升了障礙者及長者的生命價值，更讓社會大眾透過他們的分享及宣導，看到多元族群對社會的貢獻與不可或缺。

　　Covid-19 疫情前，仁愛之家的長者也有老玩童俱樂部深入校園介紹古老童玩與學子青銀共樂，同時也運用機構長者志工隊至社區為獨居長者送餐。疫情爆發後，

八里愛心教養院生命之美前進三峽國小，以音樂相見歡

機構群居長者是疾病威脅下最脆弱的一群，加上嚴格的感染管控令，機構瞬間與社會隔離，仁家長者過去與社區良好的互動亦完全失去，明顯對長者的身心健康造成相當大的威脅。

　　所幸仁家照顧團隊以活躍老化理論為核心，長者健康調查為基礎，規劃開辦銀光健身房，鼓勵長者參與各項體適能健身課程，明顯改善長者肌少症及衰弱症狀，同時提升長者自信與活力。隨著疫情解封社會參與開放，希望仁家也可擴大機構與社區交流，將銀光健身房長者體適能訓練的機會與社區長者分享，仁家長者更可成為新北市動健康種子老師，帶動全市長者活躍老化。

　　八里愛心教養院院生原是最弱勢最需要被照顧的一群，但在照顧團隊的細心規劃及積極培力下，將自身突破障礙的學習成果以團隊的方式勇於展現分享他們的「生命之美」，更一步步從點到線到面，全面擴展至全市社區、學校及場館，其展現的不僅是障礙者生命的韌性，更規劃了障礙體驗，讓參與生命之美的學童、大眾透過體驗，深刻體會障礙者的不便，更能培養對障礙者的同理與接納。而多年的投入「生命之美」活動已讓八愛院生勇於向外接觸並挑戰自我極限，112 年春天終於迎來疫情解封後的大甲媽祖祈福繞境，八愛的勇士們也組隊跨出新北市參加媽祖繞境鑽轎底活動，相信這群勇士們在媽祖護祐下，生命會更加璀璨而光明。

　　透過機構照顧團隊秉持社會局「弱勢優先」、「豐富社區」、「性別平等」與「跨代共榮」社福願景的引領及用心規劃與多年培力下，仁家的長者與八愛的勇士們翻轉了他們生命的格局，更讓社會看到他們不可或缺的存在，真實呈現多元友善社會的樣貌。

天生我才必有用

石泱（實踐大學社會工作學系副教授兼系主任）

　　新北市八里愛心教養院的「生命之美」已經執行了 17 年，在這 17 年當中，我們看到了這個方案的轉變和調整，從一開始讓社會大眾認識身心障礙者，透過美術陶藝作品展讓社會大眾瞭解「天生我才必有用」；進一步他們將生命之美的作品走入國小校園，讓下一代也能瞭解尊重每一個個體；更進階的是帶領教養院的服務對象走入社區，與社區長輩一同歡樂。近年來更透過手作襪子推廣性別平等教育，或是一日身障體驗營，在這個轉變過程中，除了讓服務對象獲得成就感，也讓社會大眾更進一步認識了身心障礙者，尤其是透過陶藝作品的展覽，再加上院生親自解說作品，讓身心障礙者有更多的回饋和交流，無論是在人來人往的車站展出，或是深入校園策展，都能達到宣導和認識身心障礙的效果，對於校園裡的學生而言，藉由瞭解身心障礙者的作品更能學習尊重和接納。

侯友宜市長及所有贊助單位一起為院生張孜維前進東京帕運加油

性別平等議題在近年來日益受到重視，八里愛心教養院的「生命之美」也配合潮流融入性別平等的議題，更能讓身障者及其家屬對性別平權有更深刻的瞭解。整體來說，「生命之美」方案做了一個很大的翻轉工作，讓被服務者也有貢獻一己的力量成為助人者的可能，而且在被人幫助之餘，我們也可

生命之美 107 年到新北市文化中心舉辦陶藝淘意展，左為時任社會局長張錦麗

以行有餘力去幫助別人，這是一個非常成功的方案，也是可以持續推展下去的方案。

在「生命之美」的方案故事裡，我們看到每一個生命的韌性和珍貴之處，只要給這些身障者必要的協助，他們就可以發光發熱，也可以找出生命的奇蹟，就像我們常說的：「當上帝為你關了一扇門時，也會幫你開一扇窗」，生命總會有出口。而我們經常是扮演那個開窗的角色，讓這些有需要幫助的人獲得協助。

八里愛心教養院深處山上，常讓一般社會大眾覺得不易接觸，如果要到院裡擔任志工也需要經過幾番波折才能抵達，然而，愛心教養院秉持著民眾不能上山那我們就下山去，讓民眾認識我們、瞭解我們，所以生命之美的作品在車站、學校、藝文中心展出，教養院的學員到在地的八里社區與老人互動，或許一般民眾無法瞭解這些身障朋友要走出去是多麼辛苦的一件事情，但教養院的治療師、教保員、社工師、護理師和行政人員不畏艱辛，努力把這些學員帶出去讓社會認識他們、瞭解他們，進而接納他們，這是一件非常不容易的事情，我們由衷地佩服這些幕後默默付出的無名英雄，也感謝他們為這些學員所做的一切。

如方案最後所言，在過去的 17 個年頭當中，他們走遍了新北市 17 個行政區、辦理了 920 場的活動，感動了 3 萬 5 千多個民眾，也讓我們更進一步認識了八里愛心教養院的學員，期待未來有一天，我們社會大眾都能以開放、尊重的態度，接納每一位身障朋友。

活到老 動到老

石決（實踐大學社會工作學系副教授兼系主任）

　　新北市立仁愛之家的「銀光健身房」是具體落實「活到老、動到老」的運動方案，讓老人家知道活著就是要動，而且越動越健康、越動越有自信，特別是這個方案從109年開始的基本運動項目，到112年創新方案及個別化的活動設計，其中最讓人驚豔的是開發出以日常生活為基礎的多元健身操，讓長者可以隨時隨地的運動，這是一個非常生活化的方案。

　　本方案依據活躍老化理論，並採用科學化的測量來檢測參與長輩的身體功能變化情形，藉由科學數據來證明長者參與前後的改變狀況，也讓我們瞭解到「銀光健身房」確實是一個可以促進身體功能提升的方案。當然，我們認為將來這個方案可以再設計一些參與的誘因機制，讓參與的長輩能再增加，而且也可以從仁愛之家推廣到一般的社區當中，相信會讓更多長輩受益。

　　對於居住在仁愛之家的長輩而言，要鼓勵他們開始運動是一件不容易的事，而且在家內要如何進行？要規劃什麼樣的運動項目？在什麼時間進行運動？這些都是在方案規劃一開始就要設想周到的問題，尤其是仁愛之家是否有這樣的空間場地，而長輩運動時會不會有風險？都是需要進行審慎評估和考量的部分。從109年開始有16位長輩參加這個方案，甚至到112年有6位長輩參加進階班的培訓計畫，顯示這個方案確實具有成效，所以長者願意繼續參與，然而，就如同方案內容所說的，這個方案仍然存在一些潛在的問題，例如有長輩退出或過世，因而如何設計一些誘因機制讓更多長輩願意加入，或是參加的長輩有獎勵措施，這些都是有助於方案持續進行下去的關鍵因素。

　　在「銀光健身房」的服務成效上，我們看到仁愛之家提供了相關的實證數據，證明方案的執行確實頗具成效，參與的長輩在各個運動項目上都有明顯的進步，而且在健身項目上也求新求變，或是研發出較簡易的運動項目。最讓人驚豔的是，長輩們透過運動的互相交流，讓住民之間的感情更加融洽，這或許是當初方案設計之初所始料未及的附加效益。

　　近年來越來越強調延緩老化的概念，許多活動的設計理念都是希望提升長輩在生理、心理、認知各項功能的強化，「銀光健身房」就是立基於這樣的一個基礎所發想出來的運動方案，而且是以仁愛之家的長輩為主，或許將來這個方案可以嘗試推廣到周遭的鄰近社區或是其他相似的老人機構，讓住在機構的老人也能延緩老化、活得更健康。

私公協力
共創幸福好日子

新北市好日子愛心大平台

方案 11

私公協力 共創幸福好日子
―新北市好日子愛心大平台

楊恩瑀（綜合企劃科暫僱人員）
周佳蓉（綜合企劃科暫僱人員）
張正欣（綜合企劃科股長）
陳佳琪（綜合企劃科科長）

壹、方案緣起

　　新北市總人口約 400 萬，各類社會福利人口亦高居全國第一，但新北市的社會福利及人均預算卻為六都最低，以 112 年為例，臺北市獲配 2 萬 3,572 元，新北市卻只有 1 萬 4,159 元，且新北市幅員廣闊，城鄉差距大，為照顧好市民，需要透過更多民間的善力挹注，方能造福更多局處服務的弱勢群族及需要協助的市民。

　　過去在弱勢族群的服務層面，係由社會局創立實物銀行方案，統整善心人士的捐款及捐物等資源來提供服務，而侯友宜於 107 年 12 月擔任新北市長後，有感於許多社團、企業、宮廟等，紛紛表示願意發揮愛心，侯市長指示社會局採跨局處整合方式，善用 1 ＋ 1 大於 2 的想法，整合各局處需求以及資源，規劃好日子愛心大平台方案。

112 年六都統籌分配稅款及一般性補助收入人均獲配

　　若民眾想做善事，大多
會致電社會局，再由社會局
依照民眾的需求，提供適切
的服務，但為了使供需可以
更快速媒合，讓想做善事的
民眾貢獻有處，需要支援扶
助者呼援有門，社會局以過
去推動「實物銀行」為基
礎，設計便捷式網頁，鼓勵
想做善事的民眾、企業、宮
廟等善心單位加入會員後成

108 年 6 月 17 日新北市好日子愛心大平台正式啟動

為圓夢英雄，這些英雄可基於個人意願，自由選擇想支持的服務方案，透過政府把
關及媒合，讓資源快速送到有需求的弱勢族群。好日子愛心大平台於 108 年 6 月
17 日正式成立後，短短 4 年期間就媒合超過 40 億的物資以及捐款，超過 3,662 萬
的人次受益，而目前成果仍在持續增加，影響力仍舊持續發酵。

貳、方案策略規劃

一、跨局處合作，擴展服務效益

（一）成立推動小組，研商平台設立及運作機制

　　平台設置初期，每季透過跨局處推動小組討論設置事宜，另為了讓各局處盡快
熟悉系統運作，亦辦理教育訓練、共識營協助各局處同仁瞭解系統操作及捐贈案件
處理程序。平台運作穩定後改為每半年召開一次跨局處會議，年初會議重點為針對
前一年度執行成果進行報告說明並確認當年度目標與各專案計畫提報之適切性討
論；年中會議重點為當年度執行遇到需討論事項進行溝通提醒，並確認各局處提報
方案達成情形。

（二）非正式溝通管道

　　除了正式會議之外，成立 LINE 群組作為平時溝通管道，以即時聯繫或訊息交
換，另外如遇複雜或棘手的問題，亦須透過拜會局處或召開協調會議，進一步溝通
協調解決問題。

二、行善便利化，資訊公開透明

（一）設立專網及開發便捷捐款方式，加速民眾參與意願

108 年運用無名氏善款建置好日子愛心大平台網站，為讓民眾快速註冊加入會員，於 109 年 1 月起增加了 LINE、Google 及 Facebook 等三種多元登入方式，只需選擇其中登入方式輸入電子郵件或手機號碼即可註冊登入網站瀏覽愛心專案，讓長者也能夠快速加入會員成為圓夢英雄。

成立初期，民眾僅能至銀行或郵局等金融機構填寫匯款單捐款，上班族需特別請假或利用午休時間到銀行臨櫃匯款，為落實 e 指行善的目標，109 年 1 月完成電子化收款功能（如便利超商繳費、網路銀行及 ATM 轉帳等），提供民眾多元、方便又安全的繳費方式。

網站除了提供民眾便捷且多管道的捐款方式外，另透過系統輔助銷帳節省收款的時間與人力，透過平台的多元捐款，每筆皆會提供專屬帳號，方便檢核及比對每筆善款之繳款金額、繳款時間及繳款人明細，亦能更快速開立捐贈收據予捐贈人。

（二）訂定收到捐贈訊息 SOP，確實掌握各捐贈事項辦理進度

民眾可自行上網查詢愛心專案，另外也有非愛心專案捐贈項目，則會主動來電詢問捐贈方式，如接獲到相關訊息，將會透過表單請相關業務單位評估及後續聯繫，亦會後續追蹤辦理進度，以確保每個愛心都能順利送到有需要的弱勢民眾或市民手中。

三、善用媒體行銷，廣傳英雄故事

好日子愛心大平台網站建置「圓夢英雄榜」及「最新消息」專區，如捐贈者同意將會將其愛心事蹟公開，同時在新北社會局臉書粉絲專頁定期更新溫馨小故事，將更多溫暖與愛傳遞出去。

另運用大眾傳播（例如電視廣告、廣播電臺等）及平面媒體（如臺北捷運燈箱、海鷗型公車亭、公會月刊等）宣導好日子愛心大平台行善管道，將好日子愛心大平台的核心價值和特色傳遞給更多想做愛心的人，來提升平台的效益及知名度，讓一般民眾在行善時可以多一個選擇。

四、辦理捐贈儀式或感恩會，營造影響力

延續實物銀行傳統在每年定期辦理感恩茶會，將過去 1 年中響應捐贈的熱心民眾、民間團體、宮廟、教會及企業匯聚一起，由市長親自頒發感謝牌或感謝狀。另外藉由感恩會開場活動，讓曾經受助過的人能夠有機會對出席感恩會的圓夢英雄表

111 年好日子愛心大平台感恩會邀請愛心大使白嘉莉（右 3）參與，侯友宜市長（右 4）感謝圓夢英雄的善行

達感謝。

　　除了每年辦理感恩會之外，針對具故事性或具特殊意義之捐贈者，辦理個別的捐贈記者會，讓捐贈者在記者會中說明引發該善舉原因，期能拋磚引玉引發更多的圓夢英雄共同響應，讓愛持續滾動，創造平台影響力，持續福利善循環。

參、方案特色說明

一、e 指行善，英雄貢獻有門，民眾呼援有處

　　為使有資源即時媒合運用，達成「呼援有處，貢獻有門」的效果，透過好日子愛心大平台便利又快速地做愛心，於好日子愛心大平台網站系統操作上強化「e 指行善」，讓有意願主動做愛心之民眾，輕鬆自由地選擇想支持的專案，透過政府把關及媒合，讓資源快速送到有需求的弱勢族群。

（一）自由選擇捐助專案

　　網站採會員制，註冊會員只要提供手機號碼以及密碼即可成為會員，登入網站瀏覽「我要做愛心」，e 指行善，主動、自由選擇支持的方案及服務類別，如兒少福利、弱勢關懷、老人福利等。

（二）多元捐款便利功能

多元捐款的功能，想要做愛心的民眾可以利用自動櫃員機、網路銀行、網路 ATM、電話（隨身）銀行、臨櫃匯款或直接到市府捐贈等方式做愛心，相當便利又省時。

Covid-19 疫情發生後，許多民眾無法出門繳款，深怕成為防疫破口，紛紛來電建議應增加信用卡做愛心，為符合民眾的需求，於 111 年 5 月、11 月分別新增信用卡及臺灣 PAY 等捐款功能，增加捐款便利性。

（三）政府把關 民眾行善放心

民眾捐款後，以其會員帳號密碼登入網站後，可隨時查看專案進度，藉由政府把關，確保愛心確實送達最需要的人，同時也可瀏覽個人愛心捐贈狀態，瞭解自身在新北市挹注捐款及捐物情形。

好日子愛心大平台網頁之公開徵信專區，可各專案查詢捐款、捐物明細；且好日子愛心大平台接受的善款每年皆會於新北市社會救濟會報委員會中進行專案報告，針對善款捐贈、保管稽核、用途研議等事項由委員監督使用情形。

二、疫情期間由好日子愛心大平台媒合善款及物資，提供各局處戮力同抗疫

109 年市府於好日子愛心大平台成立「防疫基金」專案，尤在 110 年 5 月、111 年 5 月等疫情嚴峻期間，民眾藉由好日子愛心大平台，使愛心不因疫情中斷，期待為疫情付出與貢獻一己之力。平台接受善款及物資後，依據捐贈者期待聯繫受贈單位，使資源能即時提供需要的民眾及單位運用。

防疫基金專案獲得各界善心人士、愛心企業、宗教組織及民間團體等 4,000 多個個人及單位提供善款及物資資源，獲贈捐款超過 6 億餘元；另也獲贈防護衣、防護面罩、N95 口罩、呼吸器、快篩劑等防疫物資以及安心祝福包、營養品、罐頭、餅乾、飲料等提供防疫人員及居家檢疫民眾之民生物資，物資折合超過市價將近 5 億 3,000 萬元。防疫基金善款依據捐贈者指定用途，運用於四大用途，已支援 11

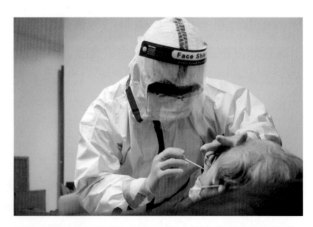

新北市運用好日子愛心大平台防疫基金成立到宅快篩隊，為長輩到宅服務

個局處，執行 91 個方案，分別為協助弱勢家庭與族群、慰助染疫市民、支持防疫人員執行防疫工作及支援防疫相關工作，提供市民及防疫人員防疫期間必要支持與協助，例如好日子愛心大平台待用餐、發放往生者慰助金、到宅照護隊等。防疫基金除提供弱勢族群協助外，亦提供相關局處防疫工作必要協助，已超過 2,511 萬餘人次受益。

到宅照護隊～提供獨居且行動不便長者及身心障礙者後續四合一到宅服務

為協助獨居長者或身障行動不便出門者疑似染疫，因出門困難無法取得快篩或就醫，通報後將由到宅照護隊提供快篩、問診、投藥、生活關懷等一條龍照護服務，執行 157 天，到宅服務 105 案，共服務 154 人。執行期間明顯感受到市民對 Covid-19 疫情之恐慌、焦慮，成立到宅照護隊之用意係為解決醫療照護量能負荷量大之問題及降低市民焦慮感與給予身心靈支持，並成為市民強而有力之後盾，到宅照護隊表現出面對疫情之沉著、冷靜，陪伴市民共同面對 Covid-19 之侵襲。

肆、方案成果與效益

一、累計超過 40 億元的善款及物資，超過 3,662 萬人次受益

過去新北市推動實物銀行方案，是由單一局處社會局提供資源媒合及弱勢民眾服務，每年約可媒合 2-3 億元的善款及物資。好日子愛心大平台於 108 年成立後，變成跨局處的整合工作，讓公益服務範圍擴大，受益族群相對增加。至 112 年 1 月止，已結合各界 40 億多元的物資及善款，超過 3,662 萬人次受益。

小衛星據點～服務超過 70 萬兒少

全國首創小衛星課後照顧據點，提供弱勢家庭子女課後輔導與照顧，至 112 年 1 月共成立 157 個小衛星據點，遍布在 29 區，為了鼓勵民間資源設置小衛星據點推展服務，媒合超過 80 家企業挹注善款及物資達 7,000 萬元，陪伴近 9,000 位從國小到國中生，累計服務超過 400 萬小時，若以坊間課後安親的費用來計算，相當於幫弱勢家庭省下 7 億元的費用。透過小衛星據點陪伴，讓孩子找到歸屬，身心靈都獲得成長，也有從小學就在小衛星據點，長大後在據點擔任志工，陪伴輔導小弟妹。

二、各界踴躍持續響應，成為平台標竿典範

新北市好日子愛心大平台雖然是新北市設立，但除了新北市外，還有大部分來自其他縣市的愛心，例如臺北、新竹等。愛心來自各行各業，大部分為宗教團體、

公司行號及民間單位，還有眾多的個人捐贈，小到 3、500 元的善款，大至土地房屋，在新北市這座城市，不間斷地串聯交織成一篇又一篇的動人故事。

　　本方案在短短幾年的時間內，全面整合了跨局處各項方案，一站式的捐贈管道，提供更開放、透明的公益資訊，讓民眾可以清楚地瞭解運作情況和捐款去向，也成功地讓更多人簡單即能參與公益。此種做法也吸引了其他縣市（例如臺南市、臺中市及桃園市）前來參考借鏡。

三、助人幫受助善循環，私公合力彰福利

　　新北市好日子愛心大平台運用各種管道行銷強化成果展現，各團體間彼此號召響應做愛心，促使成果效益被社會大眾看見，最終受助者也感念回饋，這就是福利善循環，終有一天，受助者化身為助人者。以 110 年推動的「好日子愛心大平台待用餐」為例，弱勢民眾可憑餐券免費至合作店家取餐，至 112 年 3 月已有 1,501 家店家響應，超過 36 萬人次弱勢民眾受惠，為新北有需求的民眾提供了溫暖的及時援助。

小老闆魷魚羹老闆陳志國說明待用餐提供方式

　　位於蘆洲區「小老闆」魷魚羹老闆陳志國是響應店家之一，老闆秉持著「有能力就要多去幫助別人，不管多或少，有心最重要」提供待用餐已 10 多年。曾經有位失業的爸爸，為了嗷嗷待哺的小孩來取餐點，2 個月後捐款 1,000 元分享找到工作的喜悅，也感謝老闆在失業期間，幫助他度過難關，他也想盡一份心力，取之社會、用之社會，回饋給需要幫助的人。

　　對於捐贈者，好日子愛心大平台提供他們行善管道多元的選擇性，且可確保捐款及物資的用途透明性；對於受贈者，好日子愛心大平台補足了政府在有限的預算限制下，發揮彈性與創意來滿足弱勢族群的需要。我們相信：一個人振翅是起飛，一群人振翅可以改變世界風向。

圓夢英雄葉勝子
—資收阿嬤捐出百萬復康巴士

陳清貴 (專員)

常言道：「臺灣最美的風景是人情！」那麼新北市最美的一道風景應是葉勝子阿嬤。阿嬤家住新莊區，從事資源回收，平時捨不得花用，卻把幾十年辛苦累積用來購買一輛復康巴士，在 105 年 9 月 22 日捐贈給新北市政府。阿嬤說看到坐輪椅的人要出門很不方便，希望多捐一輛，讓有需要的人多一個叫車的機會。

病癒後發願行善 原想買救護車

葉勝子阿嬤在 96 年時因感染了金黃色葡萄球菌，嚴重到氣胸、四肢僵硬，甚至必須要氣切，病癒後她認為是上天保佑，因此發願要持續行善，以感恩回饋社會。

她每天穿越長巷，到附近新莊武聖廟當義工，在上香祈福後，接著清清桌壇，澆澆花樹，打掃一下環境，與其他義工招呼，略作休息後，就順道去鄰近社區開始一天撿拾資收物。無論瓶罐或舊報紙，只要能變賣的她都撿。中午回家吃飯，下午 3、4 點又外出撿拾到晚間 10 點，隔天早上 5 點拿去變賣，如此日復一日，年復一年。

葉勝子阿嬤平時在新莊老街一帶從事資源回收

葉勝子省吃儉用捐贈百萬元復康巴士，由時任副市長侯友宜受贈

105 年年初，葉阿嬤向新莊消防分隊表達想要捐贈救護車助人，恰巧碰到義消分隊長梁碧村，梁碧村坦白跟她說，新北市救護車比較足夠，若要捐贈，還要排隊等，不如改捐復康巴士，因為復康巴士可以載送身障朋友或失能長輩出門就醫，就跟救護車一樣可以助人。阿嬤想想也好，因為她曾

葉勝子（左 5）以自己和兒子王竑潔（右 2）名義捐贈復康巴士

在路上看過推輪椅的要叫車，但計程車一輛輛過去，就是不願意停下來。

葉勝子捐贈當天由梁碧村陪同，由時任副市長侯友宜代表受贈。侯友宜看到葉阿嬤一身樸實，得知她捐贈的復康巴士是從事資源回收所換來的，非常的訝異。侯友宜表示，一輛復康巴士高達 100 多萬元，原來是阿嬤一支支寶特瓶或是一疊疊舊報紙換來的，阿嬤自己捨不得花用，一點一滴的累積，要存多久才能買到百萬元的復康巴士啊？

捆資源回收物綁到手指變形

侯友宜說，南有陳樹菊，用她賣菜一點一滴來認養孤兒和行善；北有葉勝子，用她一支一疊的資收物變賣來買車捐贈。兩人的義行都令他非常感動和敬佩！新北市一定會好好善用這部車，幫助更多有需要的民眾。在捐贈當下，有眼尖的記者發現阿嬤的手指變形，阿嬤囁嚅地說，因為資收物要一袋袋綁、一綑綑束，常要用力，日積月累，不知不覺中手指就歪掉了，當場讓人心頭一陣酸楚。

社會局以阿嬤的故事為腳本，拍攝了一支《一百萬的心意》微電影，作為 108 年 6 月 17 日「好日子愛心大平台」啟動的開場白，感動了在場許多善心企業和團體，在官網和 YouTube 上播映，也獲得無數人分享，盛讚葉勝子阿嬤是最美的「圓夢英雄」。

便利愛心平台
活化資源做好圓夢交待

黃鼎馨（時任法制祕書）

112 年 5 月 4 日打開新北市好日子愛心大平台網站，驚訝發現，距今不到 4 年的平台官網，相較新北市政府社會局官網，二者流覽關注的人次，竟不相上下。前者為 333 萬餘人次，後者為 343 萬餘人次。可見，新北市有愛人士，真是多。拉開「愛心感恩英雄榜」移動式橫幅，滿滿「無名氏」，過眼一排排難以計算的「無名氏」，下方附記阿拉伯數字，象徵捐資額度，有數百的、數千的，也有數萬的。數字背後心意，一樣的真善美。好日子愛心大平台是市長侯友宜上任後，將原有實物銀行，於 108 年 6 月 17 日擴大興辦，至 112 年 5 月 4 日已媒合 41 億 1,868 萬 7,654 元的市值物資和善款，累計超過 3,671 萬人次受益。新北市 14 個社福中心仍進行著「資源連結」、「資源開發」、「資源管理」及「資源輸送」的社會工作服務，藉由串聯民間資源，以私公協力精神，持續幫助弱勢民眾。每位「無名英雄」，行善事宜可說「人在做、人在看」，來自這「一百萬分的心意」，傳遞了希望。也讓社會福利的推動，新北市人均預算圖像的缺角，有了各方資源的挹注，得更加圓滿。

當一位社工員，最可貴之處，在於常常可以看到臺灣最美麗的風景。有一位住在臺北市信義區黃姓老師，走進臺北市信義社會福利服務中心，說他想要捐資，但不希望直接給錢，提及他直接給錢，不免有挫折時，給出的錢，回頭被受助者買酒喝了。於是他提議用他自製的「白米兌換券」（實則是一張「物資兌換券」）行善，持券可到特定合作商店兌換所需各項生活物資，經由社工員轉交給生活暫時有急需者，可緩解生活壓力。由於社工員須造冊管理，也要定期拜訪黃老師家取券，回報並檢視服務成果，對服務過程有交代（專業說詞稱之為「績效管理」）。黃老師雖已不在人間，他無條件的付出永遠活在人們心中。而新北市發起「好日子愛心待用餐券」，為擴大照顧，建置起平台，得到各界莫大回響，也讓很多店家，經由政府的角色，編織起助人安全網，相信這樣的故事，在新北市的公私立基層福利服務輸送的各個角落，不時發生。由於不能忽略他人發起善心的捐款，可以看到社會局對於每一份心意，都用心在守護與管理，並將資訊在官網公開，也有創新發動「小額

愛心捐款專案」，用以「感謝許多無名氏透過新北市好日子愛心大平台提供各類愛心，市府將善用資源，使市民能安居樂業的過好日子」。

　　綜上，「好日子愛心大平台」，做大了「民眾的愛心」，做好了「政府的平台」。告訴民眾目前需要在哪裡，想服務的管道及其成果。無論是想捐物、捐資或從事志願服務，能有公開便利的方式，讓愛繼續傳頌。

「e 指行善」新北愛心善循環

王如玄（社團法人中華民國華夏社會公益協會理事長）

　　這不僅是一個網路平台，是讓社會上可以一起做好事、好事一起做的地方。社會服務經驗常告訴我們，政府資源有限，民間愛心無窮，這在幅員廣闊、城鄉差距大的新北市更是如此。而「新北市好日子愛心大平台」讓想要行善者有出處，需要支援扶助者有資源，共創社會多贏。

　　早期社會福利在弱勢族群的服務層面，係以創立實物銀行方案，統整善心人士的捐款及捐物等資源來提供服務，政府被動依照民眾需求，提供服務，欠缺跨局處整合及快速媒合方式，讓有心行善的資源浪費了。新北市發揮創意的「1 ＋ 1 大於 2」的想法，整合各局處需求以及資源，成立「新北市好日子愛心大平台」讓社會善心循環，並彌補政府照顧資源缺口，擴大對弱勢市民的照顧與服務。

　　政府部門間向來欠缺橫向、縱向的資源整合，但「新北市好日子愛心大平台」則拋開新北市各局處本位主義的思維，從成立平台設置小組到熟悉系統運作的教育訓練、共識營，協助各局處同仁瞭解系統操作及捐贈案件處理程序。平台運作穩定後的檢討改進與溝通協調，證明部門間團隊合作，才能為市民謀最大福祉。

　　過往要做好事，常常找不到有需要的人及服務在哪裡？或者是什麼樣的方案或服務，才是我適合捐贈的對象？我捐贈的方案是不是真的用在被照顧的人身上？這些疑問，關鍵在政府資訊不透明。行善便利化、政府資訊公開透明，便是好日子愛心大平台的特色。設立專網及開發便捷捐款方式，加速民眾參與意願外，民眾可以自由選擇捐助專案，並且公開徵信，民眾可以隨時查詢專案進度，藉新北市政府把關，確保善心確實送達有需要的人。

　　政府施政必須跟著時代改變，即便政府與民間合力做公益的方式及內容也是要跟著創新改變。在好日子愛心大平台的各類捐助方案中，也看見新北市做了一些很重要但很不容易做的計畫，例如：為協助家庭失功能及遭不當對待需緊急安置保護之兒童及少年緊急短期安置家園難置兒醫療照護計畫，提供暫時性安全住所，補助醫療、照護及創傷療癒活動費用等；「未具福利身分之弱勢民眾安置費用」，協助在社會邊緣的市民因意外或罹患重大疾病（如癌症、中風、重大車禍等意外事件）之長期失能的弱勢者支付其於福利空窗期間的機構安置及醫療費用，以維持其基本

生活照顧權益。

　　另外，跨越地理限制，深入地方社區，擴大外展服務，辦理多元服務方案，並提供即時性個案關懷服務的新住民行動服務車；提供新北市石門區失智長者外出參加活動的交通車等，讓新北市的服務更多元、更即時。

　　「e 指行善」，從新北出發，讓全國愛心在好日子愛心大平台有了更好、更善的循環，這也是臺灣最可貴之處。相信成立 4 年來，一定有許多令人感動的改變，建議好日子愛心大平台成果可依分眾展現，並另外單獨編撰好日子愛心大平台的故事，讓更多人看見臺灣的真善美。

性平好生活

為新北市民打造
性平好生活的武林祕笈

方案 12

性平好生活
—為新北市民打造性平好生活的武林祕笈

李穎姍（綜合企劃科股長）

陳佳琪（綜合企劃科科長）

壹、新北市的性別平等之路：從婦女權益到性別平等

為促進婦女平等及提升婦女地位，使婦女也能與男性享有相同的權益與機會，新北市政府（時為臺北縣政府）於 87 年成立「臺北縣政府婦女權益促進委員會」，將婦女團體代表、學者專家納入決策機制，經由凝聚政府與民間不同專業背景的智慧力量，發揮政策規劃、諮詢、督導及資源整合的功能，共同推動婦女權益工作。

聯合國於 84 年的第四屆世界婦女大會通過《北京行動宣言》，以「性別主流化」作為全球各國推動性別平等的主要策略，並為兼顧多元性別權益及納入不同性別的參與，新北市政府於 104 年 12 月 22 日第三屆第三次委員會議，將婦女權益促進委員會更名為「性別平等委員會」（以下簡稱性平會），希望透過委員及局處的專業智慧力量，共同推動性別主流化工作。

新北市政府性平會的設置有兩項重大意義：一是透過不同性別的參與，透過政策對話，將性別觀點融入各機關的權管業務中，確保不同性別皆可平等獲取並享有參與社會、公共事務及資源取得之機會，最終達到實質性別平等；另一則是邀請私部門參與公部門的決策過程，促進參與式政府的決策模式，並融入在地觀點，提升性別平等政策規劃的適切性。

貳、建構新北市推動性別平等業務的機制

新北市政府性別主流化推動模式，採跨局處的合作，並由性平會祕書單位適時提供工作指引與培力，讓各局處瞭解其應扮演的角色與任務，以及如何在權管業務中融入性別觀點，並在推動性平業務過程中獲得長官肯定與成就感。

一、推動性平施政主軸：將性平觀點融入政策與生活日常

新北市政府採為市民打造「性平好生活」為願景，訂定新北市推動性別平等之施政主軸，包括將 105 年訂為新北性平年，由新北市政府各一級機關共同推動性平

亮點方案；106 年為性平精進年，納入新北市各區公所全面參與；107 年為性平生活年，深入社區鄰里，讓市民自然而然將性平觀念融入日常生活中，營造健康優質的生活環境；108 年起便以「新北性平好生活」作為全市推動性別平等之施政主軸，引導各機關於權管業務中融入性別觀點，發展相應的性別友善措施，使市民感受到性別友善的性平好生活。

二、堅實四層級會議運作機制：每個機關都是局內人

以「性別平等政策方針」及「性別主流化實施計畫」為推動性別平等業務的指引，並將各一級機關（含其所屬二級機關）及區公所納入性別主流化的實施範圍，設定各機關於各領域的權管業務中，促進性別平等的重要性別目標及工作重點，並引導各機關研擬推展性別平等工作的策略及具體措施，藉此使各機關同仁認知到「性別無所不在」。

性平會的議事機制，採四層級「由下而上」的模式進行婦女權益與性別平等相關議題討論。四層級會議依序為各一級機關性別平等專案小組／各區公所性別平等工作小組→六個專業分工小組與性別主流化工具小組→會前會議→委員會議，其運作方式如下圖所示：

新北市政府性別平等委員會運作機制

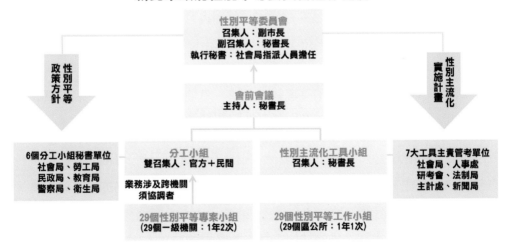

依據新北市政府性別平等委員會議事手冊規定，每個一級機關及區公所皆須成立「性平專案／工作小組」，並由機關首長（副首長）及區長擔任召集人，作為新北市政府推動性別主流化的基礎單位，並落實性別平等政策及性平亮點方案等，如有須跨局處協調之議案，則可提案至分工小組討論。「分工小組」及「性別主流化

工作小組」，則依性別議題及主流化工具的專業領域，分由相關局處擔任祕書單位及管考單位。「會前會議」及「委員會議」由社會局擔任祕書單位，並規定各機關應指派熟悉業務之簡任層級以上人員代表出席，以針對各項重要性平政策及方案進行討論，定期追蹤各項性平政策之執行情形。

透過市府一體的分工機制及明確的議事規則，明確賦予各局處推動性平業務的使命與任務，促進跨局處合作。

三、新北市性別聯絡人網絡：搭起跨局處合作的重要橋梁

性別聯絡人是機關內部的性平專家，在各階段機制中肩負重要的角色。對內需培力同仁從與業務相關的性別統計資料中，找出權管業務與性別的關聯性，據以發想具性別濃度之方案，並訂定性別目標，使機關同仁得以在權管業務中納入性別觀點；對外則代表機關出席與性平相關的跨局處會議，與外聘性平專家學者、相關局處共同研商跨局處計畫的推動方向，以系統性、組織性與其他機關共同合作執行性別平等業務。

由於性別聯絡人為搭起跨局處合作推展性別平等政策的重要橋梁，亦是影響各機關推動性平業務的深度與廣度的關鍵性角色。新北市政府於 104 年起，規定各一級機關應指派簡任層級人員擔任各機關之性別聯絡人；於 106 年更將各區公所納入性別主流化實施計畫之實施對象，並請各區公所指派具跨單位協調業務功能之主管人員擔任性別聯絡人。

為使各機關及區公所性別聯絡人，充分瞭解市府性平政策的推動機制並具備足夠的性別敏感度，針對性別聯絡人定期辦理培力工作坊，並以多元化的形式，包含世界咖啡館、交流座談會、性別平等教育桌遊、實地參訪……等，使各機關及區公所的性別聯絡人打開性別之眼，進而將在性別觀點納入各業務領域中。

參、方案策略規劃：合縱連橫－各機關推動性平的武林祕笈

新北市雖然由社會局擔任性平會的祕書單位及推動性平業務的核心執行者，但自 104 年起以「合縱連橫」做法，包含「向上影響」、「對內培力」、「對外連結」及「向下推廣」四大策略，推展性別平等相關政策。

一、向上影響：爭取首長的重視與承諾

在各種正式會議、記者會、活動等場合中，積極傳達府層級長官「全府總動員推動性別平等」的宣示及施政理念，且為使長官更瞭解性別平等業務的推動概況，於長官出席與性平相關的會議或活動時，於致詞稿或參考資料中，適時運用性別統

計數據，以具體說明性平工作的施政成效，並傳遞推動性別平等政策的重要性；另鼓勵長官參與高階主管之性平政策、CEDAW 培力等課程，提升性別敏感度，重視性平工作推動的質量。

社會局以「合縱連橫」作為推動性平業務的重要執行策略

除影響內部長官外，亦聘請專業務實的外部性平委員，透過持續溝通討論，與性平委員形成合作默契，例如在會議前，性平會幕僚單位即先行研讀及蒐集提案相關資訊，或主動與委員討論議題的癥結點，協助委員研擬提案內容，促使其於會議中的建議對機關而言為具體可行，以助性別平等工作的推動與落實。

二、對內培力：建立正向溝通的工作情境

在性平業務推動過程中，不同科／課室都有其職責與權限，所以在面對來自同仁的負向情緒與抗拒時，使用正向與支持性的語言向同仁說明推動性別平等工作的重要性與意義，並於過程中透過開放性的討論，尋求雙方皆可接受的解決之道，使機關內的性平分工與工作得以順行。

同時針對社會局的局一層主管、各科室主管及同仁規劃執行性平工作必備知能的系列課程，並進行一連串的密集訓練，包括從基礎課程之性別意識培力、性別統計、從業務融入性別觀點及找出性平亮點等，到進階的性別分析及性別影響評估等，以建構內部人員的性平職能與性別敏感度，此做法有助於長官及各業務同仁充分理解性平工作的內涵與意義。

三、對外連結：建立跨局處的性平好夥伴

性別平等是一個整合性的議題，有賴跨局處共同合作，具體做法除了進行分工協商外，更重要的是創建合作機制，以降低因分工後各局處各推其政、缺乏統合的問題。

而促進跨機關間成功合作的關鍵，則仰賴信任的溝通，因此除正式會議外，新北市性平會祕書單位亦於社群平台成立「新北性平夥伴一家親」群組，並透過性

雙溪火車站地下道經改造變身為幸福迴廊，婦女夜歸更安全了

別聯絡人網絡，建立跨機關間的非正式溝通管道，以增進局處間的夥伴情誼、相互分享資訊、共享資源，並可針對各項跨局處議題，預先交換意見，凝聚共識；並在正式會議或聯繫會報中，形成共同目標與工作策略。

另一方面，實質的獎勵也是觸發跨局處夥伴們向前動力而不可或缺的要素之一。透過性平委員提案，由人事處結合「新北性平 CEO 企鵝暖爸」的形象，比照中央推動性平業務輔導獎勵計畫，首創「新北性平企鵝獎」，除設立「企鵝金獎」、「企鵝銀獎」、「企鵝銅獎」及「企鵝佳作獎」獎勵推動性別主流化成果優異的局處外，也創設「性平超人獎」針對性別業務卓有貢獻的個別同仁予以肯定，並由市長親自於市政會議公開表揚，提升獲獎機關與同仁的榮耀感。此外，在其他公開場合如局（處）務會議、業務聯繫會報或於委員會議中邀請績優機關及區公所分享成功案例，以傳承成功經驗並鼓勵機關積極爭取行政院及府內性別平等相關獎項。

四、向下推廣：將性平深根於社區與人民團體

新北市於 105 年推出性平代表動物票選活動，由「企鵝暖爸」成為新北市宣導「家務性平分工」的最佳代言人，並出現在各種文宣海報中；106 年獲市長任命為「新北性平 CEO」，並從宣導圖像躍升為實體布偶，受邀出席各性平活動。透過「企鵝暖爸」的友善形象與輕鬆的互動方式，拉近與社區里民的距離，藉此增加民眾對性別議題之重視及認識，將性平觀念於無形之中播種於每個民眾的心中。

區公所係為民服務的第一線單位、亦是與民眾互動最為頻繁的橋梁，且社區發展協會亦是深入民眾生活、直接影響民眾的重要渠道，社會局陸續推動「性別友善社區」及「新北市區公所性平工作陪根計畫」，鼓勵各區公所結合在地社區及團體的資源與力量，以私公協力方式推動具在地化特色的性別亮點方案。

而在人民團體的部分，社會局推動「1/3 新局面女力全開─人民團體性平翻轉行動」，透過有系統、分階段的模式，融合性平宣導、性別意識培力、研習工作坊、

培訓性平大使、表揚性平績優團體、優先補助等多元策略，輔導人民團體將「理監事單一性別不低於 1/3」之規定納入章程，不僅深化人民團體的性平意識，亦增加女性參與團體決策的機會。

肆、方案成果與效益：實踐新北性平好生活

新北市性平會四層級議事機制自 105 年起迄今已運作多年，各局處透過明確的議事制度以及性別聯絡人網絡工作模式，朝「以人為本」視角合作推動跨局處性別議題工作。

在提升不同性別參與決策之影響力當中，新北市在「社會參與」面向，明訂相關局處應「具體落實各委員會、公營事業單位及政府財團法人機構等委員會委員任一性別不低於三分之一之原則，並以提升至 40% 為目標」。在各局處積極推動之下，新北市政府及各機關所屬委員會組成情形，在 110 年委員任一性別比例不低於三分之一者之比例達 94.92%，且委員任一性別比例不低於 40% 者之比例亦達60.55%，出資或捐助之公營事業及財團法人在監事部分，更已達成 100%。

另外，為提升女性參與制定公共政策的機會，至 111 年年底，新北市政府一級單位主管及所屬機關首長女性比率高達 39.29%，為六都中最高；另在各區公所官派區長總人數 28 人中，女性區長共 8 人、占 28.57%，女性區長比例雖未達三分之一，較 2010 年改制為直轄市以來已成長 19.05%。

促進中高齡婦女再就業部分，新北市成立「婦女及中高齡者職場續航中心」，跨局處整合社政、衛政、長照、就業等全方面資源，協助中高齡及高齡者與弱勢婦女穩定就業、續留職場，並支持企業建構友善職場。新北市 110 年女性勞參率為50.9%，較 100 年增加 0.5 個百分點，而男、女性勞參率差異由 100 年之 17.2 個百分點逐年下降至 110 年的 16.2 個百分點，減少 1.0 個百分點；進一步以年齡別分析，新北市女性勞參率以 45 至 49 歲女性勞參率成長最大，由 100 年的 60.7% 成長至 110 年的 76.5%，增加 15.8 個百分點，其次為 50 至 54 歲女性勞參率增加13.3 個百分點，可見新北市近 10 年協助中高齡婦女投入勞動市場的政策成果斐然。

新北市政府自 105 年起在歷屆的行政院金馨獎中屢獲優等，更於每年的自選項目中獲選三項獎項，在全國的評比中每屆都囊括四項大獎，這並非單一局處的功勞，而是集結各機關的力量與付出，獲得的豐碩成果。在獲獎背後，我們看見市府同仁對每一項性平政策的實踐，不斷將新北市營造成更加性別友善的宜居城市，讓新北市民都能在這座城市以自己喜歡的樣子，過著性平好生活。

重拾人生自信與價值感
—淡水女路導覽員趙芸瑄

李穎姍（綜合企劃科股長）

趙芸瑄是名服裝設計師，原居高雄，與先生結婚之後北上搬到淡水定居，婚後不久便懷孕生子，與丈夫商量後選擇辭掉工作，以方便在家全心照顧孩子。但當孩子漸漸成長且上學之後，生活中的閒暇時間也越來越多，喜好與人交流的芸瑄，揣思著找份兼職工作，藉此彈性地運用時間，既可接送孩子上下學，也可以重新投入職場，提升自己參與社會的機會。

曾是服裝設計師的趙芸瑄，協助設計淡水女路導覽員的民初服飾，自己也穿上導覽

想重回職場卻深受挫折

於是趙芸瑄向住家附近餐廳投了履歷，應徵洗碗工，餐廳很快就回覆並通知錄取，卻開出時薪 75 元的條件，低於當時最低時薪的 80 元，讓她相當挫折，不禁心想：「難道女生結婚之後，就沒有價值了嗎？」

趙芸瑄（中）在馬偕故居前以類似定目劇方式重現當年馬偕夫人張聰明的故事

深受挫折的趙芸瑄婉拒了餐廳的工作，並選擇加入學校說故事志工的行列。對她而言，即便是非常想再踏入職場，但比起領取微薄薪資卻失去自我價值感的工作，寧可將有限的時間投入有興趣且可以從中獲得成就感的事物，後者對她來說才更有意義。

加入淡水女路導覽培訓 協助設計服裝

在投入志工服務不久，經由同伴分享得知，新北市淡水區公所和新北市社區旅學關懷協會正在推動「淡水女路－導覽員培訓計畫」，喜歡嘗試新事物的趙芸瑄，興致勃勃地報名參加培訓，成為第一屆結業的導覽員，自此投入淡水女路的導覽工作。

趙芸瑄在成為淡水女路的導覽員之後，不僅因應導覽場次的需求，扮演各式淡水在地的女性角色，也協助協會設計製作其他導覽員的民初女學生服，讓新北市社區旅學關懷協會理事長李琪忍不住大讚：「我們真的是挖到寶了！」

走出家庭照顧壓力的趙芸瑄，一如多數的中高齡婦女，在重新投入職場過程中，遭受性別以及年齡的歧視，

「淡水女路」第 2 期女性導覽結訓後在滬尾故事館發表並實際導覽運作

使其不易尋找到合適工作，甚至還要面對不公平的薪資待遇；但社會局透過「新北市區公所性平工作陪根計畫」，促使淡水區公所和新北市社區旅學關懷協會，私公協力推動「淡水女路－導覽員培訓計畫」，作為改善中高齡婦女就業的措施，因此在淡水女路的導覽活動中，不僅可以看見芸瑄站在舞臺上侃侃而談的身影，還有她臉上透露的自信光芒。

站上舞臺展現自信光芒

趙芸瑄說：「謝謝能有這個機會，讓我可以站在這麼大的舞臺上，還有這麼多人的面前，踏出尋回自信的第一步。」

從趙芸瑄的身上，我們看見了新北市推動性別平等的核心價值，透過淡水女路的導覽員培訓計畫，不僅提供二度就業婦女一個重回職場的契機，更提升了她們的自信，豐富了她們的生活，讓每個人在這座城市都能以自己喜歡的樣子過著性平的好生活。

打開性別眼睛 落實 CEDAW 精神

林坤宗（專門委員）

　　新北市推動性別平等迭有佳績，主軸在性平生活化，生活之中無處不性別，日常生活中常見照顧、家務分工……等，都與性別相關。所以新北市政府藉由培力課程，打開性別眼睛，鼓勵在業務中增加性別濃度，而非為了推動性別平等業務，去增加一個業務。性別平等是基本權利，每個人都應該被同等對待，並享有一切經濟、社會、文化、公民和政治權利，不因性別而有任何區別。長久以來，政治、經濟與社會文化中存在性別權力的差距，而為了解決這些差距所帶來的不公與挑戰，政府各項施政作為與資源分配即應關注不同性別者處境與需求，積極提升弱勢性別者權益。

　　為了實現「性平好生活」理念，我們研擬「武林祕笈」將所有行動策略標準化，一步一步推廣，其間不斷溝通及說明，服務及陪伴都是必須的。在此感謝新北市政府所有長官們支持，各局處願意打破本位主義，全力投入，還有民間夥伴們響應，使性平理念能融入生活日常中，讓新北市民都能獲得平等發展機會。根據各項統計指標，性別落差得以逐漸縮小，代表我們所採取工作模式是正確及有效，對豐富新北性別圖像，大有裨益。

　　整個方案推動端賴夥伴們團結合作，人員更迭及政策演變，都會影響成效，這些都需要團隊成員有共識，才能前進。武林祕笈能更加落實，方案能成就，需要主責局處及同仁們發想，因此綿密性別意識培力教育訓練，還有專家學者指導，主題式工作坊研討，增能專業知能，提升性別敏感度，即能減少同仁不安及焦慮，有助於團隊願景之達成。

　　未來在實現安居樂業並提供市民性平好生活的願景之下，期許市府同仁應落實 CEDAW 精神，在 CEDAW 詳列的各項性別平等權利中，不論在參與政治及公共事務權、參與國際組織權、國籍權、教育權、就業權、農村婦女權、健康權、社會及經濟權、法律權、婚姻及家庭權等，新北市均積極採取立法及行政措施。活用本武林祕笈指導原則，讓各項性別友善措施，持續深化及推動，繼續發現新的性別亮點方案，促使新北市各項政策與國際人權議題接軌，使不同性別的市民皆獲得實質平等。

一步一步通往性別平權的大道

王珮玲（國立暨南國際大學社會政策與社會工作學系特聘教授）

　　近年來性別平權是一個響亮的口號，尤其自 94 年行政院頒布性別主流化計畫之後，要求從中央到地方各單位、機構、組織，都必須培養具有性別平權的視角，善用六大工具（性別平權機制、性別統計、性別分析、性別預算、性別影響評估、性別意識培力）去檢視、規劃政策內涵、法規與重大計畫。但不可諱言，實施至今許多單位對性別平權工作僅只停留在口號，往往替活動刷上美麗的色彩，進一步窺其內涵，則與外表的鮮豔亮麗差距甚遠，凸顯政策過程的荒謬與虛幻。

　　推動性別主流化的關鍵在於政策過程，也就是公共政策推動過程中，必須融入性別角度，帶動政策規劃與決策本身的改變。根據歐盟 EQUAPOL 計畫比較歐洲八個國家推動性別主流化後指出，性別主流化推動的模式可歸納為 4 種：整合模式、橫向連結模式、歐盟驅動模式、以及普遍平等模式，其中整合模式係最全面性的涵蓋，主要透過性別主流化的策略，讓組織、社會能從結構的觀點，理解性別不平等現象係如何深刻影響所有領域的活動與關係。因此，性別平等政策是全面性的，不是侷限在特定的組織、體系或層級，也必須包含公、私部門的共同促進，方能在此機制下提升全體的認知，主動尋求政策思維的改變，因而逐漸邁向性別平等的目標。

　　但如此全面性的推動是相當巨大的工程，需要組織有一定的政治承諾，推動的公務體系同仁有相當的認知與共識，且執行過程不能流於僵化與官僚化，各單位必須能既分工又整合。換句話說，必須政治承諾與執行條件的齊備，方能促使每個人在所負責的工作上，思考、分析性別的影響，因而帶動政策規劃與決策的改變。

　　以此來檢視新北市政府推動性平工作的現況，新北市政府的性平施政主軸是將性平觀點融入政策與日常生活，具體且清晰的政策目標，凸顯性平工作最終的目的在於落實政策規劃與執行，成效則體現於大眾日常生活方方面面的進步。採取的運作模式包含建構四層級會議運作機制、建立各單位性別聯絡人網絡，並採合縱連橫策略：向上影響、對內培力、對外連結、以及向下推廣扎根於社區與人民團體。此推動過程在廣度上類似於前述整合模式概念，從上到下、從內到外、從理解到行動，希冀市府大團隊的每位工作同仁都具有性平的視角，且具體反映在各項工作的推動

石門區公所舉辦國際風箏節－ LOVE 箏愛石門，20 對佳偶中有 2 對是同志伴侶

上。經由這樣的努力，新北市政府性平工作在全國的年度評比上屢獲肯定，女性參與制定公共政策的比例、中高齡婦女再就業、及婦女勞參率都有所成長。

　　觀諸人類社會的發展，我們深知性平工作的推動係一條漫漫長路，但縱使僅是寸進，也都是令人珍惜的果實。希冀未來在政策推動過程中，各單位能進一步落實性別分析、掌握問題、進而思索改善策略，而非僅居於配合推動的角色，因為性平是眾人之事，每一個單位都是主角，每個人都是局內人。我身為新北市民，有幸參與性別平等委員會的討論，得以有機會進入體制內瞭解相關工作推動的情形，知道過程的不易；當看到市府支持的力量，時任社會局長張錦麗堅定地推動，各局處、各區公所全面參與、社區動員，相信新北市將會是性平工作推動重要的領頭羊，帶動社會的轉變。

參考資料：彭渰雯、黃淑玲、黃長玲、紅綾君（2015）。《行政院性別主流化政策執行成效委託研究報告》。行政院性別平等處委託研究。

讓性平深入
你我生活的每個角落

新北市性別友善社區

讓性平深入你我生活的每個角落
—新北市性別友善社區

石育華（社區發展與婦女福利科高級社會工作師）
郭羿彣（社區發展與婦女福利科股長）
蘇惠君（時任社區發展與婦女福利科專員）
林寶珠（時任社區發展與婦女福利科科長）

壹、方案緣起

　　新北市近年來因應聯合國永續發展目標（SDGs-Sustainable Development Goals），極力推動性別平等工作，社區是推動各項社會福利政策的在地化組織，配合新北市政府年度訂定推動性平主題，將性別平等議題落實於社區發展業務中，以政策引導社區融入組織業務推動，鼓勵女性參與社區決策事務、經由社區章程修正理監事比例，促進讓女性決策力提升，落實性平生活化，共同營造性別友善的生活環境。

　　新北市首先遴選女性為理事長且有意願推動的 3 個社區試辦，藉由社區由下而上的參與，注重社區幹部性別意識培力，進而將性別平等觀念帶入社區，使服務單位具有性別敏感度，並經由盤點社區資源及運用性別友善社區指標，包含社區公共空間依可行做法可再分為性別友善設施（硬體）、性別友善措施（軟體），及社區居民的性別平等意識概念；分析社區中的性別議題，以發展出相關解決倡議行動方案，再進階深化擴散推廣，以聯合社區發展，彼此共同分享及學習，讓性別友善社區理念，發揮最大效益。

貳、方案策略規劃

一、實施步驟

（一）進行社區資源盤點調查，瞭解社區內外現有資源及能力。

（二）藉由辦理社區焦點座談，瞭解社區於性別議題之需求，進而針對需求研議討論方向，從討論過程中蒐集社區居民對性別指標之看法，建構性別友善社區指標。

（三）邀請性平專家辦理性別議題培力課程，增進有興趣之社區組織或居民的提案能力。

（四）透過問卷調查，瞭解社區居民對性別議題的瞭解程度及自身需求。

（五）結合有意願參與之社區，提出計畫申請性平宣導行動方案，樹立社區性平特色地標。

二、策略內容

（一）漸進推廣

一開始邀請由女性擔任理事長的 3 個社區試辦，逐次推廣至有工作量能的社區，最後以聯合社區發展形式，擴大性別友善社區效益。

（二）建立模式

初始試辦的形式，為針對社區幹部辦理性別意識培力及社區焦點座談開始，逐步建立執行模式，透過問卷施測、進行社區資源盤點、辦理性別意識工作坊，讓社區幹部更深入瞭解社區性別議題，及需落實倡議性平宣導的方向。

（三）擴充新元素

除社區依需求規劃推動性平方案，亦擴充多元方案，包含女性水電工班、女性影展、性平畫展、反性別暴力、性騷擾防治措施及性別友善行動劇等，供社區自行選擇按其需求辦理相關服務，希冀提高性別友善社區工作效益，擴大社區影響力。

社會局透過與勞工局職訓中心合作，專為婦女開辦丙級室內配線職訓班

婦女學員一起參加丙級室內配線職訓班

新北市在府中 15 舉辦國際女性影展，右 2 為臺灣國際女性影展策展人羅珮嘉

（四）鼓勵措施

　　108 年度擴大推廣，持續執行性別友善社區指標外，並新增新措施鼓勵社區，提升辦理意願：

1. 列入社區選拔指標，可選擇項目主題，增強社區辦理意願。
2. 納入社區發展工作補助作業計畫，鼓勵社區辦理特色方案。
3. 列入聯合型旗艦社區工作計畫執行項目，擴散性別友善效益。
4. 結合社會局社區培力育成中心、區公所及婦女中心，成立性別友善社區培力輔導團，分組搭配輔導培力社區。
5. 結合社會局培訓種子講師（如社團領航員、紫絲帶達人及婦女權益宣講員）進入社區宣講，共同營造性別平等的生活環境，落實性平生活化。

必選項目	自選項目
1. 社區資源盤點 2. 社區焦點座談 3. 社區性別意識培力工作坊 4. 社區性平宣導行動方案	1. 性別友善行動劇 2. 女性水電工班 3. 女性影展 4. 性平畫展 5. 反性別暴力宣導 6. 性騷擾防治 7. 其他：自行融入社區福利服務方案的性平行動

參、方案特色說明

一、以社區為對象規劃方案

　　就辦理方案的執行內容，接洽有意願之社區發展協會或區公所，討論方案執行內容，作為修正參考。

二、結合社區工作多元面向展現

　　性別友善社區除完成社區資源盤點、問卷調查、社區焦點座談及社區性別意識培力工作坊，主要著重於社區服務活動或空間彩繪等，109 年度推動性別友善社區升級 2.0，將從組織面提升、服務方案及性平宣導著手：

（一）組織面提升： 於社區聯繫會議中，進行「性平三分之一」宣導，並結合區公所加強輔導社區發展協會修訂組織章程「理監事幹部單一性別不得低於三分之一」，以鼓勵女性多參與社區事務討論，以促進女性決策力提升。

婦女學員開心考取室內配線丙級證照

（二）服務方案： 在規劃方案中融入性別意識，推動老人、兒童、經濟弱勢、單親、新住民或脆弱家庭等各項福利服務工作差異性的延續性服務方案或措施，並透過工作設計鼓勵男性志工投入服務行列。

（三）性平宣導： 於社區發展補助作業計畫中明訂，向社會局申請補助課程或刊物中，須邀請社會局培訓種子講師（如婦女權益宣講員、紫絲帶達人及社團領航員）授課或一定版面之宣導標語，落實性別平等觀念推動，厚植性平生活化。另於社區節慶活動或據點活動中，須有社區民眾關心議題，如健康、家務分工或繼承等宣導或講座課程。

（四）深化結合防暴宣導：結合防暴議題，培力社區進階成為社區初級預防宣導
　　　單位。

肆、方案成果與效益

一、建構輔導性別友善社區：透過培力工作坊，已輔導60個社區取得性別友善認證，
提升幹部及居民敏感度，透過各項性平政策宣導活動，逐步達成性平生活化，
每年參與約 2,000 人次。

二、翻轉傳統性別觀念：參與社區活動尤其以高齡長者居多，藉由性別平等觀念的
推動，破除社區居民性別刻板印象，如乳癌並非僅有女性會罹患，以及藉由社
區性平行動劇展演，省思倡議適當的家務分工，使得男性或女性都可以在工作
與家庭中取得平衡，翻轉傳統性別觀念。

三、提升性別敏感度：藉由性別意識議題的推廣，使社區民眾瞭解，性別平等其實
就存在於你我生活之中，像是在防災觀念的宣導中發覺性別意識，以及在社區
服務中從性別平等發現防暴的重要性，使居民更願意為社區服務出份力。

四、增加社區凝聚力：相較於老人共餐服務、兒少服務等福利服務，性別觀念推廣
是福利服務的新面向，於社區而言係為福利服務新元素，更為社區增加凝聚
力，使居民發現社區中性別平等之重要性，也提升參與度。

五、促進服務多元性：除辦理性別意識培力課程，也鼓勵社區可參訪在地具女性生
命力及影響力的推動場域，如淡水女路、菁桐女路等，增進居民對於性別議題
的想像及多元性，並積極鼓勵社區依其在地需求，擴充相關多元方案，如：板
橋區龍興社區為讓單親喪偶女性走出家門，邀請其加入婆婆媽媽俱樂部，共享
社區美食、討論社區事務等增進身心健康，另發掘社區中原避走的狹小髒亂巷
弄，連結轄區內大學生共同為社區創作牆面彩繪－締造性平小徑，使社區窄巷
成為社區婦幼必走的安心路線；此外鼓勵社區辦理女性水電工班、反性別暴力
及性別友善行動劇等多元方案，從培力及辦理方案過程中，持續參與學習，累
積經驗。

六、提升女性決策力：安排「性平三分之一」講題，對新北市社區發展協會之理監
事及會務人員、區公所同仁進行性別平等宣導，以增進性別敏感度，盼將性平
意識深植於社區幹部中，進而影響社區會員，並提升女性決策能力，輔導社區
發展協會理監事單一性別不得低於三分之一，每年增加 35 個社區發展協會達
成修訂章程。

鶯歌建德性別友善社區舉行授牌暨成果發表

七、**擴散服務連結性：**結合區公所及相關團體，擴大在地性別平等意識推動的廣度及深度，軟體面經由跨域單位資源共享、共同學習發展，硬體面串聯區公所與在地社區關注轄內相關設施的改善，以增進性別友善環境的落實，如路燈明亮度的改善、鋪面水溝蓋的優化等，同時促進婦幼社會參與度的提升與營造安全友善的環境。

八、**豐富社區友善服務：**社區經由性別友善社區指標調查，及社區資源盤點，找到待解決的問題及性別需求，運用社區現有資源及量能，發展在地性的性別友善社區行動方案。

九、**進階防暴社區服務：**執行單位針對社區性平宣導外，更進階結合防暴社區宣導方案，落實社區初級預防相關工作。

實踐性別友善的「陶花園」
—鶯歌建德社區

陳清貴（專員）

　　建德社區位於鶯歌東北端，與樹林交界，由於鄰近山坡地和公墓，青壯人口外流，目前社區僅住有 633 人，但因右側有知名台華窯，左側有當地信仰中心碧龍宮，從中正一路循青花瓷入口意象進去，兩旁媲美伯朗大道的「柏榕大道」展臂歡迎，隨後各式牆面、樹叢下燈籠、高掛花傘、大花瓶，乃至性平廁所等，都有青花瓷元素，加以菜園錯落、桂花飄香、雞犬相聞，彷彿進入另個「陶花園」村。

「一手排碼仔，一手育囝仔！」

　　建德社區發展協會總幹事林郁君表示，當地因鶯歌陶藝文化歷史背景，早期居民有 65% 從事陶藝工作，婦女為貼補家用，在照顧家庭之餘，也幫忙手工拼貼馬賽克，因此有句諺語：「一手排碼仔，一手育囝仔！」顯示女性在當地陶瓷產業的奉獻和生活寫照。

　　林郁君說，建德社區為老里長蘇利男於 87 年所成立，在他八屆里長卸任後，社區有一段時間疏於經營。她 106 年接手，重新盤點各項資源，先從老人共餐開始，慢慢再把社區藝術人文和長輩連結起來，開設青花瓷彩繪等系列課程，禮聘達人教長輩作

林郁君總幹事是建德性平社區的幕後推手

畫。帶領長輩到創紀錄的薄胎碗大師黃正南工作室參訪，也讓長輩到手拉坏阿泉師工作坊參觀，並由他的兒子陳元杉教長輩手拉坏。

總幹事林郁君盤整資源推動

另外像是臺藝大書畫系畢業、曾任高中美術老師的陳彩雲，每週到社區教長輩青花瓷，從茶杯、碗盤、購物袋、帽子、抱枕到洋傘，都能用青花瓷彩繪，婦女除了習得一技之長，也鼓勵她們二度就業。

108 年在新北市育成中心黃珮玲老師的指導下，建德社區首度以性別友善社區推出《梁山伯與祝英台》穿越劇，將千古的愛情故事，融入現代性平元素如家務分工等，搬演成行動劇，一炮而紅，連續獲得金卓越社區選拔優等、新北市防暴宣導街坊出招第一名，以及全國北區第二名等殊榮，參與演出者都相當開心，無形中也將防暴意識深植社區民眾心中。

林郁君表示，由於位處山坡，為建立居民的防災意識，從一般家庭火災、地震到土石流，都透過防災士和婦女宣導演練，以提升居民的防災應變能力；更特別的是，在防災包內還會準備女性用品，處處顯示性別友善。

性平結合陶藝融入生活

此外，建德社區推動許多性別友善和家暴防治的工作和培力，如型男大主廚、姐妹的異想視界、性平 CEO、針線情手工藝、紫要幸福志工隊……，結合陶藝特色，讓性別平等意識從生活中自然融入每個人的心中。

為了擴大影響力，建德社區力邀大湖社區、北鶯社區、永昌社區、婦女會等結為「類旗艦計畫」，以青花瓷的彩繪為主軸，推出傘傘動人（建德、雨傘）、步步圍營（大湖、圍裙）、面面俱到（北鶯、面具）、袋代相傳（永昌、環保袋）、圍繞幸福（婦女會、圍巾），再以「鶯為 Women 在一起」為主題，辦理成果發表踩街，成功吸引各界目光，並引發討論。

林郁君說，串聯這些社區，藉由青花瓷培力課程，以及烘焙、手沖咖啡、手工藝、女性水電工等，目的是希望能協助單親、喪偶、中高齡、新住民等二度就業，以為性別平等盡一份心力。

建德社區的壯世代婦女學習青花瓷

豐富社區的人文景觀

林坤宗（專門委員）

　　目前新北市有 464 個社區發展協會，遍布在 29 個轄區內，社區是發展福利社區化的基礎，將資源挹注在有需要協助的家庭。從過去經驗中，我們發現要再提升社區能量，增加社區性別元素及濃度是必要的。自 106 年起新北縝密規劃開始建置性別友善社區，從試辦到推廣，在政策措施上例如可打造性別觀點的基礎設施、居住空間及城鄉環境，盤點與改善場域空間，如廁所、哺集乳室、停車空間、提升人行道適宜性、無障礙設施等。在盤點社區資源中，透過問卷蒐集社區居民意見後，統整關注議題，發展具有在地特色性別友善環境措施，再回饋給社區居民，豐富社區友善環境。

　　要成為性別友善社區，需要四個要素，包括辦理社區性別培力工作坊、社區領袖焦點座談、盤點社區資源和推廣 CEDAW 暨性平宣導等，非常不簡單，所以整合及完善規劃很重要，居民共識也要高。很感謝這麼多社區幹部及居民熱情參與，才有機會逐步落實及推廣，社區居民也發揮創意，自行發現及構想性別議題，更能符合社區需求。慢慢地，我們也開始看到成果浮現，例如生活中常見家務分工、照顧責任分擔等，其實都是性平議題，但囿於傳統觀念，家庭中常由女性來擔任家務及照顧角色。現在藉由性別友善社區推廣，就可利用在社區辦理性別意識培力課程時，特別說明澄清並舉實例讓社區居民理解，鼓勵每個家庭成員，都能身體力行分擔家務及照顧責任。又高齡化對社區所帶來影響，新北市政府發展里里銀髮俱樂部政策，提供長輩休憩場所，增加長輩社會參與機會，活絡社區，讓阿公阿嬤們都很開心。

　　性別友善社區除帶來性別友善環境外，為了讓更多社區加入性別友善社區行列，未來應該多結合社區產業及社區小旅行，讓性別友善社區自然融入社區文化中，使社區產業更加多元。新北有豐富人文、歷史、地理等環境及景觀，希望性別平等觀念能真正深入社區居民意識，透過社區友善措施、社區安全環境及居民性平意識等 3 個面向，讓社區從參與培力及辦理方案中學習並累積經驗，共同營造性別平等的生活環境。新北城鄉差距極大，在偏區或農村，更要透過婦女培力及順暢產銷通路等措施，挹注更多資源，提升社區經濟活動，進而提升女性經濟力，讓性別友善社區理念得以彰顯。

人權在社區扎根的實踐力

張淑慧 (財團法人台灣照顧管理協會榮譽理事長)

　　隨著時代改變，婦女人權思潮也有進展，CEDAW 推動性別平等進程，縮短各領域性別落差，展現出多元對話的突破。近年來，社區發展和以人權為本理念成為社區工作的價值基礎，性別、自由、民主、權力、參與、社會互助與合作等議題融入社群主義，強調公民的各種權利，更強調公民的權力對應的責任與義務，重建社會道德和建構新的行為規範，建立符合人權、性平的社區精神。

　　101 年「聯合國永續發展會議」聚焦於兩大主軸：「永續發展及消除貧窮下的綠色經濟」，以及「永續發展的體制架構」。社區被聯合國視為自治性的公民團體，被視為社會性、經濟性與環境性的「永續發展的體制架構」之一。「讓性平深入你我生活的每個角落－新北市性別友善社區」（以下簡稱本方案）依據社區資源及宣導策略，鼓勵及促進有效的社區合作，顯示性平發展已從國際議題落實到在地行動，呈現出人權對社會的影響力及與社區組織扎根的實踐力。

　　「社區」是連結個人、家庭與社會、國家的重要生活場域，本方案進行社區資

永和民權性別友善社區掛牌，並透過踩街宣導性別平等

源盤點調查、社區焦點座談，瞭解社區內外現有資源及能力，建構性別友善社區指標。透過社區資源網絡的連結、性別議題培力的強化、擴充多元方案（女性水電工班、女性影展、性平畫展、反性別暴力、性騷擾防治措施及性別友善行動劇等），提升社區居民對性別議題的瞭解程度，提供發展性的社區資本，改善社區居民生活品質，提升社區居民幸福感。

本方案具有全面性、系統性、理論性、在地性、實證性與永續性等社區工作屬性。方案設計中搭配調查及評估機制、適當訓練的工作者、多元的方式與足夠的活動量。方案執行過程中，透過社區需求調查，滿足特定的社區問題及特別需求。在解決社區問題過程中，培養民眾的社區能力。這是本方案值得肯定的特色。

社區方案是建構在生活脈絡中，應以在地特色化、主題化和多元化的創意理念，賦予性平社區方案生命力。本方案較缺乏以在地為思維的人才培育及社區培力機制，也少見組織陪伴、社區協力和區域行動，整體展現上也未展現性別的生活日常，無法看到不同生活場域、不同文化的性平社區特色。

成效評估是許多方案的雷區，執行的方案內容在執行後會輸出些什麼？到底成功執行這件事的效果如何？審視方案效果是否符合當初目標的預期？本方案在成效上較多質性文字，無法得知在性平社區「能力建構方面」的成效，透過訓練及培力，提升社區解決性別暴力問題能力？性平知識提升程度？服務涵蓋率？也無法得知在性平社區「服務輸送方面」的成效，也可惜未見「提升影響力方面」的成效。

性平和福利共舞，能成為社區共享的資源釣竿。社區最大的特色是自主、活力，每個性別友善社區都應從生活脈絡中發展出自己的特色。期待透過性別友善社區的建立，可以令居民參與建設及發展屬於他們的社區，而在過程中居民可以掌握更多的資源、資訊，學習如何就性平議題提出訴求及服務方案，透過眾人的力量建設理想性別友善社區，改變環境、促進性平認知、提升察覺、提供社區支持，從而達到「增權」的目的。

性平1/3

新北市人民團體性平翻轉行動

方案 14

性平 1/3
—新北市人民團體性平翻轉行動

劉冠宏 (時任人民團體科專員)

壹、方案緣起

《憲法》規定人民有集會、結社之自由。依照《人民團體法》設立登記之非營利組織,常見的像是教師會、獅子會、體育會、同鄉會、功德會等,統稱為「人民團體」。新北市立案人民團體超過 5,000 家,團體會員超過 110 萬人次,數量高居全國之冠,是相當具社會影響力的群體。

在早期服務團體的過程中,社會局發現到一個特別的現象,團體當中的會 (社) 員及志工,女性占比超過一半,但代表團體決策階層的理監事,女性比例卻低於 4 成,而代表團體負責人的理事長,女性比例甚至不到 3 成,顯示「做決策的都是男性,但做事或當志工的都是女性」,存在著明顯的性別不平等。

「性別平等」是指男性和女性在社會、經濟、政治和法律等各方面享有同等的權利、機會和責任。性別平等不僅是一項基本人權,也是促進社會發展、經濟增長和民主治理的重要因素。

國際社會近年來越來越重視性別平等議題,並將其納入聯合國「永續發展目標」 (SDGs) 之一。臺灣於 96 年簽署《消除對婦女一切形式歧視公約》 (*The Convention on the Elimination of All Forms of Discrimination Against Women*,以下簡稱 CEDAW),並於 101 年 1 月 1 日起施行《消除對婦女一切形式歧視公約施行法》 (以下簡稱 CEDAW 施行法) ,以聯合國 CEDAW 標準,積極貫徹性別平權即人權理念。

為促進性別平等,避免女性在團體決策過程中被「消音」,社會局於 107 年起創全國之先,正式啟動「新北市人民團體性平 1/3 翻轉行動」。

貳、方案策略規劃

本方案將推動目標鎖定在「修訂章程」,希望人民團體主動將「理監事任一性別不低於三分之一」條文納入章程規定當中,目的是確保修訂章程後的團體能夠充分理解性別平等的真諦,並在未來每一次理監事改選中落實章程規定,保證女性擔

任理監事的機會。

　　為推動本方案，社會局先修改人民團體必須依法申報的「理監事名冊」，在表單當中加入理監事的性別欄位與會員性別統計，成功收集新北市完整人民團體理監事及會員的性別數據，進行「性別分析」。根據統計，至 106 年年底，人民團體的女性會（社）員占總會（社）員人數 53.7%；理監事當中，女性理監事占 36.2%；理事長當中，女性則僅占 29.5%。

　　釐清方案目標與完成現況分析後，社會局規劃「六大實施策略」，希望從外部「創造重視性別平等團體氛圍」，以及內部「創造團體修訂章程的動力」，以促進人民團體修訂章程。六大實施策略包括：

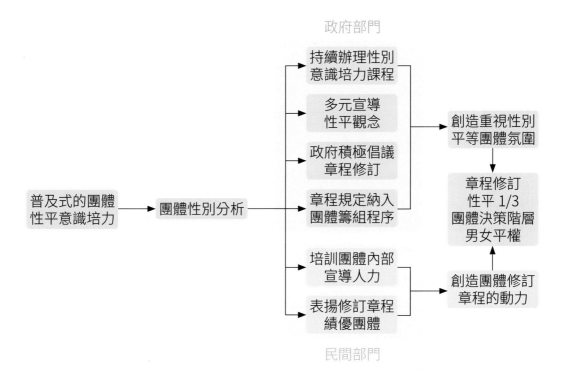

一、辦理性別意識培力課程

　　為了讓人民團體重視性別平等並自願修訂章程，社會局每年舉辦性別意識培力課程，邀請專業講師運用實際案例與生活經驗，向社團幹部傳達性別平等的價值，以及保障女性擔任理監事的重要性。

二、多元管道宣導性平觀念

透過拍攝《我們都是女 Leader》女性負責人紀錄片、辦理紀錄片發表記者會、LINE 官方帳號、宣導單張、YouTube、研習課程、活動場合等各種管道，積極向人民團體傳遞性別平等觀念，建立政府高度重視女性參與決策的氛圍，並展現推動性別平等政策的決心。

三、積極倡議章程修訂

依照《人民團體法》相關法令規定，團體須依法向社會局報備開會通知、會議紀錄、理監事選舉名冊等各種法定資料，為發揮倡議宣導精神，社會局會於回函內容特別要求團體響應政策修訂章程，將「理監事任一性別不低於三分之一」納入章程規定，同時在網站上主動提供章程修訂範本及流程說明。此外，為增加修訂章程的誘因，社會局於「公益活動補助作業規範」明訂，修訂章程之團體得優先補助之規定；另外針對受到新北市人民團體高度重視的「領航金獎」（公開表揚前一年度積極從事公益活動的績優團體）表揚，將修訂章程一事列為評審指標當中的加分項目。透過「軟硬兼施」，全面呼籲及促進團體修訂章程。

四、章程規定納入團體籌組程序

社會局為了確保新成立的人民團體也能充分瞭解性別平等的價值，在人民團體申請籌組的階段，直接將「理監事任一性別不低於三分之一」規定加入章程草案的範本，並鼓勵所有新籌組的社團於召開成立大會選舉理監事時，就選出足額的女性理監事，保障女性參與決策階層的機會。

五、表揚修訂章程性平績優團體

社會局創全國先例，每年舉辦「新北市性別平等績優團體」頒獎典禮，將響應性平政策修訂章程且理監事女性符合三分之一比例要求的社團，給予公開表揚的機會，讓榮譽感成為促進團體修訂章程的動力。

六、培植社團領航員（性平大使）內部倡議

社會局全國首創，招募和培訓人民團體的理事長、理監事及總幹事成為「社團領航員」，在培訓過程當中，安排性別平等專題課程並導入性平議題進行分組討論，訓練他們思考生活中性別不平等的問題，提升性別敏感度，並將性別平等融入自己的價值觀與日常生活當中，同時賦予「性平大使」的角色，要求他們必須返回自己所在的團體與社區當中傳播性別平等概念，才能獲得授證成為「社團領航員」。透過這項策

略,社會局成功培訓 170 名社團菁英幹部,可以從社區及團體內部發揮倡議功能。

參、方案特色說明

經過歸納總結,本方案有以下主要特色:

一、結構化、融入既有業務的方案推動策略

一般政府機關單位推動性別平等政策,多以辦理講座、印製單張為主,著重的是政策與觀念宣導,但要落實性別平等,「改變」才是最重要的。為此,本方案先蒐集並完成性別分析,掌握新北市女性理監事及會員的比例與現況,接著將執行目標訂為「輔導團體修訂章程」,讓執行單位有具體可落實及提升的目標,並透過達成目標來實現「認識性別平等觀念」及「提升女性理監事比例」的最終目的。

此外,本方案結合前述六大實施策略全方位推動,也是一大創舉,且其中多項策略並不涉及增加預算經費或執行人力,而是結合到社會局既有的業務當中,例如在原本例行舉辦的「分區研習」中,導入性別平等意識培力課程,打開社團幹部性別平等的雙眼;又或將輔導團體修訂章程及倡議工作,納入原本對團體的籌組輔導作業、回函、補助作業規範、「領航金獎」評審加分項目當中。前述這些策略,不僅沒有增加更多經費負擔,推動成效也相當卓著。

二、透過外部、內部動力潛移默化

本方案的另一大特點是創造團體修訂章程、響應性別平等政策的外部、內部動力,其中外部動力包括「舉辦新北市性別平等績優團體表揚」、「修訂公益活動補助作業規範,將章程修訂作為優先補助標準之一」、「修訂『領航金獎』評審標準,將章程修訂列為加分項目」,透過這些策略,從外部環境增加人民團體修訂章程的意願與動機;至於內部動力部分,本方案培訓人民團體理事長、理監事、總幹事等成為「社團領航員」,並在培訓過程深植性別平等觀念,同時要求他們回到社團倡議性別平等及修訂章程之重要性,將推動性別平等的行動作為授證標準一環。本方案就在內部、外部動力的齊聚下,不僅成功產生「團體內部修訂章程的動力」,也形成「團體外部重視性別平等的氛圍」,為促進女性擔任理監事帶來源源不絕的助力。

三、跨局處合作並成立「促進私部門女性參與決策工作坊」

本方案社會局主動結合勞工局、農業局、經濟發展局、原住民族行政局、客家事務局等相關機關進行合作,因社會局屬於人民團體的「會務」主管機關,但

像是商圈團體、商業團體、原住民族團體、客屬團體、勞工權益團體、農業團體等，都有各自的「目的事業」主管機關，因此透過這些機關的力量，共同鼓勵團體修訂章程。

有了共同合作的經驗後，第二步就是將影響範圍從人民團體外溢到其他私部門組織，像是工會、農會、漁會、企業等，也開始推動修訂章程及促進女性參與決策的工作。

最後一步是社會局主動成立「促進私部門女性參與決策工作坊」，結合 12 個機關針對新北市各級私部門組織，包括教育局主管之家長會、教師會、教育會、教育基金會，以及工務局主管之公寓大廈管理委員會等，全數納入政策推動目標，此亦為全國首創之方案，充分發揮跨局處的協同能量，並由社會局作為領頭羊的角色。

肆、方案成果與效益

本方案由社會局主導，結合相關局處推動一系列政策措施，共辦理多達 365 場實體性平研習或宣導活動，觸及人數突破 3 萬人；若將公文、LINE 官方帳號、DM、影片等宣導納入計算，觸及人次超過 25 萬人次。

另外，本方案培訓了 168 名社團領航員（性平大使），並表揚超過 1,000 家修訂章程且女性理監事比例超過三分之一之團體，同時也成功輔導多達 1,069 家團體完成章程修訂，共同成為保障女性參與決策階層的重要推手。

而在實質成果部分，本方案成功幫助新北市人民團體的女性理監事比例從 36.2% 提升至 40%，而女性理事長也從 29.5% 增加至 31.7%，等同幫助 4,284 位女性理監事及 194 位女性理事長脫穎而出，從此成為團體中不可或缺的決策參與者。

翻轉客家傳統刻板印象
—首位宗親會女性理事長彭素華

陳清貴（專員）

今年 60 歲的彭素華是新北市彭姓宗親會第九、十屆理事長，為宗親會創會 34 年來，第一位由女性擔任的理事長；也是彭氏大宗祠祭祖大典中，第一位由女性擔任的主祭官。這在性別平等的社會好像不足為奇，但在傳統保守的客家文化中，是極具顛覆和挑戰。彭素華以她堅毅的性格和睿智的口才，在新北市推動人民團體性平 1/3 的翻轉行動催化下，經多年的爭取，才獲得宗親會的肯定和支持。

幼年刻苦 自嘲不怕出身低

彭素華不諱言童年的遭遇，養成她刻苦耐勞、不屈不撓的精神。由於家庭的因素，她從 8 歲起就要在母親獨立經營的自助餐店幫忙，洗菜、洗碗成為日常。身為長女，工作之餘還要兼照顧三位弟妹，她沒有生病休息的權利，只能咬起牙苦撐。

重男輕女也是當時的文化背景，因此國中畢業後，她只能偷偷報考雅禮高中夜間部，白天仍在母親的店裡幫忙，晚上再上學讀書，一路苦讀到空中大學和永生基督學院的國貿系。後來更考取美國康州橋港大學企業管理系碩士班，並持續攻讀北京大學，取得教育心理及社會心理的雙博士學位。

一生兩大夢想－完成學業及環遊世界

彭素華表示，她一生有兩大夢想，一是完成高等學業，一是環遊世界。前者在 43 歲達成，後者在 44 歲圓夢，她非常感謝先生陳興在的支持。陳興在是自助餐店的常客，

彭素華以世界和平婦女會副理事長身分，參與在泰國聯合國總部舉辦的國際論壇，探討中華文化與孝道精神

母親見他勤奮踏實，鼓勵女兒交往，所謂姻緣本是天註定，兩人終成眷屬。

彭素華在獲得碩、博士之後，在基督學院擔任教授，並在幾所大學院校兼課，也受邀到社區大學擔任講師。此外，她加入中華民國演說藝術學會，從志工、祕書長到擔任理事長，一步一腳印，並在各地擔任口才訓練與演說藝術的講師，以

彭素華憑著堅毅、睿智、才華，突破客家族群保守傳統，成為彭氏大宗祠祭祖大典中首位女性主祭官

及許多社團的領導，社會歷練相當豐富，曾獲得臺灣彭姓宗親總會傑出優秀宗親楷模「大彭獎章」，以及兩岸三地傑出女性。

以女性的溫柔化解男性的剛強

彭素華的便給口才也反應到與宗親的相處上，在她逐步展露頭角，有意爭取擔任彭姓宗親會理事長時，部分保守的理監事說：「穿裙子的人應該『恬恬』！」彭素華告訴他們說：「你們都是穿裙子的人生出來的，我為什麼不能說話？」這些話猶如暮鼓晨鐘，打醒了原本傳統剛強的理監事氛圍。眾人感受到彭素華的才華與領導足堪大任，因此在會員的共同支持下，彭素華在 107 年 4 月成為新北市彭姓宗親會第九屆首位女性理事長，並且連任第十屆，任期將至 114 年 9 月。

彭姓宗親會的祖厝在新竹，彭素華的曾祖父從新竹湖口搬來新北市中和定居，但每年新竹彭氏大宗祠在南寮、北埔兩大祭祖大典都會參加。在傳統的客家族群祭祖典禮中，都是由男性擔任主祭官，但彭素華以她的實力與能力，讓宗親各耆老賞識並贊同，成為祭祖大典第一位女性主祭官。

彭素華還有一遠大願景－能角逐彭姓宗親世界總會理事長，讓散居世界各地的宗親看見臺灣女性的力量，她始終堅持「以女性的溫柔化解男性的剛強」理念，她永遠會在追求性別平等，翻轉人團 1/3 行動路上，勇敢向前邁進！

1/3 新局面 全面啟動

林坤宗（專門委員）

　　迄 112 年 4 月止，新北市計有 5,133 個人民團體，人民參與公共事務、掌握權力與決策力，不僅涉及治理權力，亦關係著決定公共資源分配予個體生命價值的機會，然而公共事務管理長久以來呈現性別隔離現象，女性較少出任具有決策性的職位、較少得到參與決策的管道與機會。

　　因此，為改善此現象，新北市制定本市性別平等政策方針，揭示促進決策參與的性別平等，在機關晉用女性擔任主管、委員會組成都能落實性別比例，近來迭有成效。並率全國之先，將促進女性參與公共事務，由公部門推進到私部門人民團體。首先對社會局同仁實施內部教育訓練，明瞭參與公共事務內涵，妥善規劃，提升同仁專業知能，打開性別眼睛。其次，因人民團體自主管理，為讓人民團體夥伴們理解重要性，所以針對人民團體辦理性別意識宣導、性別較少者領導力培訓等活動，採漸進式輔導協助人民團體自行將理監事任一性別比例不低於 1/3，納入章程中，提出改善措施獲優先補助等鼓勵措施，達到提升女性參與公共政策之性別目標。

　　感謝社會局人民團體科同仁用心，在過去這段時間投入相當多時間與精力，過程雖遭遇不明就裡質疑，但多能善盡溝通之能事，讓政策得以落實。當然性別平等工作推動，在市府本身也需要跨機關合作，社會局是主管人民團體會務的機關，但

社會局推動性別平等，輔導人民團體將理監事任一性別不低於三分之一之規定納入組織章程

各目的事業主管機關的相關局處，因業務屬性與各個人民團體往來更加密切，本於專業角度，更有機會及能量號召所有團體一起響應，讓人民團體決策過程，能兼顧不同性別需求，適時調整資源。

　　在大家努力下，本方案於 109 年在參加行政院辦理推動性別平等業務考核，獲得創新獎之殊榮，相關工作方法及步驟，也被行政院採為 113 年辦理性別平等考核指標：「針對促進人民團體決策參與性別平等之具體措施。」未來我們要繼續推動，希望更多團體一起加入，也成為各地方政府之學習楷模，讓不同性別在公、私部門都能有機會參與公共事務與決策，落實於未來各項政策及事務推動，讓新北成為友善城市。

新北女力
推動臺灣性別平等決策參與的力量

顏玉如（實踐大學社會工作學系助理教授）

　　為維護女性參與公共生活權益，聯合國《消除對婦女一切形式歧視公約》（*Convention on the Elimination of All Forms of Discrimination against Women, CEDAW*）第 7 條規定各締約國應採取一切適當措施，消除在政治和公共生活中對婦女的歧視，並確保婦女在政治和公共生活方面享有與男性平等的地位。CEDAW 第 28 號一般性建議序言特別提及婦女參與決策的重要性：「確信一國的充分和完全的發展，世界人民的福利以及和平的事業，需要婦女與男性平等充分參加所有各方面的工作。」換言之，婦女能充分、平等參與公共生活和決策的國家，落實婦女權利和履行《公約》的情況都有所改善。

　　實現女性權力、決策與影響力的困難，來自於根植於社會文化與制度對婦女社

新北女力，引領全國性平前行

會角色的陳舊態度與男性主導刻板印象，致使長久以來女性與男性在權力、決策與影響力上依舊存在明顯落差；女性出任公私部門具有決策性質的職位較低，也較少得到參與決策的管道與機會，對於生活經驗與觀點也較少對決策產生影響力，父權的高牆依然阻絕多數女性參與決策。

　　拆除父權高牆，讓性別權力共享，需要政府採取更全面性與統合性行動來增強女性權能。「新北市人民團體性平 1/3 翻轉行動」正是以增權女性、轉化社會性別結構規範孕育而生之方案。從實踐性別平等的觀點出發，在「全面政策」、「小贏策略」原則下，運用性別主流化政策工具，收集不同性質人民團體理監事與負責人性別統計並進行性別分析，擬訂各階段具體可達成之目標，再藉由覺察女性社會參與重要性、修改組織規範、籌組程序與納入評鑑制度、實踐表彰等策略，逐步推動、建立具民主化的人民團體性別平等決策參與機制。因此，這不僅是一個人民團體的組織規範修訂，更是一項社會性別平等價值的倡議；這不僅是一個社會福利方案，更是一項實踐性別正義的社會行動。

　　性別變革是一條漫長的路，「性平 1/3 翻轉行動」方案自 107 年推動以來，已有破千個團體響應，主動修訂組織章程，保障女性 1/3 理監事，現在女性比例已接近 4 成，確實成績斐然，亦獲得行政院性別平等創新獎肯定。未來，希冀在性別主流化政策工具運用下，持續以性別平等、尊重人權的價值，向非傳統性別領域團體進行倡議，讓新北女力成為性別平等社會倡議工程最堅實的力量，不僅崛起，更永續前進，引領臺灣成為最先進性別平等與民主人權國家。

新北好團結

私公協力、社福新力

新北好團結
—私公協力、社福新力

劉冠宏（時任人民團體科專員）

壹、方案緣起

　　新北市人民團體數量逐年增加，自 99 年至 109 年，每年以 3% 至 9% 比率逐年成長。至 111 年 12 月 31 日止，團體總數共 5,110 家（包括職業團體 401 家、社會團體 4,709 家），會員總數達 114 萬 1,004 人，顯示民間結社風氣鼎盛，社團蓬勃發展。

　　新北市幅員遼闊，人口全國最多，已超過 400 萬人，但六都統籌分配稅款及一般性補助收入人均獲配是六都最低（以 112 年為例，臺北市獲配 2 萬 3,572 元，新北市僅 1 萬 4,159 元），在這個狀況下，如何與民間團體合作，充分運用民間資源力量，就成了新北市政府的首要課題。

　　然而社會局觀察到一個現象，就是儘管人民團體超過 5,000 家，但實際與政府合作、互動，或者參與公益、捐款的比例不足十分之一，顯示絕大多數的團體與政府機關關係疏離，且對參與公益活動興趣缺缺。正所謂「政府資源有限、民間力量無窮」，如何將人民成立社團參與社會的初衷與潛藏能量，透過方案加以釋放，就成了社會局擺在眼前最重要的課題之一。

　　社會局經過層層分析，歸納出四大困境，包括：

一、經營能力不足： 人民團體種類與數量雖多，但多由中高齡者組成，缺乏會務經營經驗、法令知識與數位運用能力。

二、缺乏社會責任： 多數團體僅關注自身業務或會員福利，缺少社會責任意識，也沒有參與公益活動的正向經驗。

三、相互缺少交流： 人民團體與政府機關或與其他團體之間的交流互動極為貧乏單調，不僅增加與政府之間的隔閡及誤解，也導致人單勢孤，難以充分發揮潛力。

四、法令程序複雜： 人民團體法令繁雜，複雜的規定不僅增加團體經營門檻，也因行政負擔帶來政府機關與團體雙方層層損耗。

　　在分析完困境後，社會局決心解決這些沉痾，並以培力活化民力、創造私公合

作、社福能量最大化為目標，推出「新北好團結－私公協力、社福新力」方案。

貳、方案策略規劃

本方案推動策略如下：

一、培訓外部人力、行動輔導培力

為培植社團人力，提升團體會務、業務經營能力，社會局首創「社團領航員」制度，招募並培訓社團理事長、理監事、總幹事及工作人員等成為「社團領航員」。透過專業培訓，提升領航員的會（業）務經營能力、專業知識及社會責任觀念。至111 年年底止，已有多達 170 位社團領航員。

社團領航員的工作包括擔任種子講師、實地輔導團體、媒合公益資源、提供值班諮詢服務與協助、支援各項活動等；另外鑒於「社團領航員」政策的成功，社會局再推出「社會福利宣導員」，同樣招募團體理事長、理監事及幹部，經過層層培訓與考試後給予認證。他們的工作是每年配合團體辦理公益活動時，到場宣導各項與民眾相關的社會福利政策。透過社團領航員與社會福利宣導員的多年耕耘，一方面成功縮短民眾與政府之間的距離，成功建立橋梁角色，另一方面增進民眾對社福政策的認識與運用，大大提升政策宣導的成效。

此外，社會局每年皆會辦理分區研習，課程內容涵蓋會務法令、申請公益活動補助、財務、稅務及法律等課程，並安排在地績優團體或深具經驗之團體經營者，分享經營社團經驗，全方位提升社團幹部專業素質。

二、建立社會責任、推動性別平等

為了建立團體的社會責任觀念並認同公益服務的價值，社會局於 106 年舉辦全國首創的人民團體「領航金獎」表揚活動。與傳統的社團和基金會評鑑不同，「領航金獎」以團體前一年度的公益服務影響力和成效作為評選依據。評分項目包括「公益服務投入」、「創新及廣度」、「資源媒合連結」和「外部影響力」等。根據評分結果，將團體分為金獎、銀獎、銅獎和公益獎四個等級，並由市長進行公開表揚。

此外，為凸顯團體行善公益的社會貢獻和價值，每年都會從金獎得主中選出一組最具代表性的團體頒發「最佳領航奉獻獎」，並拍攝成紀錄片，向社會大眾展示他們對公益事業的熱情、快樂和貢獻。這些活動往往能引發話題，激勵更多社團參與公益，成為「領航」社團的先驅。

社團法人新北市淡水區關懷弱勢協會獲頒 111 年度領航金獎「最佳領航奉獻獎」殊榮

三、公民參與、發掘資源

　　為讓人民團體習慣參與公共事務與公益活動，社會局推出以社會福利為主題的「社會福利參與式預算」，這是「由下而上」的「審議式民主」活動，由人民團體作為計畫提案與執行單位，並讓市民參與票選，選出的方案由社會局補助經費執行，過程中創造政府、人民團體與民眾三方互動。

　　同時社會局還每季邀請不同類型的團體，召開「人民團體聯繫會報」，除了結合主題教學培養團體經營能力、社會責任觀念、性別平等觀念外，也規劃不同主題鼓勵團體交流討論。

　　此外，為提升人民團體專業能力，培植建立夥伴關係，社會局於 108 年爭取預算正式開辦「創新性補助」，每案最高補助新臺幣 50 萬元，支持團體推動具實驗精神及創新元素的社會福利方案，一方面彌補政府照顧資源缺口，擴大對弱勢民眾的照顧與服務，另一方面培力社團方案規劃與執行經驗，為未來承接推動政府方案蓄積服務能量。

四、簡政便民、主動革新

　　考量社團幹部普遍為中高齡族群，文書及電腦處理能力較弱，又人民團體須報備之資料相當複雜，社會局全力進行行政程序簡化。首先，針對社團籌組程序，在法令允許的情況，減少籌備會議召開的次數，並減免開會通知及會議紀錄的報備程

序,另重新設計申請書並整併更多會議紀錄、會員名冊等資料範本。經改革後,社團申請籌組到正式立案,時間可從原本平均 4 至 6 個月縮短至 1 至 2 個月,並有效減輕同仁行政負擔。

參、方案特色說明

本方案與其他政府單位培力人民團體的方案有明顯不同,除了本方案是結構化、全方位的政策專案,與其他點狀活動或課程不同之外,還有下列三項主要特色:

一、導入社會責任觀念,傳達正向進步價值

本方案特別強調「社會責任」的觀念,與一般團體課程或活動在主題上有明顯差異,這裡社會局導入了一項獨創理論－「社會投資式循環福利理論」,從傳統的「社會投資」理論進一步延伸,主張政府必須積極培力人民團體,給予更多創新機會與資源,同時植入「社會責任」的意識與使命,鼓勵團體比照企業追求「社會責任」的落實,共同推動公益,讓社會更進步、更美好。

二、培訓外部人力,延伸政府服務觸角

政府機關人力難以擴編,面對每年數量持續增加的人民團體,力有未逮,本方案反其道而行,招募並培訓社團幹部成為「社團領航員」、「社會福利宣導員」,並充分運用他們經營團體的豐富經驗,同時結合政府機關培訓的會務、性平等專業知識,幫助政府外展服務,協助更多社團。

三、由下而上反映需求,給予資源扶持成長

本方案將傳統「補助」的觀念轉變為「投資」,著重投資人民團體,包括能力培育及資源媒合,並強調應由下而上,透過「社會福利參與式預算」、「創新性補助」、「人民團體聯繫會報」等計畫,由團體反映基層及地方需要,並給予資源扶持成長,透過政策帶動,新北市的人民團體能夠化被動為主動,從「接受者」變成「給予者」,徹底翻轉團體面貌。

肆、方案成果與效益

透過本方案的帶動,在「質」方面,我們觀察到人民團體的觀念有顯著地轉變,他們從過去的捐款捐物,現在會主動跟社會局聯繫,詢問弱勢者的真正需求,並希望社會局主動媒合;另外他們也從接受補助的傳統角色,轉變為願意結合會員、志工推動服務方案或大型公益計畫的主動者。

　　而在「量」方面，我們也可以觀察到各項指標都有明顯成長，包括：

一、承接社會局服務方案團體與案件激增：社會局推動社福方案，包括松年大學、婦女大學、樂活大學、銀髮俱樂部等，這些方案都有越來越多團體參與及合作。方案執行期間有多達 577 家團體申請辦理 896 項社福方案，且方案種類逐年增加，實質帶動新北市社會服務能量的成長。

二、外部人力提升與拓展：新北市「社團領航員」迄今已培訓 170 人，「社會福利宣導員」培訓 55 人，他們不僅協助輔導團體會務、宣導政令外，以 111 年疫情爆發為例，他們還臨危受命支援新北市居家照護關懷中心，透過電話答覆在家染疫隔離民眾及家屬的各種問題，並協助物資整理、調度及配送等工作，已成為新北市不可或缺的重要民間力量。

三、捐款捐物公益成效倍增：「好日子愛心大平台」是新北市政府成立用以幫助弱勢、媒合社會資源的重要平台，在本方案推動後，新北市的人民團體捐款、捐物市值達到方案執行前的 3 倍之多；疫情爆發的年度捐款更突破 1 億 4,000 萬元，完全展現社團逐步成長的公益能量。

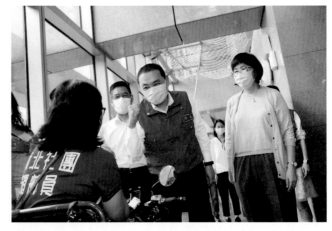

侯友宜市長為坐輪椅支援新北市居家照護關懷中心的社團領航員加油打氣

四、創新方案逐年成長：社會局提供創新性補助方案，讓團體申請，除滿足弱勢族群更多服務需求外，同時培力團體專業、建立夥伴關係。本方案於 108 年開辦時，僅 13 個團體獲補助，服務 1 萬 3,011 人次；之後逐年成長，迄今已補助多達 285 案，受益多達 20 萬 8,168 人次；且各家受補助團體提出各類創新方案，如行動電影車、微創品牌開發、輪椅體驗冒險、女性導覽員、聽障者咖啡師等，激盪更多創意與火花。

醫者父母心
─新北市中醫師公會

陳清貴（專員）

　　社團法人新北市中醫師公會是一個致力於推廣中醫藥發展，提升中醫師專業水準的團體，在參與社會局舉辦的「私公協力、社福新力」分區研習和聯繫會報後，積極參與各項公益活動，108 年曾榮獲新北市人民團體「最佳領航奉獻獎」，公會幹部感受到從事公益的榮譽感與使命，行善態度越發積極。

中醫就是生活 年年捐贈藥膳包

　　公會理事長詹益能表示，中醫就是生活，公會秉持「醫者父母心」的精神，積極投入公益服務。101 年成立中醫師志願服務隊，定期前往偏區義診；連續 15 年舉辦「小神農華陀營」，將中醫的理念和教育向下扎根；也到各校園推動「健腦護鼻操」，教導學童改善過敏鼻炎問題。另外還舉辦小神農探險營，服務足跡遍及 29 區。

　　公會在理事長詹益能的領導下，自 106 年起每年捐贈藥膳包，透過好日子愛心大平台轉贈給弱勢民眾，至 112 年已累計 4,702 份，市值近百萬元。在 112 年的捐贈中，公會還特別揪了科達製藥和順天堂共襄盛舉。另外在疫情嚴峻期間，響應侯友宜市長號召，捐贈防疫基金 60 萬元，支援第一線防疫人員使用。

　　詹益能說，藥膳包是由專業的中醫師根據四季變化和身體狀況設計配方，內含各種有益健康的中藥材和食材，並委託科達製藥利用安心藥材所調製，可直接加熱食用。

新北市中醫師公會理事長詹益能（左）代表捐贈，由侯友宜市長代表受贈

侯友宜市長頒贈感謝牌給新北市中醫師公會理事長詹益能（前排右 5）

響應振興旅遊業 不忘偏區義診

在 Covid-19 疫情期間，國內觀光旅遊受到重挫，為振興旅遊業，觀光旅遊局推動「OK 旅遊」，開創 100 條在地深度旅遊路線，社會局也結合觀旅局舉辦「微型旅展」，向各級社團推薦優質遊程，新北市中醫師公會率先響應，在理事長詹益能帶領下，一群中醫師前往著名的淡蘭古道旅遊，但仍不忘醫師天職，林素貞等醫師並進入雙溪泰平部落為民眾義診。

詹益能表示，泰平部落地處偏區，居民看醫生需要翻山越嶺，非常不便，因此公會在泰平市民活動中心建立義診站，由中醫師望、聞、問、切，仔細幫民眾看診，原本報名 30 名，結果民眾「好康道相報」，最後完成 50 多位診療，有位高齡 90 多歲的部落阿嬤看診後頻頻感謝，還問說下次什麼時候再來。

時任雙溪區長藍瑞珉也到場向公會致謝，並提供蜂蜜檸檬水讓民眾消暑。藍瑞珉表示，感謝新北市中醫師公會到泰平部落義診，也歡迎更多團體到雙溪旅遊，探索原始祕境古道，或是賞荷觀蓮，「走過雙溪，留下愛的足跡！」

另方面，副理事長邱定帶領公會其他幹部和家屬，一起踏足清澈溪水、風光明媚的坪溪古道，並享用以當地食材烹調的「泰平菜」，讓醫師們留下深刻回憶。

公會的善行義舉，獲得各界肯定，但公益之路並未停歇，理事長詹益能於 112 年交棒給現任理事長陳建輝，陳建輝說公會的中醫師已將公益視為自身責任和使命，未來會持續從事更多公益活動，將「醫者父母心」化為具體實踐的行動力。

政府資源有限 民力無窮

吳淑芳（副局長）

「新北好團結－私公協力‧社福新力」讓社會局推動社福政策及工作，在有限的資源、預算及人力，邁向無限的可能！

推動社福工作，除了要有政府預算、人力，最重要要能連結民間各項資源，所謂「政府人力有限、民力無窮」，正是施政者應該追求服務提升的方向。社會局主管人民團體的設立與輔導，如何善盡輔導的機制，培植團體領導者更有能力帶領團體實現團體目標外，更為團體注入更多能量，實現公益、展現社會責任、甚至規劃更多創新服務方案，讓社福工作與時俱進，照亮服務需求及精彩社福的在地化與多元化。

觀察本方案的推動歷程，首先，時任社會局長張錦麗透過她來自民間社團的帶領經驗，張局長深知民團的能力及限制，從 500 擂台賽開始，逐漸帶領團體為創新服務開啟新頁，接下來就是團體的培力，從蔡雪秋科長、鄭淑敏科長、劉冠宏專員及阮琬淳股長，為團體的分級培力並創造社團領航員，讓身為社團領袖的理事長或總幹事透過培力，服務社團、推動社福，甚或推動性平、推展公益，讓政府服務觸角得以延伸、傳達社會責任及正向進步的價值，獲致更多公益成效及更多創新方案推動，達到偏區照顧、豐富社區的目標。

新北社團數高達 5,000 家以上，對社團的輔導與培力，是持續不斷努力的方向，因著社團數量龐大，政府人力有限加上社團領導人更迭，要輔導團體正常運作，避免落入殭屍團體，需耗費相當多人力。因著領航員培訓，讓社會局有了更多共同努力合作的夥伴，開展社團輔導、社福宣導、社區培力、公益服務及創新。

未來工作方向上，當持續不斷地輔導這些社團領導者，讓這些熱情的火花，持續綻放光明與熱力，使團體的力量，透過私公共造，發展民眾有感、人人可參與的服務方案，也讓社團的量能成為新北最堅強也最溫馨的底氣，共創新北安居樂業好日子！

團體有力 新北助力

王如玄（社團法人中華民國華夏社會公益協會理事長）

　　發現問題，解決問題，讓新北人都能過好生活，相信是每個新北市公僕不斷向前的目標。然而，當政府資源力有未逮時，如何讓民間團體成為新北的助力，必須從發現民間團體的困境開始。

　　新北市幅員遼闊，既有山也有海。110 年年底新北市土地面積 20 萬 5 千多公頃，人口也突破 400 萬人。但 111 年中央統籌分配款僅有 355 億元，人均預算分配僅 8,863 元，是六都最低。如果再從弱勢人口看新北需要連結民間資源的需求面向，111 年獨居 65 歲以上長者 4,443 人；身心障礙者 17 萬 5,011 人；低收入戶 1 萬 8,041 戶、人數 3 萬 5,091 人；中低收入戶 1 萬 18 戶、人數 2 萬 5,467 人。更多民間團體的支持，才能協助更多新北社福資源用在有需要的市民和家庭身上。

　　新北市人民團體培力方案特色，不僅是社團經營會務能力與知能的提升，重點在引進「社會創新」概念，以「社會福利參與式預算」，透過由下而上的審議式民主活動，由人民團體作為計畫提案與執行單位，讓市民票選。票選後的方案由社會局補助經費，讓市政執行更貼近市民需求。

　　「社會投資」亦是新北市人民團體培力方案的重要核心。打破以往只是社團一次性活動的辦理形式，鼓勵民間更積極參與社會公益，提升團體對於公益活動的認同度及參與度，建立社會責任。而且不僅是單一社團執行，藉社團間相互交流合作，成立夥伴關係，是讓民間力量更能發揮潛能的關鍵所在。新北市辦理社團聯繫會報並有分組討論腦力激盪，是一個很好的開端，建議應定期舉辦至少兩次，並從中發掘更好的社團培力想法，甚至創新政策建議可納為新北市政府施政的一環。

　　新北市政府的創新性補助可作為社福榜樣。藉由預算編列支持團體推動具實驗精神及創新元素的社會福利方案，不但彌補政府照顧資源缺口，培力社團方案規劃與執行經驗，為未來承接推動政府方案蓄積服務能量。而且創新性補助方案逐年成長，並能結合現今社會環境最迫切需求的社會政策議題，連結不同方式的政策工具，讓新北施政亮點齊發。以女性導覽員為例，開發菁桐女路、淡水女路等，運用在地歷史文化資源，不僅讓二度就業婦女得以就業，也促進在地觀光發展。

　　新北性別平等推動方式多元及成效備受肯定，除了輔導社團籌組或組織章程

明訂「理監事單一性別比例不得低於三分之一」、「提升社團理監事女性比例達40％目標」，同時也將性別平等意識培力及倡議納入社團研習課程，並表揚性別平等績優團體，都可以看見新北打破各自本位框架施政的無限可能，以及賦予民間團體更多活力的努力。

「好，還要更好。」新北市人民團體是新北市施政的好幫手，也是夥伴。未來在社團專業培訓方面，建議必須隨著人工智慧（AI）的趨勢，培力具雲端科技的運用服務能力。在社會創新方面，必須隨時檢視不合時宜的創新補助，並能增加創新補助的成果展現及交流，辦理共識營，協助社團轉型，跳脫傳統運作模式，與時俱進發揮更大效益。

有Food（福）同享

新北惜食分享網

有 Food（福）同享
—新北惜食分享網

何威志（社會工作科社會工作師）
許紋諄（約聘社會工作督導）
林映青（時任社會工作科股長）
楊祥鈺（時任社會工作科社會工作督導）
劉文湘（社會工作科科長）

壹、方案緣起

一、國內外的糧食浪費議題

聯合國糧食及農業組織（FAO）102 年數據指出，全球每年生產食物中約 1/3 損失或遭到浪費，而在這樣大量的損失及浪費發生的同時，卻仍有 7 億左右的人口在飢餓當中，在農業及食品技術日新月異的現在，飢餓問題不但沒有消除，且隨著人口增加持續成長，在 139 年時的糧食產量需增加至 94 年的 106%，才能因應全球人口的需求。

在國內因便利的交通以及繁榮的商業發展，非常容易且便宜取得所需要的各種食物，因居住模式改變以及便利性，外食機會提高，為滿足當下口欲易發生過量點餐的狀況，而吃不完的餐點都直接丟棄；市場為了吸引消費者購買而精選外觀好看的產品，其他有點缺陷的產品在到市場前可能就遭到剔除。

二、環境面成本及社會面需求

剩食不僅意味著投入的生產成本遭到浪費，處理上所衍生的費用以及對環境所造成的負面影響也隨之增加。

而在社區當中，部分經濟相對弱勢的民眾，可能因未達福利申請標準，而無法取得補助以致生活陷入困境；爰政府設有相當多的社區據點以就近照顧弱勢，然而在推動過程當中，如何兼以惠而不費及殘補式的福利理念，透過格外品（不符市場規格，但是品質無虞的農產品）再運用的方式減少在地照顧上的成本支出，並促進永續穩定的服務為主要思考方向。

貳、方案策略規劃

一、以弱勢優先進行思考

在減少浪費的策略上，分為廚餘減量以及格外品利用等兩大方向，透過源頭管理減少生產鏈中、上游各環節的浪費；藉由格外品的利用，大大減少食物成為廚餘。

當格外品被視為資源，運用的方式及對象影響著資源的價值，因此弱勢需求成為策略規劃上的重點，再者新北幅員遼闊，城鄉之間所存在的資源差異，直接影響弱勢的在地照顧，偏遠社區資源的提供及社區資源豐富度的提高，成為惜食分享網在資源分配上的重要考量。

二、以跨局處及私公協力推動惜食運動

食物浪費問題多且雜，因此在建構新北惜食分享網方案前，需先順理出幾個重點方向：

（一）產生食物浪費的源頭

從整個生產鏈來看，產生食物浪費的問題來源分成三個部分：

1. 下游消費端的家庭及學校浪費。
2. 中游批發零售端的市場及企業的篩選加工。
3. 上游產地端在成本考量下的捨棄。

新北市於 105 年跨局處聯手推動惜食分享網

從以上三個生產鏈的環節，對應到相關角色，可初步得知後續需要影響及合作的對象。

（二）影響及合作的對象

1. 消費端：國內外許多剩食方案的處理，消費者都是主要的改變對象，不論是倡導有規劃的採買、不單從外觀挑選，或是透過餐廳等方式，讓消費者從料理品嘗過程理解剩食的價值等，唯有透過群眾觀念及行為的改變，才能從末端往前影響整個生產鏈，畢竟對市場而言，供給取

新北市政府推動惜食分享網獲得國際大都會協會首屆領航計畫

決於需求；因此消費者（市民、學校）觀念的改變、以及惜食食材的運用對象（社區），為消費端需要合作的對象。

2. 批發、零售端：批發市場為每個縣市的農產集散地，各地的農產在此進行交易，過程中部分因運輸過程損傷的蔬果會先被淘汰；零售的市場、超市及賣場等，不僅在上架前會先做初步篩選，上架後消費者對於外觀的選擇等都是零售端產生的浪費；在食品加工部分，工廠大量進貨，經過規格化的篩選與裁切，許多格外品及下腳品遭到廢棄，淘汰及廢棄食物的處理，亦是一筆費用的支出，若可運用這些食材，不僅業者可節省一筆處理成本，有食物需求的人亦可省下一筆開銷。

3. 產地端：較大的生產地可透過大量的運輸壓低成本，然規模較小的自營農，所生產的量不足以負擔運輸成本，過往僅可透過自產自銷的方式進行販售；然而當市場供過於求造成價崩，抑或是小農無管道可進行銷售時，食物可能在產地就遭到廢棄，於此，價崩時的大量農產處理以及小農的銷售，成為產地端需要思考的問題。

（三）方案規劃上如何兼具廣度及深度

透過定義問題及盤點出影響及合作對象後，可以瞭解到想要較為全面地改變食物浪費，並不能單靠任何一個局處，且食物的生產及消費均來自民間企業及個人，

僅靠公部門無法使政策有效推動。從以上兩點，105 年 8 月新北市推動「新北惜食分享網」，即以跨局處的專業橫向合作，以及各局處依專業職掌與民間垂直的私公協力，透過公部門的影響力，帶動民間的加入。

三、惜食分享網的架構

　　惜食分享網方案，以公益、教育及環保等，作為方案推動的三大主軸，希望從這三個方向影響不同層面的問題及對象，改變新北市食物浪費以及社區資源不足的問題。主要工作局處為社會局、教育局、衛生局、農業局（含新北市果菜運銷股份有限公司）、環保局及經發局（含市場處）等 6 局處；幕僚局處為法制局、新聞局、祕書處及研考會（資訊中心）等 4 局處，並由府層級的祕書長主持帶領，定期召開跨局處會議，針對推動方向及策略進行討論及調整。

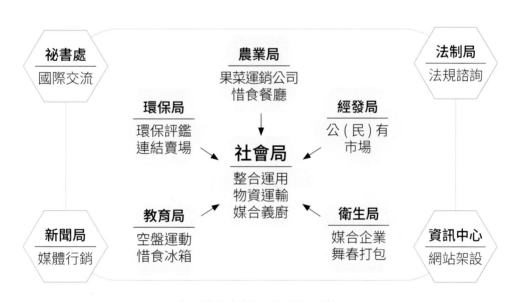

新北惜食分享網團隊合作關係圖

（一）公益層面

　　因以公益為重的特點，故由社會局擔任主責局處，負責管理食材媒合、整理、運送及後端處理等相關單位，由相關機關（如：農業局、衛生局、市場處等）媒合優良市場及食品企業後，進行合作模式的討論及後續捐贈，為使資源有效運用及帶起惜食運動，以多元方案及私公協力方式帶進更多單位加入。

1. 市場捐贈平台與理菜志工

　　每當市場加入後，社會局安排志工於定時定點協助食材的整理及分配，如新北市果菜運銷股份有限公司兩處市場，自加入惜食方案開始，即媒合社會福利服務中心的志工團隊進入，針對行口所捐贈的格外品蔬菜進行初步檢視及整理，再依當日領菜社區數進行分配，由冷藏（凍）車配送或由鄰近的社區領取。

2. 惜食分享車運輸暨食育宣導

　　新北市幅員遼闊，為避免食物於運輸過程發生質變，造成食安問題，甚至是二次浪費，故媒合民間捐贈 3 部冷藏（凍）車，委託並藉由民間社福團體的豐富經驗進行食材的收受及配送等管理。

3. 惜食分享廚房與義廚

　　除了提供食材外，為提高社區保存及運用上之能力，在硬體部分針對服務頻率較高、人數較多者提供設施設備補助；在軟體部分，則是媒合餐飲相關大專院校及高職的師生團隊進入社區，除透過交流提高志工在食材運用上的知能外，也讓學生有更多實作經驗，同時透過服務，與社區長輩及孩子互動，達到世代共融的效果。

（二）教育層面

　　為使消費者及餐飲相關企業減少食物浪費，教育局、農業局、衛生局、環保局等局處亦針對不同對象進行不同方式的惜食理念推動：

1. 空盤運動

　　新北市境內 300 所學校，推動營養午餐吃光光的空盤運動，除讓學童從行動改變開始，慢慢將惜食觀念深植外，為使空盤運動更易落實，連結營養師以及團膳廠商，在不影響營養攝取狀況下調整菜色，並將所餘的餐點打包，提供給有需要的弱勢學童攜回。

2. 輔導評鑑

　　環保局每年針對餐飲相關業者進行評鑑輔導，減少餐點製作過程產生不必要的浪費。

3. 宣導及惜食網站架設

　　衛生局將惜食與本身食安宣導業務結合進入社區及學校宣導外，透過惜食分享網站的架設，呈現推動成果以及各局處活動資訊，將惜食觀念更廣泛地傳達。

（三）環保層面

　　透過公益面的重新運用，以及教育面的空盤運動、評鑑輔導及市民宣導等，逐

漸減少廚餘的產生，而針對源頭的產地端及最末端無法再被食用的部分，以下列策略推動：

1.　產地端－惜食分享餐廳

　　針對產地端的廢棄，農業局為使有機小農有銷售管道，並鼓勵餐廳進用格外品、醜蔬果，特別建置格外品銷售平台，同時也與餐廳合作「惜食分享餐廳」，讓消費者不僅可以品嘗到格外品的美味，也讓餐廳作為格外品的銷售通路之一。

2.　最末端－循環運用

　　環保局及教育局輔導學校及社區，透過堆肥、生物處理等循環運用方式，讓食物到最後都能夠被妥善利用，而非直接透過掩埋造成土地的污染。

參、方案特色說明

　　新北惜食分享網推動後，陸續獲得國內外的肯定及關注，相形於許多的政策及方案，惜食分享網更加貼近生活，且具備特色。

一、方案建構上的特色

（一）非聚焦剩食，更注重源頭管理廚餘減量

　　有別於國內外許多針對剩食的方案，將重點放在「如何處理剩食」上；新北惜食分享網除將剩食作公益運用外，往前回溯生產鏈各環節進行改變及源頭管理，以減少食物浪費，往後思考廚餘運用，使食物盡可能發揮最大效益。

（二）跨局處工作團隊，齊力落實惜食分享

　　國內外不乏針對食物運用相關的方案，然而，大部分卻僅只於單一局處或是部門進行推動，因專業領域的限制，對於整個食物浪費議題的改變也有其侷限性；透過跨局處團隊推動，不僅可運用相關局處之專業及資源，更可減少許多行政、人力及時間上的成本，方案在

NG 醜蔬果也可以變美食

推動過程透過不同專業的交流，更可激發出許多想法及創意。

（三）以公益作為串起惜食與資源需求的平台

食物浪費以及社區資源不足，看似兩個獨立的問題，若個別處理恐需耗費相當大的成本；若以公益為解方，透過食材的重新整理及運用，成為穩定社區服務的重要資源，不僅可減少在地政府於解決問題上的支出、降低業者的處理成本、滿足社區的不足外，更讓每一位參與方案推動的人，都有從事公益的成就感，進而引起更多人投入及響應。

（四）扣合永續發展指標，共同珍愛地球環保

方案的推展與城市發展息息相關，聯合國於 104 年宣布「2030 永續發展指標」（SDGs）中，惜食分享網透過私公協力，以宣導、教育等方式改變市民觀念及價值；並將媒合來的格外品及下腳品等運用於公益，減少弱勢飢餓及貧困，符合「SDG1 終結貧窮」、「SDG2 消除飢餓」、「SDG12 責任生產及消費」及「SDG17 多元夥伴關係」等多項指標。

二、影響外部的特色

（一）率先由公部門起頭帶動

對於推動食物相關方案的單位而言，食安風險的考量占據大部分，市場不乏有想捐贈的業者，但對於受贈的單位而言，食物處理的妥適與否，將會對捐贈單位及受贈單位帶來巨大的影響，特別是作為食品安全法規把關者的政府部門，更需經過縝密的評估。因此在媒合捐贈上，除了透過衛生局推薦優良廠商，並實地拜訪說明，釐清雙方顧慮並討論合作模式，更透過委託專業民間社福單位執行冷藏（凍）車的運輸，確保食品保存，以及在社區據點烹煮前，經過志工進一步確認食物狀況並煮至全熟，以降低長輩及弱勢兒童的食安風險。透過層層把關的機制，讓捐贈者及使用者得以更加安心，同時也讓民間看見政府部門投入，而更放心地響應或是發展出更多惜食相關的方案。

（二）與時下趨勢的結合

近年來，企業文化逐漸從營利導向轉變成與社會共好，越來越多企業重視 CSR（企業社會責任）以及 ESG（環境保護、社會責任、公司治理），開始向外發展公益。食品及餐飲相關企業為新北惜食分享網在翻轉食物浪費上的主要合作及改變對象，在此趨勢下，減少食物浪費的推動，不僅解決企業及社區的問題，同時也讓企業透

過公益參與，有落實 CSR 及 ESG 的機會。除了企業外，大專院校近年重視的 USR（大學社會責任），亦是提高專業團隊加入的契機，如：黎明技術學院餐飲管理學系，在參與泰山大科社區的義廚服務後，邀請社區內長輩進入校園參觀及學習，並結合中央的 USR 計畫，將更多的資源帶進校園及社區。以上在在顯示方案的推動，如能緊扣時下趨勢，更易獲得助益。

肆、方案成果與效益

一、推動成果

（一）**公益層面：**透過食材的捐注，不僅豐富社區共餐資源，更讓社區內的長輩及課輔班的弱勢兒少吃到營養的餐食；學校推動空盤運動之餘，將剩餘午餐提供予弱勢孩童帶回與家人享用，減少家庭開銷等，自方案推動至 112 年 7 月，共計超過 164 萬人次受益。

（二）**影響力層面：**在新北市內透過各種不同場合的宣導、輔導評鑑等，因認同惜食理念而與惜食分享網合作之企業、社區據點、學校、餐廳及餐飲相關事業等，共計超過 1,600 個單位。

（三）**環保層面：**經由重新運用食材、空盤運動及輔導評鑑等方式減少廚餘量超過 3,930 公噸，相當於 77 座 101 大樓高度（註 1）；以及透過學校及社區利用堆肥、蚓菜及黑水虻系統等方式，將廚餘循環運用累計超過 985 公噸。

二、影響及擴散

（一）內部影響

惜食分享網自 105 年 8 月開辦以來，透過各局處不同方案的推動，逐漸將「惜食」觀念慢慢深入到各個不同層面，且因其生活化的特點，也讓推動單位有不同的思考，如：109 年起社會局與民間單位合作，結合惜食、食育及弱勢兒少增能等元素，

民間捐贈舞春惜食號，幫忙載運到偏區惜食廚房據點

辦理兒少料理體驗活動，讓弱勢家庭的孩子在有限資源下，瞭解食物的運用，為自己或協助家人準備簡易、新鮮且營養的餐食，而非一味仰賴泡麵、罐頭及調理包等便利但高負擔的食物。

考量大量物資的保存，於 109 年開始與民間單位合作，將大量捐贈之肉品製作成冷凍調理包，除延長食材的保存外，對於設備不足且小型的社區共餐據點而言，加熱即食的特點在運用上更帶來許多便利。

除了方案推動過程受「惜食」觀念的影響，不斷滾動調整及創新外，接觸方案的相關人員，在工作或生活上也逐漸將惜食作為指標，盡可能避免浪費。

（二）外部擴散

新北市在 105 年開辦惜食分享網後，除了境內的企業、市場及社區響應逐漸增加外，其他縣市政府也陸續推動惜食相關計畫，如 107 年桃園市政府推動的優食計畫及環保署的惜食店鋪、108 年臺南市政府推動惜食續食愛心公共倉儲等；在國際影響上，106 年惜食分享網獲選大都會協會首屆領航計畫，並於 107 年、108 年與南美洲厄瓜多基多市及哥倫比亞麥德林市進行惜食相關方案交流，其中「跨局處合作」為兩城市所青睞，作為未來方案推動所鑑。

除了對城市的影響外，對於產業亦有其影響性，當盛產作物價格崩盤，如：高麗菜、香蕉或是農產外銷受阻，如 110 年的鳳梨等，惜食分享網的存在，讓一些善心企業及團體，在支持農民之後，可以將物資透過惜食分享網提供給有需要的社區或是弱勢家庭，這使得更多人願意一同解決產地的銷路問題，達到生產者、捐贈者及弱勢者多贏的局面。

註 1：計算式：以一個廚餘桶約高 1 公尺（可盛裝 100 公斤廚餘），及 101 大樓高度約 508 公尺計算，
　　　3,930（公噸／千公斤）÷0.1 公噸 ÷508（公尺）=77。

黎明即起當志工
—「黑手」理菜志工吳黎明

陳清貴（專員）

「黎明即起當志工！」今年 67 歲的吳黎明每週三上午固定會到三重果菜批發市場擔任理菜志工，他和其他理菜志工會先將批發商捐贈的蔬果一一檢視，挑揀出有黃葉、稍爛的蔬果，再重新裝入箱，搬運給前來領菜者的車上，如此一做就是 5 年。

「生活夠用就好！」

單親撫養兩名女兒的吳黎明，在三重原來從事印刷機製造修理，他笑稱自己是「黑手出身」，但「白手起家」，栽培兩名女兒受到高等教育，均已結婚成家：一個在聯電工作，另位在飯店服務，讓他已無後顧之憂。加上製造業外移到大陸，因此他在黑手生涯 40 年後毅然退休，「目前每月還領有勞退，生活夠用就好。」吳黎明為自己的人生理念下了註腳。

吳黎明同時還身兼新北市佈老志工，每週會到獨居長輩家中陪伴，陪長輩唱唱卡拉 OK。他說獨居的黃阿伯很喜歡唱歌，年輕時還領有演員證，擅長唱臺語老歌和日本歌，像是〈男性的苦戀〉、〈細雪〉等，每當黃阿伯唱歌，他就在一旁打拍子，臨別時總是依依不捨。

為陪伴視障阿伯還學定向

吳黎明為了陪伴另位視障阿伯，還特地去愛明發展中心學習定向訓練，瞭解視障者白手杖的使用，這樣他就能帶著視障阿伯到公園散心，視

吳黎明擔任佈老志工，為陪伴視障者，還專程到愛明發展中心接受定向訓練和白手杖的使用

障阿伯也會較有意願出門。

在三重領取惜食蔬果的共有 15 個據點，包含土城、五股、鶯歌、汐止、蘆洲、三重等。五股社區發展協會理事長紀順鎰會親自開著小貨車來載取，紀理事長說疫情舒緩後，每週三、五恢復老人共餐，含志工約有 50 位長輩參加。他拿了高麗菜、地瓜、蚵白菜、茼蒿、佛手瓜和青椒等，另外還有一大箱挑揀下來的大白菜葉子，這些是要給雞鴨吃，因為養了 20 多隻，長輩也會幫忙照顧，彷彿回到農家樂。

珍惜所有食材，即使 NG 醜蔬果、挑剪下來的菜葉子，一點也都不浪費，這正是像吳黎明這樣的理菜志工和每週前來領菜者的共同信念，也是新北市推動惜食分享運動的精神。

果菜批發市場行口捐贈的黃椒，經過理菜志工挑揀後，仍可當惜食食材

黑手出身的吳黎明（中）每週三上午固定會到三重果菜批發市場擔任理菜志工，一做就是 5 年

惜食分享 7 年多媒合超過 1,061 噸

新北市全國首創推動惜食分享網 7 年多，已媒合獲贈超過 1,061 噸的 NG 醜蔬果和肉品加工廠邊角肉，作為老人共餐或小衛星課後照顧據點使用，受惠高達 164 萬人次。不僅減少食材浪費，也減輕環保單位的廚餘處理，更達到聯合國永續發展 SDGs 終結貧窮和消除飢餓的目標。

為世代永續發展而努力

黃逢明 (主任祕書)

從口號變成行動

　　記得 105 年 8 月當我們推動「新北惜食分享網方案」前，說實在的，不要浪費食物還都只是餐桌邊的提醒或是口號，我們正式推動後，透過各相關局處連結相關對象及單位，從源頭管理減少浪費，也為一些要被廢棄的食物找到更好出處，希望改變從口號形成一股影響著不同層面的行動。

　　事實上，在推動的過程中，有許多問題需克服，最重要的是如何落實在我們的實際生活中，推動後，我觀察發現「惜食」慢慢成為人與人之間的提醒及問候，「還有菜，要惜食！」、「夠吃就好了吧？惜食惜食」，我很少看到一個方案是如此地貼近我們的生活甚至開始影響我們的習慣以及價值。在過去，農產價格崩盤，或是出口受阻等等之類的事件發生時，相較於生計受影響的一級產業，我們的感覺僅止於市場價格的些微波動；但在「惜食分享網」這個平台出現之後，更多的人、公司及團體，可以用行動支持購買或捐贈作為公益使用，讓這塊土地上辛苦生產食物的人不至於受到更大損失，同時也讓社會上缺乏資源的一端可以得到幫助，從這幾年購買高麗菜及鳳梨幫助弱勢，以及越來越多的企業及單位響應惜食等等，在在看

新北市推動惜食分享網做公益使用，還兼具環保和教育意涵

見對於減少食物浪費方面所產生的影響。

從相互學習中成長

這 6 年多，我也觀察到藉由汲取民間及各方經驗，讓「惜食分享網方案」不斷成長，與 1919 合作的惜食車運輸計畫即是一個例子，透過運用民間現成的經驗及專業，省去摸索的時間成本，讓方案運作可以更快上軌道，合作過程為了因應大量捐贈所帶來的保存問題，而嘗試製作冷凍調理包，讓捐贈出來的食物不會因無法消化而造成二次浪費。

惜食分享網在推動後的隔一年（106 年），就受到世界大都會協會的肯定，獲選為該組織首屆領航計畫，並與其他城市進行橫跨三個年度的交流，這對於推動方案的市府團隊而言可說是莫大鼓舞，而跨國際的交流更是能從不同文化及國情來學習相似方案的絕佳機會。107 年 10 月新北市府團隊 5 位夥伴前往厄瓜多的基多市，並在當地的論壇上分享新北惜食分享網的策略及推動成果，更在分享後有許多來自不同國家的參與者前來瞭解及詢問相關細節。

交流之間，其他城市看見跨局處運作的優勢，其他城市也讓我們瞭解到，責任性消費及生產這一概念的落實，對於深植惜食觀念及減少生產鏈上各環節浪費均有相當大的影響。這樣跨國之間分享也延續到了 108 年辦理的永續食物國際論壇，以及大都會惜食領航計畫工作坊等，甚至謝政達副市長在 108 年於澳洲舉辦的亞太城市峰會暨市長論壇上，也向其他城市展現新北惜食分享網的成果及經驗。

糧食議題也許在近幾年的疫情下，並不是相對急迫的議題，然而就像是灰犀牛一樣，當在未來的某一天來到面前，我們才願意正視這個問題時，已來不及改變。當看見越來越多的單位、城市甚至國家用各種不同的方式來減少食物浪費時，同在惜食的我們也會有被激勵的感覺，因為願意正視下一代未來及永續的夥伴，正在快速增加。

未來展望

在 108 年新北市推出的第一本永續發展目標地方自願檢視報告中，「惜食分享網方案」即被納入市府 SDGs 的重要政策之一，也隨著近幾年業界對 CSR 以及 ESG 的重視，讓企業從原本單純的商業考量，逐漸思考到作為社會一分子的責任，目前有許多公司及企業在處理即期品或格外品時，會主動先聯繫新北惜食分享網，希望可以將食物用在有需要的地方，這不僅是企業對社會責任以及環保意識抬頭，更是惜食分享網在價值行銷上的成果，未來也能透過議題結合，與企業及相關單位有更多且更深入的合作。

公益、教育又環保
——新北惜食分享網

劉一龍（輔仁大學社會工作學系副教授兼系主任）

背景

　　大家不知是否有此疑惑：「在臺灣，會有人吃不飽嗎？」因為有廣泛且強大的公部門和民間單位的支持系統，挨餓在臺灣十分罕見。但是，世界仍有不少人陷於飢餓中，引發糧食議題的討論。雖然「餓肚子」在臺灣並不常見，並不意味臺灣不會有糧食問題，特別是以熱量計算，近來的糧食自給率多維持在 30-35％左右，加上農村人口高齡化、從事農業人口下滑，都是臺灣未來糧食供給的不確定因素。儘管如此，社會氛圍仍朝向重視美觀、精緻或大食量的現象，在商業包裝或網路行銷的風氣下，過度點餐消費也帶來剩食困境。因此，如何從源頭分流把關，甚至教育大眾惜食理念，成為有遠見者需面對之議題。

　　「新北惜食分享網」方向是廚餘減量和格外品利用，透過跨局處和私公部門合作來推展惜食理念和執行計畫，從食物浪費源頭、相關對象和方案規劃著手，並在不同面向獲得良好成效。「新北惜食分享網」的特色有：

一、公益面，跨局處與志願人力協助

　　由社會局主籌，搭配農業局、衛生局和市場處等單位，進行媒合、整理、運送和處理，建構良好的合作模式。納入志工人力進行整理和分配，並和學校合作進行實作。

二、教育面，多面向的教育宣傳輔導

　　從學校端的教育、網站宣導開始，讓惜食理念拓展至每一個家庭。同時針對餐飲業輔導，減少不必要的食材浪費。

三、環保面，從源頭到末端的正循環

　　為產地端的格外品找去處，無論是銷售或使用格外品之餐廳，積極媒合；其他則是透過堆肥和生物處理方式再利用，發揮最大價值。

計畫啟發

關於「新北惜食分享網」
的啟發有：

一、社會工作的無限可能：「新
北惜食分享網」由社會局
主籌，看似和社會工作不
相關，其實是種社區工
作。例如：市場端溝通、
志工人力安排、滿足社區
需求等，都是社會工作的
一環。另外，與同在公部
門之下的橫向連結也更
加容易。

新北市政府 112 年 7 月在「強化 APEC 糧食體系、數位化
與創新科技以降低糧損與食物浪費研討會」中展示推動惜
食分享網的具體成果

二、惜食分享的學習交流：「新
北惜食分享網」也帶來政策學習效果，成為其他縣市取經對象，各自推出理念
一致、名稱不同的計畫。同時，擴大國際交流機會。在同一陣線上，做相同的
事。

三、農業資源的永續經營：「新北惜食分享網」讓格外品有了出路，提升農業耕作
的經濟價值，不僅有永續經營的概念，也隱含鼓勵從農人口的增加，為提高糧
食自給多些可能。

四、弱勢族群的需求滿足：「新北惜食分享網」讓資源短缺的個人、家庭和社區多
了滿足需求的機會，弱勢族群減少食物支出，能將其他經濟資源用在他處，為
其消費和生活多些選擇。

五、企業責任被重新喚醒：商業經濟中，「新北惜食分享網」提醒企業應善盡責任，
追求利潤和社會責任並行。

「烙印」與「重生」

八仙樂園粉塵氣爆救災經驗
之社工實務及服務省思

「烙印」與「重生」
—八仙樂園粉塵氣爆救災經驗之社工實務及服務省思

黃逢明（主任祕書）
林沂儒（文山社會福利服務中心主任）
蕭家筠（社會工作科約聘社工員）

壹、方案緣起

104 年 6 月 27 日晚上 8 點多，八仙海岸水上樂園（以下簡稱八仙樂園）舉辦彩色派對活動時，發生粉塵氣爆事故，約有 500 人受到程度不等的燒燙傷，當天晚上相當混亂，新北市政府立即派出社工前往各醫院，希望能即時瞭解醫院傷患實際狀況及可能提供的協助，但當晚有一波又一波的傷患湧入醫院，光是應付緊急狀況就已分身乏術，所以也搞不清輕症與重症的傷患有多少，當下對家屬及傷患的服務掌握確實有限。

不同於以往的救災經驗，此次八仙樂園粉塵氣爆，可說是新北市政府一項全新的挑戰，我們看到不同縣市的家屬紛紛從各地趕往醫院的心慌、焦急及不知所措，也看到醫院加護病房前、病房內家屬的忐忑心情及無言的沉重，我們要怎麼做？傷患需要什麼協助？家屬又需要什麼協助？如何進行需求評估？社工又該扮演何種角色？這一切問題都需要從實際情境著手，隨時因應調整，才有可能根據傷患及家屬的需要提供服務，以滿足其需求。

八仙樂園粉塵氣爆發生迄今已 8 年多了，事發時新北市政府立即成立災害應變中心，動員各局處進行救災救護分

八仙塵爆案發現場－可以看到原本參加彩色派對的民眾在倉皇逃離後凌亂的現場　（記者鄭清元／攝影，由聯合報系授權提供）

工，事發後針對傷患及家屬提供關懷支持與各種面向的服務，另外設立捐款專戶匯集各界愛心及設立「善款管理委員會」，以減輕傷患在醫療復健過程的負擔。為了幫助傷患獲得妥適的醫療復健，儘早重返社會、回歸生活日常，衛生福利部與新北市政府也共同成立「627 燒燙傷專案管理中心」，為傷患提供延續性及全面性的照顧。為配合傷患出院後的復健需求，新北市政府與陽光社會福利基金會合作建置「新北陽光重建中心」，並設立「新北陽光家園」，提供傷患後續復健及住宿的需求。中央、各縣市、新北市政府團隊及陽光社會福利基金會與其他公私部門多年來不斷地合作努力，希望盡力協助傷患及家屬走出傷痛。

此次八仙粉塵氣爆對於新北市社會福利體系的發展及實務服務有其特殊意義，就組織層面而言，八仙樂園粉塵氣爆衝擊了新北市政府救災體系，要服務的對象眾多，需要跨機關、跨團隊人員的共同投入；就社工專業服務層面而言，在服務過程中，需長期關懷陪伴，扮演不同面向的助人角色，有許多實務工作經驗與心得值得分享。惟因八仙樂園粉塵氣爆涉及面向太多太廣，本文聚焦於「新北市政府社工投入八仙粉塵氣爆的服務經驗及省思」，並彙整出服務規劃方案架構及特色，希望提供日後各縣市及相關單位執行災變社會工作的參考，且期盼社會工作者日後面對不同型態的災害，能厚植足以應付的知識能力及服務經驗。

貳、服務現場情境及災害型態

一、服務現場情境

事發第一週，社工看到醫院持續在調整傷患，社工一開始投入的任務相當艱鉅，因為傷患不斷送進及送出，轉院或返家，傷患及家屬資料時刻都在變化，很難第一時間清晰瞭解醫院傷患名單，也只能盡力在混亂中蒐集家屬資料。

從各縣市趕往醫院的家屬對於北部環境不熟悉，而有住宿、交通、就業、就學及想轉院的立即需求，社工在前線接收家屬的多元需求後回報社會局社會工作科彙整，社會局明白此次災害後續處理已非社政部門單一可協助解決，除醫療外，針對家屬需求更需要跨專業及跨機關團隊合作，包含第一時間區公所與衛生單位合作，至醫院提供駐點服務。當社工在前線忙著和醫院社工一起找家屬詢問需求時，衛生局負責與醫院溝通，區公所負責協調場地和便當，社工才有辦法對於現場狀況即時反應需求及彙整資料給局內，讓社會局針對傷患及家屬的需求，能即時展開跨機關，甚至是跨縣市的橫向合作，或反應給中央溝通協調。

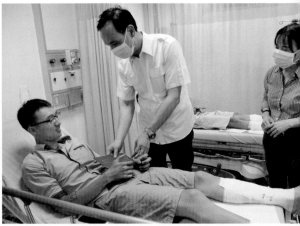

時任市長朱立倫於 104 年 6 月 27 日深夜前往市立醫院慰問並聽取院長搶救傷患說明時，當時電視新聞正在報導八仙塵爆事件

時任市長朱立倫和時任社會局長李麗圳在事件發生後，第一時間趕赴醫院探視傷者並致贈慰問金

二、不一樣的災害型態

　　進一步分析，此次八仙樂園粉塵氣爆，不同於颱風、地震及其他天然災害型態，包括以下三部分：

（一）短期內大量燒燙傷傷患出現： 八仙樂園粉塵氣爆事故，長達 40 秒的火災，即時燒燙傷達 499 人，燒燙傷面積 80% 以上計 41 人，面積 40-80% 計 240 人，受傷人數眾多且大多為年輕人。

（二）傷患及家屬需求多元： 此次傷患人數共計 499 人，遍及北、中、南各縣市，也有少數外籍人士及學生，傷患及家屬需求多元，包括生理、心理、物質或環境等需求。小從部分家屬需要社工教導 YouBike 微笑單車及 LINE 如何使用，大至涉及制度面則包括傷患及家屬提出車票、就學、就業、當兵、轉院、經濟、喪葬、急難救助、旅館、行動不便的交通協助、簽證、外籍學生返國、長期復健……等相關需求。社工除了需要隨時更新訊息外，更需隨時傾聽彙整傷患及家屬的需求，傷患及家屬提出需求後，更期待能被立即滿足，這部分也需要仰賴社工回報並彙整跨機關的資訊，回應給傷患及家屬。

（三）服務內容是團體戰也是持久戰： 在混亂的狀況下，燒燙傷傷患及家屬有多元需求，社工在第一時間介入，當時並沒有規劃結束的時間表，提供社工專業服務的背後需要跨機關整合及強力支援。

參、服務規劃與社工的任務

一、服務規劃

　　新北市政府雖然對各類救災經驗累積甚多，天然災害的補助及安置或重建做法已有先例可循，但此次八仙樂園粉塵氣爆事件不僅前所未有，而且無前例可循，傷患達 499 人，很多都是高度燒燙傷，後續要協助的服務面向多元，因此就實際現場的情境及社工關懷訪談整理出的傷患及家屬需求，新北市政府擬定了「一人一案」、「社會局、衛生局及區公所聯合派駐醫院」、「跨機關關懷訪視」、「長期陪伴」等服務規劃。

　　進一步說明，這次燒燙傷傷患多為年輕人，家屬分布在北、中、南部，戶籍分布 20 個縣市，也包括少數外籍人士。燒燙傷需要長期關懷，於是服務規劃初期即擬定「一人一案」服務模式，「一人一案」是社工在現場傾聽家屬的需求，瞭解家屬問題，減輕家屬壓力，透過整個市府團隊支撐起一個個危機家庭；「社會局、衛生局及區公所聯合派駐醫院」是社會福利服務中心服務家屬、區公所協調醫院及現場資源，例如：便當、睡袋；衛生所協調醫療資源及跨單位家屬關懷；「跨機關關懷訪視」主要是因為傷患及家屬人數眾多，需要各局處人員支援，因此新北市政府各機關首長及同仁配合一人一案關懷機制，共同協處家屬需求。

二、社工的任務

　　社工在服務的過程中，任務包括以下四部分：

（一）蒐集資料及需求評估家屬需求

1. 每日掌握醫院資訊，個案資料回報、每日下午服務歷程回報，包含往生、開刀及案主醫療資訊。
2. 與醫院積極建立關係，現場醫院及網絡各相關機構聯絡窗口。

（二）即時回報家屬需求，依現場狀況連結並提供各項急難服務

1. 回報社會局社會工作科家屬多元需求，由社會局社會工作科彙整並協調各相關機關提供適切資源。
2. 家屬對醫院需求由社會局社工轉達給醫院社工協調醫院資源協處。
3. 家屬急難救助需求，評估申請政府補助或媒合轉介民間資源協助案家。

（三）跨單位協調及規劃傷患、家屬所需服務及爭取資源。

1. 現場與網絡溝通（中央、各縣市政府、跨機關首長、醫院社工師、醫院、區公所、衛生所、各科等前來協力）並回應社會局網絡溝通現況。
2. 回報社會局家屬需求及期待，燒燙傷服務規劃及後續中、長期服務。
3. 危機事件緊急回報，並陪同家屬至往生室、安慰家屬、發放慰問金、協調急難救助金。
4. 各界愛心資源湧入彙整與運用，並即時媒合符合協助的個案，連結資源服務，讓個案使用到更多符合其需求的資源。

（四）個案及家庭服務

1. 接納家屬的悲傷歷程，包含家屬怒氣及質疑、安撫及支持家屬情緒。表達市府慰問之意，並持續提供支持與陪伴。
2. 蒐集家屬需求、轉達資訊、將相關資源具體回應家屬。
   （1）申請急難救助：評估案家經濟協助申請政府及民間資源，協助案家度過難關。
   （2）個別化評估家屬需求：評估就學、就業、兵役、轉院、住宿及其他個別需求。
3. 陪同家屬代表進入協調機制、資料蒐集、建立家屬及網絡的關係。
4. 向服務對象說明所提供服務的內容和程序。
5. 有關家屬長期復健的擔心，提供社會局和陽光社會福利基金會合作資訊。
6. 往生者家屬悲傷輔導：傾聽及陪伴家屬的情緒及憤怒、瞭解家屬需求、結合資源提供案家喪葬相關資源，例如遺屬慰問金。關懷家屬的悲傷情緒並依家屬需求提供心理諮商資源。

肆、服務的省思～社工實務觀點

一、「一人一案」專人專案、長期陪伴關懷照護個案及家屬為社工重要任務

　　由於傷患人數多達 499 人，而且居住地分散各縣市，再加上傷患絕大部分為年輕人，後續有漫長的醫療復健，也需心理建設，為重返社會做準備，因此要做的服務不僅很多，而且要一直持續。透過「一人一案」，社會局社工在初期服務介入，可以關懷追蹤傷患情形，包括之後銜接協助傷患進行長期復健治療的「627 燒燙傷專案管理中心」，可為傷患提供延續性及全面性的照顧。

時任副市長侯友宜到臺大醫院探視傷患，並仔細聽取家屬意見

時任副市長侯友宜從北到南、從西到東，探訪在各大醫院治療的八仙傷者，並給予最大鼓勵

二、跨機關、跨縣市或跨專業的協調機制平台的建立

在初期服務的過程中發現，傷患及家屬面臨的問題多元且龐雜，以社會局社工有限的人力無法完全支應，因此新北市政府動員 22 個機關首長及同仁共同投入，前往北、中、南各醫院，除了關懷探視傷患及家屬，也給一旁陪伴的社工加油打氣，各機關關懷訪視累計超過 2 萬 2,000 人次。

傷患及家屬的需求除透過新北市政府跨機關團隊與社工即時資訊交流及融合，回應給傷患及家屬，很多時候也須跨縣市積極協調，還有包括與民間專業復健醫療團體合作，因此跨機關、跨縣市、跨專業協調機制平台的建立非常重要。

三、納入平日教育訓練及演練

由於災變型態演變越來越有不可預期性，已非社工單打獨鬥，災變前後如何爭取時間，平日需要教育訓練及演練，以增加社工及團隊量能，透過此次塵爆服務有以下兩項工作需建立：

（一）災變出勤前行政會議：災變工作緊急狀況大多是當天晚上發生，當天晚上緊急出動。因此建立快速、具體、簡潔的會議模式非常重要。

（二）災變訊息檢視、團隊夥伴任務分組分工及成員特性再做確認及思考，例如是否要在爭取時間的狀態下，進行同仁教育訓練以及教育訓練重點內容等。

四、學習自我照顧及進行壓力紓解

　　由於災變伴隨而來的混亂及不安，社工在此次塵爆服務過程中扮演長期陪伴關懷的重要角色，但在此新的工作場域中，也出現生理疲勞及心理承受的高度壓力，因此社工在服務過程中受到的影響，如心理問題也應當受重視，透過「減壓」（Debriefing）團體協助壓力調適、檢視團體成員角色、任務及壓力、讓團體成員從討論中相互支持及經驗交流。也回溯整體重要事件討論第一線社工、社會局、市府層級及網絡合作經驗，讓團體成員分享服務過程角色及功能，以及看到不同層級在服務中重要之處。因為社工有共同的災變協助經驗，「減壓團體」可以成為營造團體成員相互支持及知識分享的環境場域。

五、回歸「以個案服務為中心」的核心價值與使命

　　不可諱言，八仙粉塵氣爆在服務過程中也面臨許多紛擾，對於曾經長時間投入服務的社會工作者看到政府釋出的善意服務時，也許因為體制而無法面面俱到，抑或因為家屬有不同的看法而抗議，許多爭議也曾讓社會工作投入者感到疲累。但社工的服務價值理念是「當下讓有需要的人，在這個世界因為有社工的存在而好一些。」就像當時前線服務的羅惠玲社工分享：「社工就像是一個有著雞婆個性的人，不斷為個案設想有什麼社會資源，能夠為個案謀什麼福利。」當傷患和家屬表示因為社工關懷及協助，緩解他們奔波於醫院的身心壓力，也在家屬煩惱住所時，社工便主動安排住宿點並協助聯絡公司幫忙請假，而讓他當下好過許多時，這就是社工及背後所有團隊的核心價值與使命。

伍、服務獨特方案規劃架構與特色

　　除了社工服務的省思，此次八仙粉塵氣爆服務方案有別於一般方案規劃、執行與評估的方向，可說是從實際救災服務的經驗再回頭彙整檢視各階段的做法及總結出對於未來大型災害救災應變方案規劃，如此將有利於未來面對大型災害應變參考，說明如下：

一、災前預防：減災、整備的過程

　　預防勝於治療，近年來的重點逐漸轉移至減災工作上，因為減災才是最根本且長期性的災害應變管理措施。其中包含建立大型群聚活動事前審查機制，以及相關災況模擬演練等，均能大幅減少災害發生機率。

二、災時應變

（一）檢傷送醫（開設前進指揮所及避難收容處所）

結合大型災害防救系統，統合所有傷亡者資料，視實際需要提供中央、各縣市政府、新北市政府各相關機關、區公所、醫院及救災志工參考，相關訊息縱向與橫向溝通順暢，社工可快速掌握傷亡者個資及送醫地點並聯繫家屬，有利於災變發生之時，分工、整合、慰問與後續提供支持。

（二）需求評估

因應傷患與家屬需求的多元化，新北市政府總結出「一人一案」的貼心設計，可隨時掌握傷患與家屬的需求，並運用社工個案管理及連結資源能力，快速整合相關訊息並連結資源回應傷患及家屬。

（三）連結資源（中央、各縣市及民間）

新北市政府向來對於掌握各項資源能量相當熟稔，近年來透過「好日子愛心大平台」，媒合民間資源共同為弱勢服務，未來倘遇到大型災害發生時亦可運用「好日子愛心大平台」將相關民間資源做最有效地運用發揮。此外亦結合相關資源協助民眾進行集體訴訟，提供弱勢民眾法律協助。也依據傷者實際需求連結醫療、重建及復健中心，持續提供相關醫療、復健及生活重建協助。

（四）持續關懷

當緊急需求逐漸解決後，陸續會有重建之其他需求持續產生，「一人一案」持續發揮功能，於「需求評估」、「連結資源」及「持續關懷」動態循環，關懷傷者與家屬。

三、災後復原

此處復原是指身體復原、心理復原、家庭復原、職業復原及社區復原等多面向，社工運用創傷知情理論，與醫療院所及家屬配合，將傷者與家屬從創傷後

新北市政府成立「八仙粉塵氣爆案捐贈專款管理委員會」，聘請法律專家、社福及公益團體、醫療團體、以及受害者家屬代表和捐款人代表等組成，一起監督、管理和運用善款。圖為 104 年 7 月 3 日由時任副市長侯友宜主持第一次管委會

壓力症候群（PTSD）中解放出來，結合勞工局、工務局、經發局等各局處之力量，讓傷者與家屬回歸社會、正常生活。

四、評估反饋

持續收集可能改善方案的各項要素，經評估後確實反饋，優化方案並有利於下一次方案之執行。

八仙塵爆服務方案的特色在於運用「一人一案」的機制，尊重及瞭解傷患與家屬的獨特需求，並非規劃統一制式福利措施；其次面對傷者與家屬的特殊需求，積極媒合各項資源協助其度過難關；此外社工已建立創傷知情理論基礎，面對亡者家屬、傷患及其家屬能具體提供相關服務，使其能於創傷壓力症候群中走出。

陸、結語

社會工作專業的傳承，需要透過實務的服務經驗一點一滴累積，透過新北市政府社工執行八仙樂園粉塵氣爆的服務經驗，發展出一套實務工作模式以及服務過程的省思，也透過此次實際救災累積的服務經驗，彙整總結出對於大型災害救災應變方案的規劃。事實上，各種型態的災害從未遠離，面對不同型態的災害，建構災前預防、災時應變與災後復原的架構非常重要，而社工扮演的角色及任務也順應調整，並加強第一線社會工作者各種型態的災害教育訓練為當務之急，以為未來可能發生的災害做準備。

參考資料：新北市政府（2016）。《逆境力援 傷痛重生－627 八仙樂園粉塵暴燃救災與重建之路》。新北：新北市政府。

浴火後的松果
—社工柯雅文與八仙塵爆傷友郭媽媽的故事

陳清貴（專員）

「沒有您的陪伴，我們恐怕無法走出來！」在八仙塵爆中燒傷高達72%的郭力禎，她的媽媽對長期陪伴的社工柯雅文發自內心的感恩。她說，因雅文的貼心陪伴，真誠鼓勵，讓她們母女得以從塵爆的火海深淵中走出來，浴火重生。

「媽媽您快來救我……」

回想8年前6月27日那一晚，郭媽媽仍不禁泫然欲泣！她說當接到力禎的求救電話，一開始還以為是詐騙，但電話那頭一句淒厲叫聲：「媽媽您快來救我……」卻讓她從沙發上跳起來。她攔了一輛計程車，直奔八里。沿途大塞車，鳴笛聲刺耳，她請駕駛緊跟著救護車開，好不容易捱到八仙樂園。

當時力禎已泡在漂漂河的橡皮圈裡，皮開肉綻，奄奄一息。四周滿是傷者的呻吟聲和警消的搶救聲。輪到要送力禎時，因雙北的大醫院都已收滿了，救護車經指示往桃園敏盛醫院送，沿途她不停地跟力禎說：「妳絕對不能睡著哦，快跟媽媽說話呀！」「媽媽，我好冷啊！」那句從力禎口中最後迸出的話，迄今她仍

郭媽媽談起接到力禎的求救電話，仍忍不住拭淚，柯雅文社工在一旁安撫鼓勵

郭媽媽以一個深情的擁抱，感謝柯雅文社工一路的陪伴

記得，說完旋即昏迷。

　　力禎一到醫院送進手術房，沒多久，焦急守候門外的郭媽媽便接到醫院病危通知單要她簽署。晴天霹靂下仍得簽，那一夜對郭媽媽來說，是人生最漫長的一夜。

面對有如木乃伊的女兒 幸有天使般聲音傳來

　　翌日，力禎全身包得像木乃伊一樣送入加護病房，只露出兩個眼睛。郭媽媽面對愛女生死未卜，一時六神無主，所幸隔天即 6 月 29 日，一個溫暖如天使般的聲音傳來：「請問您是郭媽媽嗎？」來者正是新北市樹鶯社福中心的社工柯雅文。

　　郭媽媽說，在住院期間，因她家住淡水，每天 7 點騎車到士林，轉搭客運到敏盛，大約 9 點，發現柯雅文已將醫護人員所交代要家屬配合的事項，一一用筆記清單跟她轉述；由於加護病房無法陪床，到了晚上她得回淡水，但在她離開後雅文仍然守在醫院。

　　柯雅文表示，由於自己幼年時曾跌入滾燙的洗澡水裡，受到嚴重的燒燙傷，雙手歷經潰爛、植皮，其中一個手指還攣縮，因此對於大面積燒傷的力禎真的感同身受。每天早上力禎要接受醫護人員的清創，那簡直是撕肝扯肺的痛楚，血水和著沾黏紗布的爛組織，她擔心郭媽媽無法忍受聽到力禎的嘶喊和呻吟，拉著她在病房外禱告，求神賜予她們力量和活下去的勇氣。

　　此外，雅文還收集了許多有關燒燙傷的醫學資訊，包含手術後會遭遇肌肉攣縮、復健期間需注意的問題等。也幫忙申請各項慰問金、生活費、家屬陪伴照顧費和重建生活扶助金，總計在醫院陪伴將近 2 個月。

走出塵爆陰影 力禎開啟新生活

　　力禎在出院後，持續穿著壓力衣接受植皮復健、雷射除疤，並於 1 年 2 個月後重返臺北城市科技大學復學，畢業後陸續找到服飾公司、康是美等工作。於 112 年年初，應徵進入香奈兒精品公司人資部門服務，且結交到男友，展開新生活。

　　柯雅文是名虔誠的基督徒，她引用一個慕迪科學研究福音的影片故事：有一種松果長年無法傳承生命，只有在大地遭回祿一片死寂之後 7 天，松果才會迸裂開來，開始發芽成長，成為大地恢復生機的第一片綠葉。正如《聖經》所說「神造萬物，各按其時成為美好，又將永生安置在世人心裡。」

　　雅文後來雖調離社會局，轉到桃園勞動局服務，但她與郭媽媽及力禎已因八仙塵爆的一路陪伴和守候結為莫逆。雅文說從郭媽媽身上看到「一個為人母的堅強和永不放棄的精神！」

跨域整合 私公協力助重生

徐綺櫻（專門委員）

　　104 年 6 月 27 日八仙樂園發生粉塵氣爆事件，是臺灣有史以來最嚴重的公安事故，現場造成 499 位年輕學子嚴重燒燙傷，當天動員大量警消人員進行救災同時分送各大醫院。隨著傷患大量湧現，北部各大醫院急診救治的量能無法負荷，同時也啟動了政府各機關跨域整合服務的新頁。

　　當時 499 位傷患中燒燙傷面積 80% 以上計 41 人，面積 40-80% 計 240 人急需緊急救治，在時任衛生局林奇宏局長不眠不休聯繫中央尋求醫療植皮需求進口奧援，並協調全國各大教學醫院加護病房床位，分送最需救治的傷患獲得生命的保障及後續醫療資源的協助；為即時回應傷者與家屬需求，社會局立即啟動「一人一案」社工服務，惟隨著遍布全國各地的傷者及家屬需求日益多元，市府更啟動「跨機關關懷訪視」機制，由新北市各機關首長及同仁配合「一人一案」關懷認養機制，共同協處即時回應傷者及家屬需求，多年陪伴下來，許多首長與同仁已是八仙塵爆傷者及家屬最親近的好朋友。

為支持八仙塵爆傷友後續復健，新北市政府於 104 年 8 月 26 日與陽光社會福利基金會合作，在新莊頭前活動中心成立新北陽光重建中心

同時間全國民眾愛心湧現紛紛捐款，新北市政府成立捐款專戶及「善款管理委員會」專責管理捐款使用，減輕傷者及其家庭在漫長醫療復健過程中的經濟負擔；另為協助傷者獲得妥適的醫療復健以利早日回歸社會，也積極向賑災委員會申請專案經費，「私公協力」結合陽光社會福利基金會成立「627燒燙傷專案管理中心」，提供傷者延續性及全面性的照顧；另考量燒燙傷患者出院後長期的後續醫療及復健需求，即時運用餘裕空間及新設立的身心障礙機構床位，結合基金會專業人力成立「新北陽光重建中心」及「新北陽光家園」，讓需要持續醫療及復健的大面積燒燙傷患者及家屬，能順利地安置在無障礙環境中獲得妥適照顧。

在漫長的治療與復健過程中，時任新北市副市長侯友宜定期或逢節日均會至重建中心關懷傷者復原情形並給予鼓勵打氣，而隨著傷者復原所面臨的就學、就業問題，市府相關局處更與中央部會聯合跨領域合作，讓傷者順利完成學業及提供合適就業機會，協助傷者回歸社會。而回歸社會的過程中，傷者除了要面臨自身內在心理調適，更要面對外界異樣眼光的挑戰，108年陽光社會福利基金會亦邀請新北市政府共同響應「臉部平權」活動，於所屬機關學校推動不歧視顏損者，更促成新北市政府率全國之先於當年4月起，修正「新北市政府非編制人員甄選報名表」，廢除照片欄，給每位應徵者一個公平合理的對待。

最後，透過基金會專業人員提供復健訓練、進階體適能、形象重建及復健表揚等各項生、心理重建及社會參與活動，最終有多位傷者擺脫輪椅、助行器，突破自我挑戰臉部平權國道馬拉松，另在基金會精心規劃的發展活動中，許多傷者也順利重回職場找到新的生命方向，而《夢迴樂園》更以影像記錄八仙傷者3年來的復健歷程及意志力。

面對如此重大的公安災難，八仙傷者及其家庭以堅韌的毅力，在社會各界關心支持、政府各部門「跨域整合」及結合陽光社會福利基金會「私公協力」提供專業生、心理重建服務的陪伴下，努力超越自我極限，走出新的重生之路。

時任社會局長張錦麗在新北陽光重建中心記者會說明整體服務內容

跨單位整合 不讓您一人
─八仙樂園粉塵氣爆救災經驗

劉一龍（輔仁大學社會工作學系副教授兼系主任）

壹、背景

104 年 6 月 27 日，位於新北市八里的「八仙樂園」因為派對活動發生粉塵爆炸憾事，這樣的重大災害也是對災變社會工作的一大挑戰。

有別於天然災害，此次事件有幾項特點：

一、時間和地點較集中：災害發生的時間幾乎就在晚上 8 點多，地點則是限縮在樂園內。

二、傷害的類型較雷同：受傷者的傷害類型大多為燒燙傷，但是程度不同。

三、影響家庭遍布全臺：派對活動來自全臺各個縣市，甚至還有國外參與者。

四、醫療資源需要整合：受傷者的傷害類型幾乎都是燒燙傷，對於醫療資源的需求可能相同，如何區分不同程度受傷者的真正需求，並將資源用在最需要者身上，是值得關注的議題。

上述特點，可以預期在極短時間內將有大量、不同程度的燒燙傷者產生，對於社會工作人員是項困難挑戰，即使是經驗豐富的資深社會工作者，也難因應。

對此災害，新北市的作為有幾項特色，值得深入說明。

一、一人一案，關懷照護

為能提供有效服務，「一人一案」的優勢是持續且多元服務。對服務使用者而言，不會陷入總是被轉介或需求重複描述的困境中；對社工來說，關係建立後，服務較容易到位。

二、打破框架，跨限合作

除了社政和衛政必須合作，需要更多的跨機關、跨縣市、跨專業的協調平台，突破限制進行合作。

三、防患未然，教育演練

我們都不希望災害發生，也不希望發生時束手無策。此次也替日後事件提供建

新北市政府於 104 年 7 月 12 日召開八仙塵爆專款管委會家屬代表會議

言，無論是勤前會議，或是各項訊息、分組分工的再檢視，替未來爭取效率。

四、自我照顧，壓力排解

根據文獻和實務經驗，第一線實務工作者在經歷災害救助的過程中、後，都會面臨不同程度的身心壓力。不僅是受傷害者及其家庭，助人工作者的身心議題也需要被關注，透過多元方法減壓和逐步回復生活。

五、個案服務，核心價值

面對災害，第一線社工會面臨督導要求、個案與家屬的不諒解等矛盾，唯有堅信個案工作的核心價值，才能讓自己走得更遠，服務更加到位。

貳、計畫啟發

最後，我們以莫藜藜、李易蓁（2000）提及之第一線災變社會工作的工作內容，重新檢視新北市此次作為。

一、強調災民是主體，服務和災民同行。

二、最佳利益是優先考量。

三、將個案管理用在家戶之中（另一主軸是以社區為導向）。

四、提供點對點的針對性服務。

五、在地協助在地。

六、針對在地組織進行連結和培力。

綜觀此次新北市因應八仙粉塵氣爆救災經驗，這些作為恰恰能夠呼應上述工作內容，也為臺灣處理災害經驗立下典範。

參考資料：莫藜藜、李易蓁（2000）。〈災難服務之外展社會工作初探－以九二一震災為例〉。《中華醫務社會工作學刊》，10，17-36。

預約‧未來幸福

脫貧自立方案

預約‧未來幸福
—脫貧自立方案

曾碧玉（社會救助科約聘社會工作督導）

壹、方案緣起

　　104 年聯合國宣布了「2030 永續發展目標」（SDGs-Sustainable Development Goals），其中第一條（SDGs1）為消除一切形式的貧窮，顯示貧窮議題是全球需要共同面對的問題。多年來我們看到貧窮者，不僅僅是經濟上的困頓，缺乏社會支持系統、也無法獲得必要生存和幸福滿足的資源來維持自立生活，爰此，新北市推動支持、增能與社會融合的多元自立脫貧服務。

　　一般而言，有些人可能因為教育、家庭照顧、疾病健康等因素無法在勞動市場中獲得穩定工作，逐漸失去競爭力而轉為劣勢，社會局針對不同的致貧對象，提供不同的福利服務及方案。由消極的維持基本生存權，到積極就業福利的提倡，透過公私協力，結合在地社區與團體，關懷陪伴這些缺乏社會支持系統的弱勢人口，其中經濟弱勢家庭、中高齡婦女、新住民、單親、街友等較多，透過各項培力訓練、資產累積、代賑就業等服務方案，使其有機會脫離貧窮生活。

貳、方案策略規劃

　　依循前述的自立脫貧目標，規劃推動下列五項策略：

一、個別式的服務評估：藉由個別家庭需求，評估不同個人面臨阻礙就業動機、機會的困境，提供個別化的服務處遇計畫。

二、多元化的服務輸送：除了各項福利補助、儲蓄方案、各類獎勵金外，我們透過各項培力增能課程、結合職業專班、增加非典型就業機會等多種類服務，讓服務對象得以選擇，進而提升對自身生活的可控感。

三、跨團隊的服務整合：協助家庭脫貧並非單一局處可獨立完成，涉及範圍包含經濟、就業、法律等議題，透過跨局處協調合作，使服務對象獲得服務處遇計畫內相應之資源。

四、不間斷的服務陪伴：脫貧是長期且緩慢的過程，過程中不時出現各樣助、阻力，透過社工、就服員、個別職種的專業老師不間斷地陪伴、關懷，支持服務對象

持續走在脫貧的道路上。

五、強力結合民間資源：政府資源有限，民間力量無窮，由民間與企業各善心人士及單位投入各項人力、財務、物力資源，共同協助服務對象增能與社會融合。

參、方案特色說明

脫貧政策推動，各縣市的作為不外乎是以教育投資、就業自立、資產累積、社區產業、社會參與等五大措施為主，但做法卻各有不同。社會局瞭解到弱勢民眾更需要培力及陪伴，以增加其專長能力及改變生活的動機；配合專業社工的協助，提供相關補助和照顧服務，緩解其生活壓力；增加財務管理訓練再配合勞政的就業服務介入，期能在環環相扣及多元服務提供下，服務對象獲得自信、尊嚴與認同，激發自我價值，進而改善生活，達到自立脫貧。以下為各方案特色：

一、增能培力的準備性就業

（一）提升自我價值－代賑工訓練

新北市提供工作場域，以工作換取救助，提供就業準備訓練並輔導轉銜。

為鼓勵街友重返社會，新北市政府辦理家事清潔培訓，由專業老師進行指導及實際操作練習

（二）受助者成為增能者－坐月子到宅服務員（月嫂）

培力受助婦女成為月嫂，獲得經濟收入，並轉換成助他人者。

（三）結合地方產業－淡水女路、平溪菁桐女路、貢寮海女

結合與運用在地資源及人力，創造婦女在地就業機會，增加自我價值。

（四）創造就業機會－女性居家水電工

培力女性水電修繕能力與技能，打破性別刻板印象，協助輔導就業。

（五）溫馨後備支援－「好好時光」公益咖啡館

提供受暴婦女友善且較彈性的就業場域，陪伴逐步就業自立生活。

（六）公私協力體驗－「雞蛋糕專賣車」、「公益早餐店」

提供實際職場訓練場域與機會，培力社區少年學習與自力更生。

二、特殊對象的多元支持方案

（一）青年不同職業選擇－國軍自立脫貧

結合國軍提供多樣性職涯選擇，使青年增加多元未來發展與就業機會。

（二）受暴婦女自立促進－家庭暴力被害人自立生活支持服務方案

藉由社工陪伴支持提供居住、就業及子女照顧就學協助，使其自立生活。

林口觀照園在職訓中心的協助下，鼓勵街友學習園藝蔬菜等綠手指專業課程

（三）街友訓用多元合一－街友自立服務

運用社、勞政合作，協助街友就業及生活自立。

三、經濟累積及自我投資

（一）教育投資翻轉人生－弱勢子女獎助學金計畫

媒合民間資源資助獎助學金，並教導金錢觀，逐步擺脫世代貧窮。

（二）累積資產儲備能量－弱勢脫貧儲蓄方案

藉由提供相對提撥金及獎勵金的誘因，培養儲蓄的習慣，增加向上契機。

（三）實務工作者專業精進－財務社會工作培力訓練計畫

培力實務工作者財務知能與技巧，使其運用於服務，擴散服務效益。

肆、方案成果與效益

提供就業輔導 6,392 人（男 2,964，女 3,428），其中 38% 成功轉入職場並穩定就業達 3 個月以上；協助培力 1 萬 2,081 人（男 1,791，女 10,290），其中完訓後就業從事正職或非典型工作達 34%；儲蓄脫貧方案 29 人（男 9，女 20）參與，達成率 100%。各方案分述如下：

一、增能培力的準備性就業

（一）代賑工訓練

以工作換取政府救助是推行以工代賑的主軸，新北市提供工作場域，使代賑工不因離開就業環境過久而缺乏競爭力，一方面配合相關就業準備的訓練，結合勞政部門，將代賑工依年資進行分級訓練，提供職業評量、基礎的面試、履歷撰寫、就業動機激勵等課程，增加就業知能及進用機會，往一般就業職場前進。另一方面透過脫貧社工進行訪視，評估無法進入正式職場的其他因素，以適時提供協助，陪伴其面對困境，增強就業成功率，共培力 347 人（男 72，女 275）。

（二）坐月子到宅服務員（月嫂）

針對中高齡無固定就業或長期未就業的婦女，結合其人生經驗及專業月嫂的各項知能進行培力，搭配訓用合一的理念，協助受助者進入職場就業。照顧對象為弱勢家戶時，薪資由政府支應，不僅讓其賺取薪資以穩定生活，從接受他人協助的身分，轉變成為照顧他人的角色，也讓照顧能力不足及經濟弱勢的家庭，在嬰兒出生

及產婦的照顧上，獲得更大幫助及支持，共培力 1,065 人（男 0，女 1,065）。

（三）淡水女路、平溪菁桐女路、貢寮海女

對於偏區的婦女，受限於職場缺乏及家庭照顧需求，運用社區化在地服務，協助婦女更多職涯發展，社會局與地方民間團體合作，運用公私部門的力量，結合在地的特色、文化與產業，透過在地生活特色的認知及解說員的訓練，加強宣導，再適時引入參訪團體或民眾，不僅培力二度就業的婦女成為專業導覽人員，更重要的是走出家庭後，重新找回自我和自信，並創造二度就業機會，增加生活收入，也帶動在地發展，共培力 101 人（男 0，女 101）。

（四）女性居家水電工

隨著社會發展，電氣化取代傳統生活，家庭中水電設施故障，造成生活極不方便，但修理師傅常有錢難求。女性居家水電工的培力，成為最好解決生活問題的良策，不僅讓自家生活舒暢，也可幫助他人並賺取生活費用。社會普遍存在性別刻板印象，新北市針對新住民、中高齡、弱勢及社區婦女等，培力水電修繕能力，增強自我專業技術，陪伴婦女共同成長，並開設專業證照課程，輔導考取專業證照，進而鼓勵婦女能勇於挑戰不同職系的可能性，協助轉銜就業，同時翻轉大眾對職業的性別刻板印象，共培力 890 人（男 0，女 890）。

（五）「好好時光」公益咖啡館

結合民間資源為受暴婦女打造準備性職場，提供一對一的諮詢服務，陪伴她們解決發展就業時會遇到的種種困難，像是經濟壓力、子女托育、法律訴訟、相對人威脅、騷擾等，進而提升就業能力與機會，讓婦女和孩子能夠慢慢地回到社區裡生活。除了陪伴有就業需求的婦女與青少年鍛鍊與培養工作技能，也提供更友善且較彈性的就業場域。

（六）「雞蛋糕專賣車」、「公益早餐店」

為提供社區少年多元學習和培力，讓青少年朋友藉由專業團隊的陪伴和課程陶冶，學習自立自強，媒合民間資源，買了一輛中古的胖卡，改裝成雞蛋糕專賣車，成為特有的「貓培你飛雞蛋糕」。後為鼓勵弱勢少年能自力更生，再度培力弱勢少年與知名早餐店品牌弘爺漢堡合作，開設公益早餐店，希望藉由實際職場訓練的模式，幫助弱勢少年與社會接軌，使少年一步步圓夢自立。尤其在疫情期間，弱勢少年更主動表達想回饋社會，向第一線醫護及防疫人員加油打氣，因此，製作餐點

於 1 個半月內共巡迴 15 家醫院，送出 3,000 份套餐組合，「不僅暖了腸胃，也暖了心坎！」

二、特殊對象的多元支持方案

（一）國軍自立脫貧

對於即將畢業的高中職或大專院校低（中低）收入戶青年，結合國軍主動提供他們更多元的職涯選擇及生活協助。透過公文及宣導單張的寄發、公開說明會、實地營區參訪，讓青年及家長能在軍職生活介紹及認識環境的過程中，重新檢視未來的發展，增加多元就業機會。正式加入軍職後，不僅可以獲得專業知能，每月領取薪資即可改善家庭經濟。社會局自 103 年就與空軍合作，112 年更加入海軍陸戰隊、陸軍、海軍的軍種，讓青年對於軍職有更多樣的選擇空間與發展，共 102 人（男 73，女 29）報考並錄取。

（二）家庭暴力被害人自立生活支持服務方案

如何讓身心飽受摧殘，生活又被連根拔起的受暴婦女，找到安全合適的暫時住居地，恢復自信心再走入人群，安頓及照顧子女的生活或就學，更重要是能踏入職場自力生活。為協助受暴婦女遠離暴力後能在 2-3 年期間重建生活，透過社工的陪伴跟支持，提供中途居住地、就業培力及媒合、子女照顧與跨區就學等協助，讓社福力量陪伴婦女度過難關，逐步找回自我並自立生活，共輔導 75 人（男 0，女 75）。

（三）街友自立服務

為了讓生活在社會最底層的街友，能擺脫社會排除的困境，提供中途之家協助有工作意願及能力者，透過社工員協助健檢醫療、證件補申請、查詢親人、財務知能訓練等。並藉由社、勞政合作方式，協助街友適性評估，開設街友職訓專班，結訓日立即就業媒合、住屋協助及就業物資提供，後續就

新北市社、勞政攜手，街友在培訓家事清潔專長後，媒合友善廠商進行徵才就業

輔員的職場適應協助及追蹤輔導等多元服務，讓街友可以穩定就業及生活，並培養儲蓄的習慣與金錢行為，以脫離貧困，共輔導 599 人（男 550，女 49）。

三、經濟累積及自我投資

（一）弱勢子女獎助學金計畫

為強化低（中低）收入戶及弱勢子女穩定向學的動機及獲得教育機會，增加對未來發展的信心及競爭力，社會局積極媒合善心的民間及企業單位共同關懷弱勢家庭，除了資助獎助學金外，更在計畫中加入子女及家長的財務相關概念活動與講座，培養金錢使用習慣及思考金錢規劃，引導其重視自我投資，藉由教育或專業技能提升，逐步擺脫世代貧窮，共提供 235 人（男 92，女 143）獎助學金。

（二）弱勢脫貧儲蓄方案

結合民間單位資源，提供 1：1 相對提撥金儲蓄脫貧方案，新北市針對不同對象推出不同的儲蓄方案，包括 94 年旭日生涯發展帳戶、101 年啟鑰卓越自立脫貧方案、102 年單親家庭發展帳戶、106 年夢想起航自立脫貧方案、兒童及少年未來教育與發展帳戶、110 至 112 年「犇向幸福 1 比 1」自助自立方案，透過儲蓄及獎勵金為誘因，鼓勵累積資產以投資自我生涯發展，協助弱勢家庭培養儲蓄的習慣，建立財務健康概念。在儲蓄的過程中，除了社工長期的陪伴，適時協助解決生活上所遇到的困境外，遇有創（就）業或職訓需求，亦會結合勞工局的創業輔導團、就業媒合及職業訓練等資源，協助輔導及媒合就業。另為鼓勵學習技能，增加社會競爭力，新北市政府針對參與儲蓄方案期間考取證照、職業訓練結業、入學在職進修及創業經營者提供相關獎勵金，以資鼓勵，強化自立發展與向上的契機，共 29 人（男 9，女 20）參與「犇向幸福 1 比 1」自助自立方案。

（三）財務社會工作培力訓練計畫

自 110 年起社會局與天主教輔仁大學社工系財務社會工作中心合作，針對社、勞政網路內社工及就業服務員等，加強財務知能與服務技巧，並將所學運用個案或團體工作技巧於各項脫貧服務方案中，藉以協助改善弱勢家庭經濟生活，共輔導 65 位（男 25，女 40）社工與就服員。

乘著夢想的翅膀飛翔
——宥宥與 1985 窯烤披薩

陳清貴（專員）

宥宥在單親家庭中成長，因此比同年齡的女孩成熟。為了分擔家計，她半工半讀，在機緣下，透過網路得知新北市政府有「夢想起航儲蓄方案」，她每個月儲蓄3千元，1年3萬6千元，3年後存了10萬8千元，加上社會局相對提撥，小宥共獲得21萬6千元，成為她人生的第一桶金。她運用其中的20萬元創業，成為1985 窯烤披薩店的股東兼員工，逐步乘著翅膀，向自己的夢想飛翔！

為分擔家計在披薩店打工

宥宥的母親在她國中時就因病往生，她與父親及哥哥同住。由於對餐飲烘焙有興趣，她高中選讀稻江商職建教合作班，以半工半讀的方式完成學業；大學也考上中華科技大學餐飲管理系，一心朝餐飲烘焙業發展。

家住三重的宥宥，大學畢業後在原本打工的「1985 窯烤披薩」三重店繼續工作，累積了一些經營模式及人事管理的經驗。她說「1985 窯烤披薩」是由一對年

1985 窯烤披薩創辦人章雅竹將宥宥（左）當成女兒般疼惜

宥宥在高溫 400 度的窯爐旁將烤好的披薩取出

單親家庭長大的宥宥參加新北市夢想起航儲蓄方案，運用第一桶金加入披薩店創業

輕夫妻王志安和章雅竹所創立，因兩人都是 1985 年次，因此取名。王志安是彰化人，第一家總店就開在彰化，太太章雅竹是臺北人，第二家店開在三重正義北路。

就在三重店工作之際，宥宥從網路獲知新北市推出「夢想起航儲蓄方案」，她在蒐集相關資訊後，109 年勇敢提出儲蓄與財務規劃，並獲得審查通過。在參與方案的 3 年期間，除了每月定期儲蓄外，每年還參加各 20 小時的課程學習與志工服務，前者讓她持續累積專業；後者讓她從服務他人之中，獲得施比受更有福的快樂。

運用儲蓄方案第一桶金創業

儲蓄 3 年期滿後，正值「1985 窯烤披薩」要在新莊中和街展店，年輕夫妻看宥宥平時工作認真，也很有想法，因此邀請她合夥入股，宥宥這時剛好運用儲蓄方案所獲得的第一桶金，在與方案社工討論後，提出經費使用計畫，並由新北市就業服務處創業輔導團提供了創業相關的輔導與資源，獲准提領儲蓄帳戶裡的資金運用，自此宥宥已不單是員工，也是「1985 窯烤披薩新莊幸福店」的股東之一。

今年 29 歲的宥宥表示，由於年輕人充滿創意，她們在新莊幸福店推出許多新創口味，在鹹味部分，有龍蝦沙拉披薩、白醬鮭魚披薩、雙饗義大利麵披薩、起司五重奏披薩等；在甜味部分，冬天有草莓披薩、夏天有芒果披薩、卡士達珍珠披薩等。其中卡士達珍珠披薩是她個人所研發，很受客人的喜愛。另外還有專為素食者準備的田園輕蔬披薩、塔香杏鮑菇披薩、瑪格麗特披薩等。為了體貼客人等待，店內還布置有繽紛球池、古早味彈珠檯等，可以讓小朋友玩，或親子同樂。

宥宥在新北市「夢想起航儲蓄方案」的協助下，她的人生正像一塊灑滿起司和配料的披薩，在窯爐的烘烤下，發出陣陣的香氣。

開創社會資本
交互給力陪伴 邁向自立

黃鼎馨（時任法制祕書）

　　衛生福利白皮書曾規劃推動辦理脫貧的長程目標，預期於114年可達成設定以：一、針對低（中低）收入戶或街友，具有工作能力及意願卻未就業者，轉介勞政單位提供就業媒合、職業訓練，或參與各項脫貧服務，受益人次增加50%。110年強化社會安全網第二期計畫指出，衛生福利部於105年6月6日訂定發布「積極協助自立脫離貧窮實施辦法」，協同各地方政府採多元方式辦理脫離貧窮措施之方式：教育投資、就業自立、資產累積、社區產業、社會參與及其他之創新、多元或實驗性服務。並指出多數直轄市或縣（市）尚未發展社區產業、社會參與或其他創新方案；各縣市現行之「教育脫貧方案」，多為一次性或短期性教育補助，較難有

新北市政府與國軍合作辦理「自強專案」，每年帶領弱勢家戶及子女參加人才招募說明會，鼓勵報國從軍，亦可脫貧自立

時任社會局長張錦麗看到弱勢戶從軍,一方面報效國家,另方面接受多元人力資本培育,翻轉自己的人生

具體成效。衛生福利部 108 年 12 月完成之強化脫離貧窮措施量能計畫成果報告調查顯示,開戶家長 52.2% 就業中,其中 64.8% 工作持續 1 年以上;47.8% 家長無法外出工作或正在謀職中。新北市政府陸續推陳出新,辦理多元的社會創新方案,協助民眾展現自我、脫離貧窮,增進社會資本,令人眼睛為之一亮。

回顧 103 年 6 月 30 日衛生福利部邀集國內社會企業實業家聽取建議,言猶在耳:期待政府推動社會企業或社會創新工作時,應秉持「推動政策應該長遠、持續」;期待政府「行政作為較採『寬鬆』立場,在既有法令下進行適當調適」,能夠「公開關於民眾需求的資訊,讓有心服務的民間可前往服務」;「社會企業創新服務須考量使用者需要」等等懇切建言。固然社會局的多項脫貧措施,尚非社會企業,然而無論是開發「女路」、打造受暴婦女準備性職場的「好好時光」公益咖啡館等方案,相較於現金的給付或資產累積的脫貧模式,受限於給付期間或參與期間有其限制,以創造「工作的機會與條件」,提升參與者自尊、自信;因應滿足服務對象居住、托育及就業的需求,社會創新精神,同樣撼動人心。

新北市政府的脫貧政策,除謹記避免研究指出相關「一次性或短期性」教育脫貧方案或措施所生之弊,朝長遠投注、持續創新發展脫貧模式外,也應整理相關方案所帶來的社會影響,也可以嘗試具體計算總體交互運用多元脫貧方案所能照顧街友、婦女、失業家庭重拾工作機會及其穩定情形或其經濟產值,並發展成果型指標,評估執行各方案的具體效益。

在她們的需要上
預防生活的墜落

張淑慧 (社團法人台灣照顧管理協會榮譽理事長)

　　社會結構、環境和個人脆弱處境交織的問題，導致社會上某些個人及家庭陷入貧窮的困境，弱勢家庭的工作和收入減少，進而遭遇更嚴苛的生活挑戰，而這些歧視、社會排除、機會不平等現象深深影響著人權。聯合國永續發展目標（Sustainable Development Goals, SDGs），第一項核心目標（Goals）是「消除各地一切形式的貧窮」（No Poverty）。其包括消除極端貧窮、各年齡層的婦女和兒童貧窮人數減半、提供弱勢族群合適的生活保障制度和平等獲得經濟資源的權利、提升弱勢族群的韌性和災後復原能力、結合資源以實施脫貧政策、建立對貧窮和性別問題敏感的政策框架等。「預約‧未來幸福－脫貧自立方案」（以下簡稱本方案）從 SDGs 出發，考量到貧窮與性別、各年齡的發展，並從人生轉銜及危機階段中介入，運用資源提供具性別意識、韌性觀點的脫貧服務。

　　貧窮女性化並非只在單一地區或國家特有的社會現象，性別造成經濟不平等，女性比男性更容易陷入貧窮的處境。本方案「坐月子到宅服務員」、「淡水女路、平溪菁桐女路、貢寮海女」、「女性居家水電工」以女性需求出發，結合與運用在地資源及人力，培力婦女就業能力，讓「脫貧」不只是解決女性經濟議題，也發展女性獨立自主、積極參與社區產業的能力，培力女性更有自信與自我肯定，讓女性在面對多元社會、環境所帶來的挑戰時，能更適應生活、穩健地回應社會。

　　「危機」對生活適應形成了不安全感，在危機階段個人及其家庭經常難以確保他們在職場、家庭與社會層面的義務。「危機」對就業及經濟也造成威脅，若要為個人及其家庭創造一個更能適應危機衝擊的環境，需要及早介入、迅速反應，以應付生命階段新的威脅。本方案提供受暴婦女友善且較彈性的就業場域，對生命轉銜階段的少年、軍人、街友，有多元支持及自立服務，協助各需求族群適應生命階段的危機轉折，避免人生斷裂。

　　本方案從性別角度出發，考量多元服務輸送，結合民間資源提供服務。方案有其特點，但如能看到貼近的服務，也許可以嘗試用同理心進行方案創新，用弭平需

求差距來重新架構服務。先瞭解本方案是為誰設計？方案想要解決本族群的「需求」是什麼？什麼樣的行動可以滿足這個「需求」？理想的方案目標是什麼？可以運用何種策略與方法？

　　本方案可整體分析新北的貧窮特性及區域需求，將大部分資源及制度設計從習慣服務的對象身上，移轉到其他更被忽略的群體需求，尋求多元管道挹注被排除的人，設身處地、感同身受，才能找到符合需求的解決方案。國外曾有一策展「Design for the other 90%」，即是以最被忽略的民眾需求出發，為這些 90% 民眾設計低成本的解決方案活動，透過在地及全球的合作夥伴關係，以各式社會創新的方式，解決貧困和邊緣化群體的生存和挑戰，為最需要的人提供更好的食物、水、住所、健康、教育和能源。

　　脫貧方案常被挑戰的是成效，如何辨識成效指標？是從方案的目的和目標發展出方案預期會改變的特徵、行為或狀態？是從社區利害關係人的觀點？或是從過去服務檢視了哪些成效？還是有些結果可能是方案的重要意外結果？如何展現出方案能夠影響的短期成效，以及方案能夠藉由短期成效間接影響長期成效，都是本方案可以再詳述之處。

　　整體而言，本方案能發展具性別敏感度的貧窮服務方案，在不同人生階段提供轉銜適應的職場培育方案，私公協力、提供個別、多元服務，除了韌性、賦能，也能增進個人及其家庭職場適應及自立。

林口觀照園街友在接受綠手指培訓後，學習到如何正確施肥

安心旅館

街友安心住服務計畫

安心旅館
——街友安心住服務計畫

李冠瑋（社會救助科約聘社工員）
張浩毅（社會救助科約聘社工員）

壹、方案緣起

一、計畫緣起與動機

　　自 110 年 4 月大規模爆發 Covid-19 本土個案，110 年 5 月宜蘭縣、新北市社區及臺北市萬華區出現群聚感染，當月 15 日新北市及臺北市進入疫情第三級警戒，19 日疫情第三級警戒擴大至全國，Covid-19 疫情嚴峻，各行各業皆造成衝擊，公共場館封閉，應變不及的行業紛紛歇業或倒閉，影響社會底層的弱勢民眾生活，導致無力租屋、搬離住家或宿舍，若再無親屬資源與積蓄則將因此而流落街頭。另外平時棲宿在公園、廟宇、騎樓或公共區域廊下的街友，因場館封閉禁止出入，加上自其他縣市因躲避疫情而流動至新北市的街友，導致無處可休憩而直接倒臥街頭，造成民眾恐慌、影響社區安全。

二、新北市街友防疫作為

　　新北市於疫情初期，便針對在街街友服務啟動相關加強防疫措施，由新北市街友外展服務中心及新北市各區公所等單位，針對新北市轄內在街街友，進行防疫資訊宣導、發放口罩、酒精消毒及量測體溫等防疫措施，以維護街友個人及社區公共衛生安全，三級警戒期間，更每日上街量測街友體溫，遇有緊急狀況或發燒，則緊急送醫處理。

　　在居住安全方面，整合原有三處中途之家安置床位數，修正安置流程，除非有親友可提供住宿外，一律只進不出，避免返回社區造成無棲宿地之困擾。各中途之家生活管理員，每日量測住民體溫、戴口罩、定期清潔、不共同進食、可群聚場地須有隔板隔開避免群聚等作為。

侯友宜市長在疫情期間，專程到安心旅館關心街友

貳、方案策略規劃

　　為維護新北市街友及社區防疫安全，自110年5月31日起社會局升級在街街友防疫措施，統整新北市原本各中途之家床位（124床），調整安置流程，以利服務更多個案，但仍無法應付與日俱增的通報案量及安置需求，為使新北市在街街友於疫情期間，能確實受到協助，新北市政府結合安心旅館（Single INN Taipei 單人房臺北館）提供街友入住。「新北市政府因應新冠肺炎疫情安心好住服務計畫」因應而生，本計畫為照顧在街街友及弱勢民眾生存權益，規劃對於無發燒症狀及可自理基本生活之在街街友及弱勢民眾，不分男女皆進行收容，入住前須測量體溫、至篩檢站快篩，確認陰性反應後方能進住。後續每日健康監測，一人一室，供應三餐，洗澡洗衣，一應俱全，期間還安排義剪，並透過就業服務處安排就業輔導，以確保街友生活安全。侯友宜市長也多次至現場關懷，並主動關心住民及駐館人員身體狀況，表現對安心好住計畫之支持。

參、方案特色說明

一、基本生活維護及各需求提供

在入住安心旅館期間，除基本生活需求外，因圃於現況由街友外展服務中心社工入駐服務，駐館社工針對入住街友進行需求訪談及協調各方物資需求，例如醫療用品、換洗衣物、防疫物資等，針對不同需求的街友，提供不同的物資，包括提供不同性別的街友生活用品（刮鬍刀、衛生棉等），在三餐飲食上，對於較年長或牙齒掉光的個案，提供較好咀嚼的食物。

二、專業社工進駐適時提供協助

於計畫執行期間，專業的社工人員在旅館內輪班 24 小時服務，除入住時會談、需求評估、生活安排、防疫作業、親友聯繫、證件補辦及福利申辦外，因入住時間較長，街友間容易因瑣事而有爭執或衝突，適時調解糾紛，亦成為工作的一部分。

三、安置期間繼續提供多元服務

（一）入住前篩檢

為維護入住街友及社區防疫安全，入住前進行基本體溫測量及詢問有無呼吸道症狀，確認個案狀況正常後，由社工員著全身防護裝備，派公務車輛載運前往社區快篩站進行快篩，結果為陰性，才准予辦理入住手續，入住後由駐館工作人員，每日三餐時測量體溫方式，進行個案健康管理，以降低相關人員染疫風險。

（二）防疫衛教及施打疫苗

聯繫衛生單位公衛護理師，至旅館內為街友們說明相關防疫作為及注意個人衛生，以保個案健康，並依個案意願造冊，函報衛生局為街友施打疫苗，以降低街友個案染疫風險。

（三）義剪

於入住旅館期間，由社會局媒合日式威廉髮藝集團進行義剪，讓街友個案能在入住期間保持清爽。

（四）就業媒合

個案完成快篩並於入住旅館後，與就業服務處合作，由就業服務處派員至旅館進行就業媒合，協助個案就業後重返社區，期間有 23 位街友於入住期間表示有積極就業意願，經就業服務處媒合工作後正式上工。

四、邀請住民進行睦鄰回饋

　　為使旅館員工及社區居民消除對於「街友」的負面印象，邀請生活適應較穩定的住民，主動協助旅館內部與周邊進行清潔打掃，逐步獲得旅館員工的認同，雙方從疏離到認識，從認識到熟悉，不再畏懼害怕，也讓服務對象以自身力量回饋社區，去除福利依賴的刻板印象，創造疫情之下的共榮景色。

五、調查分析因應後續作為

　　本計畫執行期間，於 110 年 5 月 31 日至同年 7 月 30 日，共計 61 天，每日均有街友進出共收容 174 人，4,395 人次（最高單日安置達 105 人）。因考量社區防疫安全優先，故放寬安置要件，非僅限新北市列冊街友，尚有其他對象，故 174 人分析如下：

（一）本市列冊街友共為 121 人，占 69.54％；未曾有服務資料則為 53 人，占 30.46％

1. 列冊街友共為 121 人，其中 114 位男性，占 94.21％；女性則為 7 人，占 5.79％。
2. 未列冊街友共為 53 人，其中 45 位男性，占 84.9％；女性則為 8 人，占 15.1％。顯示女性未列冊街友的比例較女性列冊街友為高。

新北市街友外展中心主任張哲榮（左 1）和社會局副局長許秀能（中）到安心旅館關心入住的街友

（二）疫情期間新增街友的原因分析及需求分析

1. 因失業無力繳納房租遭房東趕出：共 24 人，21 位男性，3 位女性。
2. 北上找工作失利且無親屬資源：共 10 人，8 位男性，2 位女性。
3. 家庭失和遭家人趕出：共 16 人，13 位男性，3 位女性。
4. 其他：共 3 人，設籍新北市原於臺北市露宿，惟於疫情期間返回新北市共 2 位男性；有家不願返回 1 位男性。
5. 依上述分析，因工作不順而導致流落街頭者，即達 34 人，顯示媒合工作是協助未列冊街友重返社區自立的首要條件，故於安心旅館安置期間，媒合就業亦是服務重點。

肆、方案成果與效益

一、有效降低感染風險

　　本案計畫自 110 年 5 月 31 日起啟動至 110 年 7 月 30 日，共計 61 天，共收容 174 人。在各單位及人員的通力合作下，計畫執行期間雖有個案出現疑似症狀，但經送醫確認後，達成無入住個案染疫之成果。

侯友宜市長到安心旅館關心入住的街友，右為時任社會局長張錦麗

二、從「防疫破口」到「社區接納」

自本土疫情開始爆發，原本身處社會底層，身上本就貼有「很臭」、「骯髒」、「不注重個人衛生」等各式不友善標籤，又多了一張「防疫破口」的標籤，在當時的時空背景下，等同給街友套上沉重的枷鎖，導致街友跟過街老鼠一樣人人喊打，僅新北市三級警戒期間針對街友的通報量暴增，無論是一般民眾、社區里長或者民意代表，都向新北市政府反應社區內街友問題，希望社會局能提出具體作為。

但於計畫開始時，就跟大部分的鄰避設施一樣，社區民眾可以理解市府將街友集中住宿並進行管理，但當時對於疫情的恐懼，還是占據了思維的高點，導致一開始社區民眾及里長還是強烈反彈，在經過工作人員不斷說明，表示入住的個案都是有經過快篩，陰性才能入住，並且每日三次對住民進行健康監測，同時在社工給予街友建議後，有身體機能較好的街友主動於旅館周邊打掃環境，里長與社區居民才勉強接受。

再者因為收容的是街友，旅館的工作人員也多有反彈，更有甚者直接離職，但剩下的工作人員在與個案相處之後發現，每位個案成為街友的背後，都是一段故事，可能是因為錢、因為家庭等等，在理解過後，工作人員與個案間的隔閡才慢慢消失，工作人員也才逐漸能接受個案，並建立良好的互動。

三、重返社區

本案計畫共計 61 天，共收容 174 人，於計畫後期社會局開始規劃個案後續銜接及返回社區事宜，經與就業服務處合作，請就業輔導員到場評估，有 23 位街友於入住期間表示有積極就業意願，經就業服務處媒合工作後正式上工，另經社會局社工評估及依照個案意願，其中有 27 人轉介至街友中途之家，另有 4 位個案經社工聯繫家屬後協助個案返家。

案例分享

在疫情路上峰迴路轉
─街友阿峰的故事

葉皇廷（新北市街友中途之家社會工作督導）
陳清貴（專員）

　　110年全臺都經歷了最嚴峻的時刻，因Covid-19疫情肆虐，政府開啟三級警戒，不少人工作及生活都大受影響，原本生活條件相對弱勢的街友更形艱難，許多工作場所被迫停工，多數靠粗工領日薪的街友因此而失業，今年50多歲的阿峰（化名）正是其中的一名，因工作停擺被迫離開宿舍，只能再度流落街頭。

因工地停擺失業流落街頭

　　阿峰原在土城一家工地打工，公司有提供員工宿舍，日子勉強過得去，但就在5月疫情逐漸嚴峻之際，工地也逐漸停擺，導致阿峰工作有一搭沒一搭，直到7月初，依舊沒有工地可以上工，就在此時，老闆找阿峰談話，表示無法繼續僱用，同時必須搬離宿舍。阿峰在走投無路下，只能流落於板橋街頭，被板橋區公所社會課同仁發現，在瞭解原委後，協助安置於新北市「街友安心計畫」的旅館暫住。

街友阿峰（化名）在板橋幸福居社工督導葉皇廷的協助和媒合下，在五股一家工廠擔任警衛

　　在中央疫情指揮中心公布全臺三級警戒後，許多公共區域都受到限制，街友的活動空間也受到限縮，為了照顧街友的健康，兼顧社區民眾的防疫需求，新北市社會局運用「好日子愛心大平台」防疫基金啟動「街安心計畫」，與板橋 Single INN 旅館合作，提供了100多間房室，讓街友能暫時安歇。

入住街安心旅館不放棄自我

在安置期間，除由旅館免費供應三餐外，新北市街友外展中心和幸福居的社工，並媒合亞東醫院的醫檢師為街友快篩，也協助安排疫苗注射，甚至媒合日式威廉幫忙義剪。新北市長侯友宜並到旅館關心街友的生活，除致贈防疫物資外，也囑咐旅館人員和社工全力協助。

阿峰在旅館安置期間，並未怨天尤人或懷憂喪志，在社工的關懷訪視下，阿峰說等疫情舒緩後要再重新找工作及住宿地方。同時感謝市府及相關街友服務單位和社工，讓他可以暫度難關。社工也積極尋找資源，希望在疫情趨緩後，幫助有意願重返社會的街友媒合到合適的工作。

「峰迴路轉」終於找到工作

8月下旬，在疫情逐漸趨緩之際，阿峰表示什麼工作都願意嘗試，像之前也有做過保全警衛，社工於是先將阿峰安置於街友中途之家－幸福居，在疫情解封後，終於媒合到一家保全公司的工作，阿峰被派駐在五股一家工廠擔任警衛，同時工廠內有提供宿舍，一舉解決阿峰的經濟和生活問題。

在日後社工的追蹤訪視中，阿峰持續就業的上班，他說警衛工作雖然單調，但內心過得很踏實，因為這是靠自己的勞力所獲得，現在正努力存錢，希望有朝一日，能夠自己在外租屋獨立生活。阿峰非常感恩在疫情嚴峻那段時間，新北市社會局適時的伸出援手。社工鼓勵他說：「唯有自助才能獲得人助和天助！」慶幸阿峰在人生低潮時，仍不放棄自己。

新北市街安心計畫共安置了 174 位街友，其中包含設籍外縣市，在疫情嚴峻期間，提供一個全面生活照顧的安全旅館，還協助各項防疫措施、生活打理，甚至媒合就業，以協助街友在人生道路偶然跌倒之際，重新站立起來。

街友阿峰（化名）在工作穩定後，特別返回板橋向社工督導葉皇廷表示感謝

兼顧社區安心與街友安全的計畫

黃逢明（主任祕書）

奠基過往的服務經驗

時序拉回到 110 年 4 月，記得當時 Covid-19 開始出現本土個案，5 月出現群聚感染，當時張錦麗局長立即召集社會局各單位研商後續因應作為，當局長詢問有哪些對象是我們必須立即關注提供服務的對象，我立即回應「街友」，為什麼呢？因為 92 年 SARS 襲臺，不僅衝擊著國人的生命健康，社會大眾也面臨未知的恐慌與沉重的壓力，當時有一議題即是民眾反映街友趴趴走，希望政府應採取有效作為因應，也因此在當時的社會情境下，中央與地方共同設立短期居家隔離場所「林口後坑營區」，安置無家可歸的街友，提供街友相關服務措施，有了過往的服務經驗，因此面對 Covid-19，我們採預為規劃對於街友提供具體且符合其需求的服務。

提供真正符合街友需求的服務

然而，什麼是符合街友需求的服務？在規劃及實際服務的確也遭遇許多困難，當然也有許多令人感動的故事，以下分別說明我的觀察：

一、每位街友都有其生命故事，如何讓街友願意接受我們的服務，實在是一大挑戰

110 年 5 月 14 日，正是晴空萬里的好天氣，但也是 Covid-19 本土感染個案突破百例的緊急時刻，而街友容易被標籤為社區防疫破口，當時陳情通報案件量大增，面對社區排山倒海而來的疑慮，新北市原本三家街友中途之家雖努力安置，但畢竟空間有限，因此我們立即媒合板橋地區一家願意提供街友安置友善旅館，我們都跟街友說：「要不要去住免費飯店？」，來鼓勵街友接受安置的動機，也因為疫情緊繃及外界資源減少的因素，許多街友陸續接受前往旅館安置，終於在 110 年 5 月 31 日，我們正式展開「街友安心好住計畫」，算了一下，從 110 年 5 月 31 日至 110 年 7 月 30 日共 2 個月期間，總共安置高達 4,395 人次，最高紀錄單日安置人數達到 105 人，安置期間無人染疫，安置的街友對提供的服務均感滿意。

二、克服里長及社區民眾的疑慮

當然，在將街友安置於旅館的初期，也不是那麼順利，見到有街友陸續住進旅館，當地里長第一天就來關切，而旅館員工起初也不免產生疑慮，甚至有些員工直說不惜離職，「街友安心好住計畫」差點在開辦初期就要胎死腹中。

所幸社會局團隊立即採取應變措施，除了馬上調度口罩、酒精、體溫計進入旅館，讓社工與街友們充分使用，降低群聚感染之疑慮，在當時快篩劑尚未普及下，我看到同仁們不辭辛勞，每天穿著密不透風的防護衣與面罩，時逢盛夏，成日汗流浹背，搭乘公務車將街友一批批載往社區篩檢站快篩，檢驗是陰性才能前往旅館入住，安置之後，又趁著送三餐時測量體溫，隨時檢測變化，最後在與衛生局通力合作下，安排醫事人員前往旅館對住民與工作人員施打疫苗，加強防護，總算安定了里長、社區居民與旅館員工躁動的情緒，慢慢地，部分街友甚至會主動幫忙打掃旅館與社區周邊，在抗疫的緊張時刻之下，仍有不時的人性光芒露出。

三、結合民間各項防疫資源

防疫物資並非一次到位，在三級警戒期間，連口罩都要分流購買，像是酒精、體溫計乃至快篩劑，都得來不易。但我們仍然透過民間團體的大力幫忙，在急迫時刻，防疫物資陸續捐入，起先是口罩，然後防護衣、面罩、體溫計……等一一到位，每接獲一種重要物資，救助科同仁就迫不及待利用公務車，將物資送往與我們一同並肩作戰的區公所夥伴手上，當然不忘分派到街友外展服務中心、各街友中途之家以及還在旅館 24 小時進駐的工作同仁與住民，作戰的武器有了，大家的心也就逐步安定，在大家的努力之下，完成一次紀錄：在三級警戒期間街友中途之家街友與旅館所有人員，無人染疫。

未來展望

一、就業：社、勞政議題

更難得的是，在旅館安置期間，街友各項服務亦未曾中斷，社會局仍持續與就業服務處合作，由就業輔導員在經過快篩確認陰性後，前往至旅館針對有工作意願與能力的街友，就地在旅館內進行就業媒合，即使在三級期間、最艱難的時刻，都成功為 23 位街友媒合工作並正式上工，在有限的時空中，感佩社會局與街友外展中心的所有夥伴，著實卯足了全力，將防疫與服務融為一體，一刻都不曾鬆懈放棄。

二、街友服務再精進

　　隨著疫情解封，後疫情時代已然來臨，為了讓街友服務再精進，我們體認到促進街友穩定就業是自立脫貧的不二法門，因此將持續與勞工局及就業服務處合作，開發多元職種，促進街友參與職訓專班；同時也在三家中途之家推廣實務取向的財務社會工作，運用個案管理及團體工作，培養已就業之街友自發儲蓄，也透過與法律扶助基金會合作，協助個案排除財務障礙（如卡債、成為人頭戶等），強化其資產累積的動機與能力，延續在疫情期間都能展翅的服務，並在解封之後，再精進各服務面向。

既是保護 也是服務
—街友安心住服務計畫

劉一龍（輔仁大學社會工作學系副教授兼系主任）

背景

110年5月15日，因為Covid-19疫情，雙北地區進入三級警戒狀態，影響層面極廣。從空間角度來看，許多建物設施開始管制，進出變得不易；同時，不少職業的徵才或工作方式開始調整，有人暫時失去工作。

在此發展下，直接影響到兩類族群：一是街友，另一為就業保障較少、低薪工作的租賃族。前者的休憩地點常在人來人往的都會區或車站，是染疫確診的高風險熱區，後來又因空間管制而無處可去；後者常是工作中斷，加上欠缺房租，成為「準街友」，二者成為直接受疫情衝擊下的犧牲者。由於這類族群多為中高齡人口，疫情對其身心健康的影響更劇烈，等於弱勢中的弱勢。

保護，不是隔離

疫情當下，多數人先求自保，故街友和「準街友」成為有需要卻又被忽略的族群。不僅固有的生活模式受到挑戰，資源更是相對匱乏，甚至不知求助管道，需要公部門介入。需要說明的是，這樣的協助並不是隔離，而是一種保護，特別是針對尚未染疫的高危險族群，提供一個不愁餐飲、不怕管制、獨立且安全的處所，就像是有防護罩的避風港，有助弱勢中的弱勢維持基本生活。

安置，提供服務

安置是短期的，同時提供服務，功能是有助於適應社區生活。因此，舉凡親友聯繫、福利身分、外觀儀容、疫苗施打、防疫衛教、媒合就業等，都是服務內涵。簡單來看，這是將中途之家的服務搬至社區，透過可近性高的福利措施吸引街友入住，也降低疑慮和不安，提升入住意願。只要入住，服務就能跟上。

過程，社區接納

街友安心住服務計畫的另一特色是社區融合。從一開始旅館人員的害怕（事實

上，當時草木皆兵，無關何種身分或狀態），到後來住民協助周邊環境清潔，可謂扭轉刻板印象，增加街友的自信與人際互動，也提高重返社區的可能性。

計畫啟發

關於「街友安心住服務計畫」的啟發有：

一、起點是人道關懷：面對 Covid-19 的高風險與高未知，經濟弱勢總被排除在外，是易被忽略的族群。無論是就業、居住或身心健康皆有需求，公部門的介入應該是第一線，這不僅是人權議題，也是職責所在，更能破除迷思和澄清誤解。

二、熟識的人來協助：「街友安心住服務計畫」由外展社工邀請街友入住友善旅館，雙方彼此熟識，能夠降低不安全感，提高信任感。

三、完整的街友服務：眾所皆知，新北市有完整的街友服務系統，從外展服務中心到多個中途之家。「街友安心住服務計畫」則將這些服務整合在一起，從外展、居住到就業，以完整的街友服務做配套，突破疫情限制增加街友重返社區的可能性。

四、撕下既定的標籤：大眾只看到街友現象，較少瞭解街友成因，時常將其標籤化。「街友安心住服務計畫」讓社區民眾和街友更加認識彼此，有助接納。

層層網絡緊密合作
張開綿密的保護網

新北市全齡高風險家庭整合型安全網

方案 20

層層網絡緊密合作
張開綿密的保護網
—新北市全齡高風險家庭整合型安全網

劉文湘（社會工作科科長）
許憶真（高風險家庭服務管理中心主任）
林映青（時任社會工作科股長）
解佩芳（社會工作科股長）

壹、方案緣起

　　新北市身為人口數占全國之冠的城市，因主要人口群多為外來移入人口，缺乏在地經濟或親屬資源，伴隨結構性失業、酒藥癮問題等大環境變遷所帶來的壓力，使得新北的兒少家庭面臨了更嚴峻的照顧困境。爰此，為了能幫新北市的兒少打造一個安心成長的城市，讓加諸在兒少身上的傷害能在發生之前便能因得到相關資源的挹注而緩減，新北市政府於 100 年推行了「高風險家庭整合型安全網服務計畫」，該計畫旨為容易發生危機的「高風險兒少」打造一個能減緩家庭風險的預防及服務安全網，110 年創全國之舉，以過去 10 年的「高風險家庭整合型安全網」成功跨局處兒少服務經驗為基礎，啟動「全齡派案服務」，提供全齡化專業服務，打造一個全新北市民可安居樂業的幸福城市。

貳、方案策略規劃

　　「高風險家庭整合型安全網服務計畫」考量風險家庭往往面臨經濟、精神衛生、就業、安全等多重需求，計畫首度翻轉了全國自 93 年起由社政單位單一主責的服務模式，改由跨域資源多元介入的方式進行服務，並由政府單位肩負起跨域連結、協商之角色，大量挹注政府單位資源，該計畫具有以下相關特色：

一、設置「新北市高風險家庭服務管理中心」，成為府層級協商平台

　　為能達至跨局處合作時橫向的順暢協商，該計畫於 100 年 2 月成立府層級之「新北市高風險家庭服務管理中心」，該中心除作為跨局處資源整合平台，定期召開由

新北市政府舉行高風險家庭大數據預警分析發表會

副市長主持、各局處一級首長與會之跨局處工作會議，研商服務之精進作為、針對服務方案進行分工與資源協調之外；亦成為新北市高風險案件「專責且單一」的管派中心，針對每日進案的高風險家庭案件進行聯繫與初篩評估。另邀集教育局、勞工局、衛生局共同進駐，以利進行案件及時協調，期使高風險家庭能迅速獲得相關局處資源之協助。

二、擴大通報，主動清查

　　為發現潛藏之高風險家庭黑數，使兒少及時進入關懷服務網，本計畫改變以往政府單位被動等待高風險家庭通報案件之情形，鼓勵各局處發展方案，主動針對各類易發生高風險情形之家庭樣態，進行關懷訪視及通報。舉例而言，警察局 100 年於高風險計畫之下推行「守護幼苗專案」，擴大針對新北市轄內毒品人口、毒品調驗人口、治安顧慮人口、在監服刑人口、通緝犯，其戶內具有未滿 18 歲之兒少，協請轄區派出所員警全面進行逐戶訪視，確認兒少之行蹤與生活照顧情形，並評估進行後續高風險兒少之通報與服務資源介入。

三、角色分工，多元派案

　　考量高風險家庭之多元、複雜之需求，新北市「高風險家庭整合型安全網服務計畫」突破以往由社政單位單打獨鬥受理案件並提供服務之模式，改採「多元派案」，將相關局處包含社政、教育、衛生、勞政、民政、警察（少輔會）、原住民

等單位均納入提供高風險家庭服務。由高風險家庭服務管理中心社工受理通報之高風險家庭案件後，依據案家需求，派案予各相關局處受理協處，讓跨域資源可及時且同時進入到需求家庭中。各局處受案之主要問題類型詳如下表 20-1。

表 20-1　新北市「高風險整合型安全網服務計畫」各局處受理案件

類型	需求類別	問題狀況	解決策略（派案路徑）
類型 1	經濟壓力	急難救助、長期經濟困難、家庭遭逢變故	派案社會局、原民局、民政局（區公所）
類型 2	親職照顧	子女生活照顧安排	派案社會局、原民局
類型 3	親職照顧	子女教養與親子關係品質	派案教育局（含家庭教育中心）
類型 4	就學輔導	就學適應問題、中輟	派案教育局
類型 5	就業問題	失業、就業準備不足	派案勞工局
類型 6	醫療衛生問題	精神衛生、藥癮、酒癮、自殺意念及企圖	派案衛生局
類型 7	兒少行為輔導	兒少行為偏差	派案教育局、少年輔導委員會
類型 8	長期照顧問題	照顧負荷、身心失能者照顧需求、對身心失能者照顧困難、重大傷病、無人照顧、生活無法自理	派案衛生局、社會局

四、科技治理－建置資訊系統及引入大數據分析

　　為掌握個案服務資訊，於 100 年 6 月建置「高風險家庭整合型安全網資訊系統」，進行案件管派及服務歷程追蹤管理。律定各網絡局處受案人員均須每月定期於該系統登打服務紀錄，使局處間的服務內容可透由資訊系統更加串聯並清楚呈現。系統另規劃設置併案功能，使同一家戶過往迄今的相關通報與服務紀錄均可完整呈現，以幫助案件服務人員掌握案家情形。

　　另該計畫更創全國之先，於 107 年引入大數據分析，將過往累積多年的案件資

料、總計 147 萬筆的數據資料進行分析，找出易導致家庭陷入危機的風險因子，並且導入大數據預測模型，建置出「風險計算機」，該計算機能協助計算出所有通報進案的家庭的「風險分數」及「風險因子」，幫助第一線的網絡工作人員能以科技、量化的方式評估及掌握家庭的危險程度，此科技治理的方式，除了能幫助工作人員於大量案件中找出高危機的案件，優先介入，更能透過量化指出風險因子的模式，幫助工作人員快速擬定介入策略，導入適切資源，以幫助家庭舒緩危機。

五、結合私公協力，綿密關懷網

為擴大關懷網，計畫特結合民間資源四大超商（統一、萊爾富、全家、OK）首創「幸福保衛站」專案，該專案將新北轄內 2,464 個超商作為兒少 24 小時、全年無休之緊急求助取餐據點，兒少倘因家庭危機而影響餐食時，可逕至超商免費領取 80 元之餐點，並於 112 年 8 月起調整為可免費領取 100 元之餐點；超商店員亦會隨之將兒少資訊通報至高風險家庭服務管理中心。109 年、110 年引進熟食業者計 291 家，提供新北兒少多元化餐食，穩定其基本生活，高風險家庭服務管理中心續聯繫家庭並派予相關的局處介入協處。該方案將政府單位的關懷網擴大，以私公協力方式為兒少打造一個更緊密且在地化的全天候安全守護網，保障兒少不致因家庭急難而陷於飢餓。

六、結合鄰里資源，培力在地關懷守護者

為使弱勢家庭的安全網能更廣布於每一個角落，另結合里鄰長及社區熱心人士成為在地的「溫心天使」，主動關懷社區內的高風險家庭，除於鄰里內協助發掘需要協助的高風險家庭進行通報外，並透過教育訓練培訓溫心天使可定期訪視高風險家庭，提供課業、家務指導、情緒支持問安等社區關懷服務，總計現共號召 5,278 名溫心天使。

參、全國首創－查找行方不明兒少關懷行動專案

為保障兒少權益，儘早發現行方不明兒少的蹤跡，避免其有類似因家人刻意隱瞞，而喪失權益甚至生命之兒少，遂重新檢視及清查通報流程，期能更積極保護兒少。「查找行方不明兒少關懷行動」專案即是透過資料比對查找到具有危機跡象且行方不明的兒少，以期主動確認其行蹤及人身安全，方案特色說明如下：

一、以跨局處合作為基礎

「查找行方不明兒少關懷行動」專案列管流程係為跨域合作的機制，為能統籌

規劃流程之運行，橫向且跨域地確認各局處的資料比對及訪視工作，新北市政府特藉由業建立起橫向跨域合作機制的「高風險家庭服務管理中心」（註2）作為流程的專責單位，主責將符合行方不明兒少名冊移請各局處進行資料比對，並於查獲相關可供

新北市政府啟動「跨域整合 全齡派案服務」

訪視的資訊後，將之移請社政、衛政、教育或警政等單位進行關懷訪視，俾利確認兒少生活現況與人身安全。作為流程運行樞紐的高風險家庭服務管理中心，另需擔負各網絡局處間橫向溝通對話的關鍵角色，並適時地依據各網絡局處所反應於流程運行中所遭遇的困難，據依修訂流程內容，以策進流程的運行效果。

二、案件來源

依目前相關單位現有系統中列為行方不明之兒少為對象，包括：

（一）主動清查造冊

1. 戶籍遭逕遷戶政事務所之 18 歲未滿兒少。
2. 戶籍登記為戶長之 18 歲未滿兒少（小戶長）。
3. 國小應入學未入學之兒童。

（二）依各主管機關查訪流程並通報警政查訪後，仍行方不明者

1. 新北市守護幼苗專案中行方不明之 18 歲未滿兒少。
2. 社工服務中行方不明兒少個案及其未同住的手足。
3. 「6 歲以下弱勢兒少主動關懷方案」中行方不明的兒童。

前揭六類的案件類型來源中，其中兩類「戶籍遭逕遷戶政事務所之 18 歲未滿兒少」及「新生應入學未入學」係過往重大兒虐案件中的高危險指標，爰將此兩類型兒少納入流程中進行比對查找。此後，在推行實施的過程中，經跨網絡局處的經驗回饋，發現新北市政府所推行的「守護幼苗專案」（註3）中的兒少，因其照顧者為毒品人口、通緝人口、毒品調驗人口、治安顧慮人口或在監服刑人口，使其具有容易躲避檢警單位、多次且頻繁遷徙之特質，掌握爾類兒少實際的住居所著實不

易，亦使其更容易形成行方不明之情形，然而此類的照顧者對於戶內兒少的照顧功能更是讓人憂心。遂於 104 年 5 月 25 日第二次「高風險家庭整合型安全網服務計畫」跨局處正式工作會議中，經過各網絡局處的協商及副市長的裁決，決議將「守護幼苗專案」中訪查行方不明的兒少亦納入「查找行方不明兒少關懷行動」（原名：「用心網助平安守護」）專案中進行相關的資料比對與訪視，期能查找到需要協處的兒少。

再者因新北市政府社政單位發現服務中的社福案件，許多父母親多具有令人擔心的照顧特質，如許多依法通報的案件中，父母親多具有精神疾病、酒藥癮、失業躲債、自殺或多次入出監等危及其照顧品質的樣態，其家戶內的兒少行蹤確認和掌握更顯重要。前揭 104 年 5 月 25 日同一次的「高風險家庭整合型安全網服務計畫」跨局處正式工作會議中，便將新北市政府社政單位服務中發現行方不明的個案及其未同住的手足，納入「查找行方不明兒少關懷行動」（原名：「用心網助平安守護」）專案進行資料比對與訪視查找的兒少類型之一。

另為能建構更為緊實的安全網，將容易成為兒少照顧不周的現行指標（例如：未按時預防接種、出生逕登、未納健保等）納入考量，在同次的高風險跨局處工作會議中，經過各網絡單位的討論後，決議將社政單位於執行衛生福利部的「6 歲以下弱勢兒童主動關懷方案」中經各單位查找未果、行方不明的兒童併同納入資料比對與查找，期在現有的機制外，增加查找到這些具有照顧不周指標的兒少的可能性，俾利保障其人身安全與生活照顧權益。

為精進服務，於 109 年 4 月 27 日召開精進會議重新檢視相關方案納入專案之必要性，並決議再擴大查找對象，包括「服務中脆弱（保護）家庭兒少手足」、「小戶長」、「新生應入學未入學之兒童擴大至小學遲未入學之兒童」納入查找範圍，並正式更名為「查找行方不明兒少關懷行動」專案。

三、執行方式

「查找行方不明兒少關懷行動」專案係借用新北市政府各單位既有之資料庫，並結合各局處人力進行「分階段式」的關懷查訪工作，分述如下：

（一）資訊比對

在專案進行資料比對的流程中，主要可被區分為「新北市政府府內資料比對」、「中央單位資料比對」、以及「擴大比對」三個階段，而其相應的訪視局處綜合併述如下：

1. 第一階段：新北市政府府內資料比對

　　在「查找行方不明兒少關懷行動」專案的第一階段，首先結合市府內網絡局處進行資料交叉比對，包含：

　　(1) 針對學齡兒少，移請教育局進行全國學籍系統資料之勾稽比對，確認兒少目前學籍資料，倘兒少目前無學籍則請教育局比對兒少過往學籍資料。

　　(2) 針對學齡前兒少，移請衛生局進行 6 歲以下兒童預防接種資料之勾稽比對。

　　(3) 移請社會局比對兒少社政服務資訊資料：針對前述學齡兒少查無學籍者、學齡前兒少查無預防接種資料者，將會進一步移請社會局進行社政服務資訊之勾稽比對：

　　A. 查有社政服務資料者：若為服務中的兒少保、脆弱家庭或安置案件等，則移請社政人員予以續處。若非服務中的個案，然過往具有相關服務紀錄者，則請社政人員依比對資料進行關懷訪視。

　　B. 查無社政服務資料者：則會移至第二階段－中央單位資料比對以及第三階段－擴大資料比對，俾利更多資訊之查詢。

2. 第二階段：中央單位資料比對

　　在此階段中，針對經新北市府內各網絡局處，包含教育、衛政、以及社政資料比對均未果的兒少，則會函文移請中央單位衛生福利部及中央健康保險署，進行兒少健保投保及就醫紀錄之查詢，並透過內政部移民署資訊系統確認兒少入出境資料，期獲得兒少更多的資訊。

3. 第三階段：擴大比對

　　經第一階段及第二階段查找後仍無法獲得兒少資訊時，即進入到第三階段的擴大資料比對，即移請民政局擴大比對兒少直系血親三親等戶籍地址及現址前兩個戶籍地址，如獲資訊即請相關單位訪視。

（二）警政協尋

　　經上述各階段比對仍查無資訊者，則會移請警察局進行協尋，警察局受理上項的協尋案件後，可調查行方不明兒少及其父母之身分資料、交往對象及可能去向；必要時，得依相關規定調閱特定對象之在監或在所資料、關聯式分析平台戶籍資料、車籍資料及通聯資料等，以利查找兒少行蹤，並於 1 個月內將協尋結果函復社政機關。

（三）警察局專案列管偵辦

近年來，行方不明兒少多為合併多種指標類型的個案，多重問題導致資訊更少，更擔憂兒少的安全，故查找的過程困難重重，為不放棄任何一名行方不明的兒少，經警政訪視查尋仍行方不明者，則由社會局正式函文警察局，請其比照「刑事案件」專案列管偵辦，以能加強查找該兒少的強度與深度。

四、專案特色

（一）廣納高危機兒少，比照刑案列管偵辦

經本專案流程皆未能尋獲者，再經警政協尋未果者，社會局將正式函文警察局，將是類兒少「比照刑事案件」專案列管偵辦，俾利尋查到兒少行蹤。

（二）建置專責資訊系統，縮短資訊比對時效

「查找行方不明兒少關懷行動」專案列管流程在創立之初，原由各局處以人工造冊及紙本方式，相互函文進行資料比對，然在流程運行一段時間後，新北市政府為能順利掌握龐大兒少名冊之資料交互比對資訊，以及記錄各局處訪視兒少之結果，遂於 110 年建置「查找行方不明兒少關懷行動」專案的專責資訊系統，將紙本的資料比對方式轉換成系統資訊，將需比對的兒少名冊匯入該資訊系統中，由各局處於線上進行名冊交換、資料比對結果以及登載訪視結果，減少重複查詢資料的時間，增加個案資料查詢精準性，以提高工作效率。

（三）採用滾動回流清查機制

考量過往各行政體系遭遇行方不明兒少時，多採以報請警政系統協尋後即結束原先查找工作的「單向」機制，考量兒少「動態式」生命歷程，極有可能在不同的時間點會出現新的相關資訊，故藉由滾動回流重複確認行方不明的兒少是否有相關新資訊的出現，俾利尋查到其行蹤，故除比對兒少現有的相關資訊外，擴大回溯比對兒少過往的相關資訊，期能增加查找到兒少行蹤的可能性，如比對兒少「前兩個」戶籍地址與血親三親等親屬之戶籍資料、兒少過往的所有學籍資料、就醫、就醫投保資料，動態蒐集各種線索，經多方查找皆未能尋獲者，按季重新回流再依專案流程進行比對查找，此滾動回流機制會重複進行直至流程中的兒少被尋獲為止。

（四）資訊共享，結果共享

為更促進跨局處之間的資訊共享以及互助合作，特於流程中將查找結果的回流周知，讓所有相關網絡局處均可知悉彼此資料比對及關懷訪視的結果，俾利更儘速

掌握兒少的行蹤。

肆、方案成果與效益

　　「查找行方不明兒少關懷行動」專案列管流程旨在以預先、主動造冊進行資料比對以及查訪的方式，確認各種高危機兒少的行蹤以及生活照顧情形，期在現行的社會福利體制下，幫助這些行方不明兒少搭建更加縝密的安全網。故本專案自108年至111年共列管流程總計清查了2,939名兒少（其中含國小應入學未入學3名、小戶長963名、逕遷戶所1,373名、守護幼苗專案2名、兒少保或脆家服務中個案及其未同住之手足行方不明者計9名、6歲以下弱勢兒童主動關懷方案計591名）。經資料比對後，總計1,943名兒少比對得到新資訊，並依之移請各相關單位進行關懷訪視，確認其人身安全與生活照顧情形，並進行後續關懷；另有354名兒少已由社政單位服務處遇中。此外，計有167名兒少經本專案流程清查，發現實際居住於外縣市，故函知外縣市，俾利進行相關訪視服務；475名兒少經確認已出境或已滿18歲；另有3名兒少為進行各項資料比對及警政查訪後仍查無行蹤，故已移請警政單位進行刑案列管偵辦，皆經由警政同仁的戮力偵查後，查獲其行蹤，並由社會局評估後轉請專業照顧人員照顧，穩定兒少生活，另將於下章節分享重大尋獲案例。

　　本專案以滾動回流清查機制，不斷地透過「新北市政府府內資料」及「中央單位資料」查找行方不明兒少，並盡最大可能確保兒童之生存及發展，輔以資訊系統，及時回應查找過程及結果，為本專案最大效益。

註2：新北市政府高風險家庭服務管理中心係依據100年通過的「新北市政府高風險家庭整合型安全網服務計畫」所創立的專管中心，現置主任1名、督導1名及社工7人，並由衛政、勞政、教育單位人員共同進駐，合署辦公，負責通報案件管派及資源協調工作，讓跨域單位建立起更即時的橫向合作機制，以使高風險家庭及時獲得相關局處資源之協助。

註3：該專案由新北市婦幼警察隊主動匯整新北市轄內毒品人口、通緝人口、毒品調驗人口、治安顧慮人口以及在監服刑人口之戶內有未滿18歲兒少的家庭資訊，並派請各分局派出所的員警進行查訪，確認該些兒少之生活照顧情形，如有兒少保或高風險家庭之情形則逕行通報，以期讓政府單位的相關福利資源可儘速介入協處。

社工就像盞燈
—周主任談「永和專案」

陳清貴（專員）

周主任將張小弟抱上救護車，緊急送醫檢查身體

周主任在送別張小弟時，親自為他穿上外套，一再叮嚀要聽社工阿姨的話

「小孩找到了，社工快來！」

110 年 1 月 12 日晚間 8 點，當警消人員破門而入，在翻越宛如叢林的廢棄物和垃圾堆後，終於在一個臥舖上瞥見在氣溫 8 度下僅裹著薄被的綣曲身影。當時社會局林專委、雙和社福中心周主任，一個箭步上前，緊急抱起一臉茫然的張小弟，周主任在輕拍安撫後，和林專委兩人將小弟從室內三樓樓梯，再度爬過莽莽叢林，安全下到一樓門口，也象徵張小弟從此脫離渾噩暗黑的歲月。

匍匐爬進無光的暗室裡……

周主任事後在自己的臉書裡寫道：「爬進無光的暗室裡／步步驚心／接住孩子的那刻／緊抱的那幕銘心難忘／是辛酸、是壓力、更是欣慰／那晚，好多大人為孩子照亮／願這光，讓他平安長大／如獲新生！」她說，因為破門而入的警消同仁都有盞頭燈，社工沒有，但她心想，或許社工本身就是一盞燈，幫孩子照亮前程。

周主任回想永和專案的心路歷程，說到傷心處，仍不時哽咽，用手帕輕拭眼角。她說，張小弟 12 歲了，身高卻不到 115 公分，僅長有 12 顆牙齒，兩眼距離超乎正常，疑似罹有

努南氏症罕見疾病，以致發展遲緩。他本應在 104 年入學，但張父卻帶他多次出入境，以規避就學。新北市高風險家庭服務管理中心在接獲通報後，於 108 年 11 月 14 日起，開始錄案服務。

周主任談到永和專案，憶起爬進無光的暗室裡營救張小弟那一幕，仍忍不住內心的激動

周主任表示，由於張小弟 3 歲後就未有健保的就醫紀錄，為了他的身心發展以及受教權益，高風險家庭服務管理中心透過衛政預防注射紀錄、民政戶籍比對、教育強迫入學委員會等網絡單位，積極訪查聯繫，但張父卻刻意躲避，四處藏匿，甚至一度將戶籍遷往屏東，當時市府還透過屏東縣府訪查，雖有查到租屋處，卻發現並未向房仲拿租屋處的鑰匙，研判並未實際居在屏東，決定依「新北市查找行方不明兒少關懷行動專案」成立工作小組，移請警政列為刑事偵辦案件辦理。

張錦麗：既然看到孩子 就要追查到底！

專案小組在副市長謝政達的帶領下，前後共召開過五次專案會議，積極進行各項資料比對，並整合社政、教育、警政、消防、衛政、民政等，以鍥而不捨的精神追查。家防官終於在永和一條巷弄的監視器發現張小弟的身影，畫面中身形削瘦，走起路來搖搖晃晃，社會局長張錦麗強烈主張，既然看到孩子，就不能結案，一定要追查到底，依《兒少權法》第 70 之 1 條「合理懷疑兒少有危險、危險之虞者，得請求警察機關對於住宅或其他處所即時強制進入或為其他必要處置。」具有法務背景和律師資格的謝副市長支持社會局保護兒少的主張，決定於 110 年 1 月 12 日下午 2 點，啟動永和關懷專案，並先進行各項狀況預擬和沙盤推演。

周主任表示，當時專案小組由社會局林專委擔任現場前進指揮官，警消同仁破門進入家中，發現雜物幾乎堆積如山，尤其十幾頂的安全帽和行李箱迎面砸下來，幾乎寸步難行，只能匍匐前進。在黑暗中不知踩到什麼，竟然抬不起腳來，心想難

道如電視廣告需要吃「循利寧」？後來在消防弟兄頭燈照射下，才發現兩隻腳竟被黏鼠板緊緊黏住，簡直是社工的「天堂路」！直到聽見警消人員大喊：「小孩找到了，社工快來！」一股魔力彷彿兔脫牢籠，趕緊衝上前去接住小孩。

「我會乖乖聽社工阿姨的話！」

周主任說，在救出孩子後，經過一段緊短安置，後來送到中區兒童福利機構，全案轉由臺中市社會局接手服務。在送別時，她親自為張小弟穿上外套，抱抱他，一再叮嚀他務必聽社工阿姨的話，張小弟咧開嘴露出缺損的門牙，不住的點頭：「我會乖乖聽社工阿姨的話！」聽了不禁令人憐惜。

周主任表示，張小弟的母親原來是一位東南亞的外配，嫁到臺灣來，因受不了先生怪誕的行為，如囤物癖和家暴等，曾帶著孩子入住庇護所，後來爭取到離婚，帶著妹妹獨自在中部展開生活。在安置張小弟期間，她曾兩度到中部訪視張母，與張母深談，發現張母深愛孩子；在聽聞前婆婆往生時，更是激動到落淚，因為前婆婆非常疼她，也瞭解自身兒子的問題。

周主任感慨，張父擁有多間房地產，經濟能力無虞，卻因自己身心問題，造成對孩子不當的約束管教，又拒絕讓他接受教育，嚴重影響孩子的身心發展，所幸在新北市高風險整合型安全網「用心網住、平安守護」、「查找行方不明兒少專案」等跨網絡、跨縣市合作下，終於能平安救援出來，給他一個舒適快樂成長的環境。她回想起那晚抱著張小弟，從三樓幾乎尋無通道緩緩爬回樓下時，瞥見屋內供桌上唯一的紅色佛燈，燈光雖然微弱，但在暗室內有如一盞明燈，隱隱約約透著她們的出口，迎向孩子的新生。

是責任也是決定 社安網帶來希望

黃鼎馨（時任法制祕書）

行政院 110 年 7 月 29 日核定「強化社會安全網第二期計畫（110-114 年）」，該計畫對第一期計畫執行檢討後，提出四項計畫目標：一、強化家庭社區基石，前端預防更落實。二、擴大服務範圍，補強司法心理衛生服務。三、優化受理窗口，提升流程效率。四、完善服務體系，綿密安全網絡。以「擴增家庭服務資源，提供可近性服務」策略為例，此策略之預期效益除擬降低脆弱家庭被通報為保護案件比率、兒少及家庭社區支持資源涵蓋率……等之外，也臚列「身心障礙者需求評估家庭訪視評估比率逐年提升」及「社工人員結合就業服務人員提供各類就業條件相對不利人口群之服務比率逐年提升」各具體預期目標值。

對照新北市率全國之先，基於過去 9 年的「高風險家庭整合型安全網」成功跨局處兒少服務經驗基礎，全面推動「全齡派案服務」，由於行動策略較多著墨於對行方不明兒少之水平與重直系統勾稽與主動查找、警社政合作及時並追蹤守護兒童等節，受限篇幅，不免會讓讀者誤以為在兒少人口群以外之成年服務對象，是否有失關照之疑惑。實則新北市除為落實政策賡續開發成人風險預警模型外，無論是在身心障礙評估新制上路後，每案均紮紮實實地進行各項評估，建置重要服務基礎數據，也費盡苦心尋找公私領域場地，進行身心障礙者社區服務據點布建，提升其服務可近性；也結合各區跨團隊就近強化獨居老人的社會支持網絡、推動獨居老人的個管服務；為服務更多有需要的脆弱或有福利需求家庭，結合教會與民間團體推動多元服務據點等重要方案，俾落實侯友宜市長「智能城市」、「簡政便民」與「行動治理」三大施政指引。

在「永和專案」裡，可以看到為保障兒童受國民教育機會，也為讓兒童參與社會接受適當療育，公部門的全觀治理的跨域執行力。安置兒童可說是不得不的「責任與決定」，目的無非和他的父母一樣，都希望兒童有機會健康成長、發展自我。在兒童安置後，期待環境的改變，能帶給張姓兒童及其家庭嶄新的開始。

綜上，兒童及少年，尤其是 6 歲以下兒童，其脆弱性較高，固應優先照顧，經瞭解衛生福利部陸續增修「6 歲以下弱勢兒童主動關懷方案」，111 年 1 月起也將「領有精神或智能類身心障礙證明之低收入戶及中低收入戶子女」等對象，納入適用範圍，則有待日後藉由地方執行相互回饋。

專家學者回饋

照亮每一個在暗室中的小孩

王珮玲（國立暨南國際大學社會政策與社會工作學系特聘教授）

面對多重議題的高風險家庭服務，網絡合作是一個必要的策略，但實務上卻是一個不容易落實執行的模式。新北市全齡高風險家庭整合型安全網方案得以有效推動，清查了過去幾年累積近 3,000 位行方不明的兒少，接上服務網絡的資源，有三個重要的突破創舉：

一、成立指揮網絡運作的管理中心

過往保護性工作網絡單位無法整合常為人所詬病，個案面對的是一個服務零散片段、不連貫、不一致以及缺乏責信的工作系統，除耗損服務的量能外，更可能危及個案的安全。網絡合作為何如此困難？其中確實存有相當多的問題須克服，包括各體系、單位的本位主義、角色認知、服務目標與工作流程的差異，以及缺乏對案件資訊的分享與討論，皆阻礙單位間的信任與合作。因此，若無一個扮演指揮角色

新北市辦理高風險家庭創新服務論壇

的中樞神經，以及資訊分享的平台，即無法貫徹以個案為中心的網絡合作模式，因而使合作與整合流於書面上的口號。

　　本方案成立府層級的「新北市高風險家庭服務管理中心」，即適時扮演了指揮網絡分工與合作的關鍵角色，中心定期召開跨局處工作會議，拉高層級由副市長主持，且透過專責的派案中心，整合資源，此加速了案件的處理，更落實跨網絡合作所強調的合作、協調與共事三個重要概念，建構此方案能有效運作的一個重要根基。而此一模式運作的效益在查找行方不明兒少關懷行動專案中顯現無遺，「永和專案」就是一個令人無比振奮的案例。

二、借重案件數據分析，建構輔助判斷的科學模型

　　掌握案件危險狀況是處理保護性案件相當關鍵的步驟，例如自 99 年起，針對親密關係暴力案件即有一個 SOP，社工、警察、醫護人員於受理案件時必須使用危險評估工具（TIPVDA）評估個案處境，繼而依據評估結果採取立即、必要的措施，就是一個很好的範例。而歐盟 103 年生效的《伊斯坦堡公約》也明白規範各國必須採取必要的立法或政策，對案件實施危險評估。

　　然針對兒少高風險案件的服務，尚未有評估工具協助第一線工作者據以評估個案的危險程度，實務工作者大多仰賴一些專業指引與自身的專業經驗來判斷案件的危險程度。新北市於 107 年引入大數據分析技術，匯入過去累積的 147 萬筆案例資料，分析風險因子，建置「風險計算機」，此係國內兒童保護工作最早建置的風險預測模型之一，開創了社工運用數據模型協助案件評估的先例。新北市政府此一突破性的創舉，跨專業的整合，建置科學數據模型，相對於今日大家所談的運用 AI 輔助社會工作，此方案無疑扮演了先行者的重要角色，擴大社會工作科技輔助運用的可能性，影響甚鉅。

三、擴展社區資源建構社區關懷網

　　新北市幅員廣大，公部門的資源有其限制，往往無法全面貼近與即時回應民眾的需求，因此，如何布建更為綿密的服務網，實有賴大力拓展民間資源，以建構在地的社區關懷網絡。本方案突破以往以個人志工為主的民力資源，結合四大超商企業，運用無所不在的 24 小時超商門市，首創幸福保衛站，讓超商作為兒少緊急求助取餐的據點，成為困境兒少在社區的靠山。另外也大力培育社區熱心人士成為在地的溫心天使，主動關懷社區內的高風險家庭進行通報，定期訪視，提供課業、家務指導、情緒支持等社區關懷服務。公私協力，是政府單位結合民力拓展社區資源

相當到位的一個案例。而此也成為市府服務網絡的前端,觸及到更多有服務需求的個案與家庭,安全網因此能更為綿密與擴大。

　　本方案是一個大型網絡整合方案,匯集各方力量,永和專案讓我們看到希望,處於暗室的孩子因此見到陽光!

新北優社福
20方案逕開箱

新北優社福 20 方案逕開箱 / 新北市政府社會局著
作 . -- 新北市 : 新北市政府社會局 , 民 112.10
　　面 ;　　公分
ISBN 978-626-7323-22-9(平裝)

1.CST: 社會行政 2.CST: 社會福利 3.CST: 新北市

　547.633　　　　　　　112014809

發 行 人｜李美珍
總 策 劃｜張錦麗
編審委員｜王如玄、王珮玲、石　決、張淑慧、劉一龍、顏玉如、林昭文、許秀能、吳淑芳、
　　　　　黃逢明、林坤宗、徐綺櫻、陳清貴、黃鼎馨、吳惠玲
編輯小組｜王致予、石育華、江惠如、何威志、余家榮、吳佳明、吳佳益、吳簡鑫、李冠瑋、
　　　　　李穎姍、周佳蓉、林妏燕、林沂儒、林秀穗、林宜萱、林映青、林寶珠、張正欣、
　　　　　張艾寧、張浩毅、張瑞茵、許紋諱、許憶真、郭林瑋、郭羿彣、陳佳琪、陳俊達、
　　　　　陳思吟、陳麗雲、曾碧玉、黃子容、楊忠一、楊恩瑀、楊祥鈺、楊舜丞、楊貴閔、
　　　　　葉明岱、葉皇廷、解佩芳、熊孝儂、劉文湘、劉冠宏、劉倩如、劉賢遠、蔡育欣、
　　　　　蔡壽億、鄭明學、蕭家筠、蘇惠君 （依姓氏筆畫排序）
出 版 者｜新北市政府社會局
地　　址｜220242 新北市板橋區中山路 1 段 161 號 25 樓
電　　話｜直撥 1999 （新北市境內使用） 或 02-29603456
網　　址｜https://www.sw.ntpc.gov.tw/
封面設計｜黃士豪
美編編印｜巨流圖書股份有限公司
印　　刷｜中茂分色製版印刷事業股份有限公司

GPN ｜ 1011201214
ISBN ｜ 978-626-7323-22-9
定　　價｜新臺幣 400 元
出版日期｜中華民國 112 年 10 月